Heinrich Mann-Jahrbuch · 20/2002

Heinrich Mann-Jahrbuch

20/2002

Begründet von
Helmut Koopmann und Peter-Paul Schneider.
Im Auftrag der
Heinrich Mann-Gesellschaft
herausgegeben von
Helmut Koopmann, Ariane Martin und Hans Wißkirchen

SCHMIDT RÖMHILD

Die Deutsche Bibliothek – CIP-Einheitsaufnahme

Heinrich Mann-Jahrbuch. – Lübeck: Schmidt-Römhild.

Erscheint jährlich. – Mit der Titeländerung beginnt eine neue Zählung. – Früher
verl. vom Senat der Hansestadt Lübeck, Amt für Kultur.
– Aufnahme nach 9. 1991 (1992)
Bis Nr. 17 (1982) u. d. T.: Arbeitskreis Heinrich Mann: Mitteilungsblatt
ISSN 0176-3318

9. 1991 (1992) –

Verl.-Wechsel-Anzeige

Umschlaggestaltung: Mayer & Partner Marketing Consultants,
Hamburg

Umschlagabbildung: Eberhard Renno (Reproduktion),
Gustav Kiepenheuer Verlag, Leipzig

Anschriften der Herausgeber:

Prof. Dr. Helmut Koopmann, Universität Augsburg, Neuere Deutsche
Literaturwissenschaft, Universitätsstraße 10, D-86159 Augsburg,
E-Mail: helmut.koopmann@phil.uni-augsburg.de

Prof. Dr. Ariane Martin, Johannes Gutenberg-Universität Mainz,
Fachbereich 13 – Philologie I, Deutsches Institut, D-55099 Mainz,
E-Mail: a.martin@uni-mainz.de

Dr. Hans Wißkirchen, Heinrich-und-Thomas-Mann-Zentrum,
Buddenbrookhaus, Mengstraße 4, D-23552 Lübeck,
E-Mail: wisskirchen@buddenbrookhaus.de

Redaktion: Dr. Astrid Roffmann

Manuskripte werden an einen der Herausgeber erbeten.

Nach Vorgabe durch die Verfasser erscheinen die Beiträge in der alten
und neuen Rechtschreibung.

© Lübeck 2003

Gesamtherstellung: Schmidt-Römhild, Lübeck

ISSN 0176-3318
ISBN 3-7950-1262-7

INHALT

Vorbemerkung

Das *Heinrich Mann-Jahrbuch*, das aus dem 1972 erstmals veröffentlichten Mitteilungsblatt des Arbeitskreises Heinrich Mann erwachsen ist und nunmehr im zwanzigsten Jahrgang als *Heinrich Mann-Jahrbuch* erscheint, hat seit dieser Ausgabe eine neue, zusätzliche Herausgeberin, die zugleich eine ausgewiesene Heinrich Mann-Forscherin ist. Ariane Martin wird fortan neben den bisherigen Herausgebern Helmut Koopmann und Hans Wißkirchen dazu beitragen, daß das *Heinrich Mann-Jahrbuch* auch zukünftig ein zentrales Forum für die Heinrich Mann-Forschung und -Rezeption ist, in dem sich die ungebrochene Aktualität des Autors Heinrich Mann widerspiegelt.

INGABURGH KLATT

Judentum und Antisemitismus zwischen 1870 und 1890 in Lübeck[1]

Vorbemerkung

Mit diesem Beitrag soll ein Aspekt des frühen Umfeldes eines der größten Söhne der Hansestadt Lübeck erhellt werden. Auch wenn Heinrich Mann niemals ein Nobelpreis verliehen wurde, was ich, wenn es in meiner Macht stünde, gerne posthum täte – allein schon für seinen *Untertan* –, reiht er sich wunderbar ein in eine Reihe herausragender Lübecker Intellektueller des 19. und 20. Jahrhunderts, die mit ihren Werken Einfluss bis in die aktuelle Gegenwart hinein ausüben. Das sind Literaten, Philosophen und Politiker, wobei die Spezies nicht so eindeutig ist, denn viele sind philosophierende Politiker oder politisch engagierte Literaten:

Nach den beiden Mann-Brüdern, dem 1871 geborenen Heinrich und dem 1875 geborenen Thomas, die ich Ihnen nicht vorstellen muss, folgt der 1878 in Berlin geborene, aber in Lübeck aufgewachsene Mitschüler am Katharineum, der Pazifist, Anarchist, Revolutionär und Literat Erich Mühsam († 1934), Sohn des jüdischen Apothekers Siegfried Seligmann Mühsam.

Im gleichen Jahr in Lübeck geboren wurde Gustav Radbruch (1878–1949), Strafrechtslehrer und Rechtsphilosoph, sozialdemokratischer Justizminister von 1921 bis 1923.

Des Weiteren sollte der spätere Oberrabbiner von Altona und Hamburg, Dr. Joseph Carlebach, 1883 geboren, nicht unerwähnt bleiben. Er war der Sohn des Begründers der Lübecker Rabbinerdynastie, Dr. Salomon Carlebach, von dem später noch die Rede sein wird.

Erich Mühsam und Joseph Carlebach wurden von den Nationalsozialisten ermordet, Erich Mühsam 1934 im Konzentrationslager Oranienburg, Joseph Carlebach 1942 in Riga.

---

[1]   Vortrag, gehalten anlässlich der Tagung *Heinrich Mann und das Judentum* vom 3. bis 5. Mai 2002 in Berlin.

9

Eine Generation später, 1911 geboren und vor wenigen Wochen[2] verstorben, möchte ich Professor Haim Cohn nennen, Enkel Salomon Carlebachs, der 1933 nach Palästina ging und in Israel das Justizwesen mit aufbauen half als Generalstaatsanwalt, Justizminister und Richter am Obersten Gerichtshof. Noch zu wenig bekannt in Deutschland ist, dass er schon Ende der Sechzigerjahre des vorigen Jahrhunderts ein Buch mit dem Titel schrieb *Der Prozess und Tod Jesu aus jüdischer Sicht*, das erst 1997 in deutscher Sprache erschien.

1913, zwei Jahre später, wurde der zweite Nobelpreisträger der Hansestadt Lübeck, der frühere Bundeskanzler Willy Brandt, geboren, den ich in diesem Kreise ebenfalls nicht vorstellen muss, und 1920 schließlich der als einer der großen deutschen Philosophen der Nachkriegszeit gepriesene Hans Blumenberg (1920–1996), dessen Bekanntheitsgrad in der breiteren Öffentlichkeit noch immer wächst. Auch Blumenberg war jüdischer Herkunft, wenn er auch zum Katholizismus konvertierte.

Nimmt man den dritten Nobelpreisträger der Hansestadt Lübeck hinzu, den 1927 in Danzig geborenen Schriftsteller und Bildhauer Günter Grass, der sich Lübeck zur Wahlheimat erkoren hat – was vielleicht nicht so sehr verwundert, da er sich in der Tradition von Thomas Mann und Willy Brandt versteht –, dann sind wir schon beim Thema: Bei den aufgeführten großen Persönlichkeiten halten sich christliche und jüdische Herkunft fast die Waage.

Das ist im Übrigen kein Lübecker Spezifikum, sondern ist kennzeichnend für das Geistesleben in Deutschland von der Mitte des 19. Jahrhunderts bis 1933: Zwischen jüdischem und christlichem Intellekt entwickelt sich eine überaus fruchtbare Symbiose, die nicht nur im literarisch-philosophischen Bereich, sondern auch in der Musik oder in den Naturwissenschaften großartige Leistungen hervorbringt.

In der Zeit von 1870 bis 1890, um die es in diesem Referat gehen soll, der Zeit, in der Heinrich Mann seine frühe Sozialisation erfährt, wird jüdisches Leben in Lübeck erstmals selbstbewusst sichtbar: Das neue Selbstbewusstsein manifestiert sich in einem Gebäude, der 1880 eingeweihten Lübecker Synagoge im maurischen Stil, und in einer Person, in dem Rabbiner Dr. Salomon Carlebach, der 1870 sein Amt in Lübeck antritt.

---

[2] Am 10. April 2002.

Um jedoch diese Tatsache und die lokale Situation des Judentums in Lübeck in den Jahren 1870 bis 1890 verstehen und einordnen zu können, soll die Geschichte der Lübecker jüdischen Gemeinde dargestellt werden, deren Anfänge im 17. Jahrhundert liegen. Außerdem lassen sich die virulenten Gegensätze zwischen gelebtem Judentum und Antisemitismus in der Zeit von 1870 bis 1890 besser sichtbar machen, wenn man den langen Weg betrachtet, den die Juden in Moisling und Lübeck bis zur Emanzipation benötigten.

Der lange Weg der Emanzipation der Juden in Lübeck

Dieser Weg lässt sich in fünf Phasen gliedern:

1. von der ersten Ansiedelung 1656 bis 1702,
2. die Entwicklung der jüdischen Gemeinde von 1702 bis 1762,
3. die Unterdrückung und soziale Verarmung zwischen 1762 und 1811,
4. die kurze Blütezeit innerhalb der französischen Besatzungszeit von 1811 bis 1813,
5. die erneute Ausgrenzungspolitik bis zur endgültigen bürgerlichen Gleichstellung der Juden in Lübeck 1852.

1. 1656 siedelten sich vor den Toren der Freien Reichsstadt Lübeck einige Juden in dem Dorf Moisling an, das zum königlich-dänischen Holstein gehörte. Diese aschkenasischen Juden waren vor den Pogromen während der Kosakenaufstände unter dem Hetman Chmelniecki aus dem Großreich Polen-Litauen geflohen. Diese Pogrome, die etwa 100.000 Juden das Leben kosteten, lösten eine erste große Rückwanderungswelle von Ost- nach Mitteleuropa aus. Um 1350, zur Zeit der Pest, die den Juden angelastet worden war, waren viele Juden aus Deutschland nach Osten geflohen und hatten dort 300 Jahre lang eine Zeit der religiösen Liberalität erlebt, die übrigens auch anderen religiösen Flüchtlingen zugute gekommen war.

Der Gutsherr in Moisling gewährte diesen Juden Zuflucht auf seinem Gutshof – vermutlich aus ökonomischem Interesse. Sie wurden aber schon 1665 wieder vertrieben, als 600 bis 700 bewaffnete Lübecker Zunfthandwerker das »Brau-, Brenn- und Handwerkszeug der unzünftigen Konkurrenten« zerstörten und sie damit ihrer Existenzgrundlage beraubten, wie es Peter Guttkuhn beschrieben hat, der die Geschiche der Juden in Lübeck und Moisling in den Jahren 1656 bis 1852 gründlich erforscht hat. Seiner Meinung nach handelte es sich nicht um ein antijüdisches Pogrom, sondern »um die Beseitigung existenzgefährdender, illegaler Handwerks-Betriebe auf einem lübeckischen Stadtgut [...].«[3]

Hier wird bereits ein Konflikt deutlich, der sich durch die nächsten zweihundert Jahre ziehen wird. Die Berührungsängste der Lübecker Bürger waren ökonomisch motiviert, obwohl es religiös bedingte antijüdische Ressentiments seit dem Mittelalter in Lübeck gab und diese auch gelegentlich vorgeschoben wurden. Sie waren vorrangig bedingt durch die Konkurrenzängste der Lübecker Krämer und Handwerker, während die städtische Elite, die Kaufherren, die den Senat bildeten, vielfach liberaler agierten.

Nachdem die Überfälle sich wiederholten, unterstellte der Gutsherr seinen Besitz der königlich-dänischen Schutzherrschaft. 1670 ließ der dänische König Christian V. einen Schutzbrief für Moisling ausfertigen. 1686 und noch einmal 1697 bestätigten königliche Erlasse, dass Juden sich in Moisling ansiedeln dürften und die gleichen Privilegien genössen, wie sie die Altonaer Juden seit 1641 innehatten. Die Gleichstellung mit den Altonaer Juden beinhaltete die Freiheit in Handel und Wandel und, so vermutet Peter Guttkuhn, auch die freie Religionsausübung und das Recht auf die Anlage eines Begräbnisplatzes, der jedoch vermutlich schon seit 1656 vorhanden war.[4]

2. Eine längere Periode der Ruhe trat ein, nachdem der liberale herzoglich-gottorfsche Staatsmann Magnus von Wedderkop, der gleichzeitig Domherr in Lübeck war, 1702 das Gut erworben hatte und sich für die Rechte »seiner« Juden einsetzte. Er erreichte, dass ab 1709 täglich einem Juden der Zugang durch das Holstentor gestattet wurde, allerdings nur zum Einkauf von Lebensmitteln und Sachgütern – unter Begleitung eines Wachsoldaten. Der Handel war ihnen jedoch verboten, und das war gerade das, wovon die meisten Moislinger Juden lebten. Später wurde die Zahl der täglich zugelassenen auf drei – darunter eine Frau – erhöht.

1709 wohnten zwölf jüdische Familien in Moisling, womit eine eigene Gemeindebildung möglich wurde. Sie wurde zunächst dem Alto-

---

[3]   Peter Guttkuhn, *Die Geschichte der Juden in Moisling und Lübeck. Von den Anfängen 1656 bis zur Emanzipation 1852*, Lübeck 1999 (= *Veröffentlichungen zur Geschichte der Hansestadt Lübeck*, hg. vom Archiv der Hansestadt, Reihe B, Band 30), S. 20.

[4]   Vgl. ebd., S. 21ff.

```
        Wacht Rapport          d. 18. Jan. 1786
        am Holstenthor


    Ein-              und            Aus
                   Passirt
Auf gewöhnl. Zeichen          Moisl. Juden

Heymann Liebmann
Wulff Alexander und
Jacob Heymann.


Auf hohe Ord.:                Joch. David Nathan
                              Samson Wulff und
                              Wulff Levin


Von Segeberg                  ein Jude Abraham Levin


                              Der Königl. Dänische Resident
                              H. von Jeßen komment von Kiel.
```

Abb. 1: Rapport der Holstentor-Wache am 18. Januar 1786.

naer Oberrabbinat unterstellt.[5] Spätestens 1723 kam der erste Rabbiner, Jacob Behrend aus Lissa in Polen, nach Moisling, das damals »28 jüdische Familien, also etwa 140 Personen, verteilt auf 22 Häuser«,[6] beherbergte.

Die rigorose Ausgrenzungspolitik Lübecks gegenüber Juden erschwerte die wirtschaftliche Entwicklung Moislings. Dennoch hat 1681 der Rat der Stadt Lübeck gegen den Widerstand der Bürgerschaft zwei Juden mit ihren Familien gegen Zahlung eines »Schutzgeldes« ein Niederlassungsrecht in Lübeck gestattet. Hier zeigt sich die unterschiedliche Haltung von Senat und Bürgerschaft besonders deutlich. Die im Senat vertretenen Kaufherren erhofften sich einen wirtschaftlichen Vorteil von den beiden Juden, die im Gold- und Silberhandel tätig waren, während die Bürgerschaft, die sich aus Krämern und Handwerkern zusammensetzte, die Juden als Konkurrenten ansah. Entsprechend drängte die Bürgerschaft immer wieder auf deren Ausweisung und vertrieb schließlich 1699 die »Schutzjuden«

---

[5] Vgl. Manfred Jakubowski-Tiessen, *Die ersten jüdischen Gemeinden in Schleswig-Holstein im 17. Jahrhundert*, in: *Ausgegrenzt – Verachtet – Vernichtet. Zur Geschichte der Juden in Schleswig-Holstein*, hg. von der Landeszentrale für Politische Bildung Schleswig-Holstein, Kiel 1994 (= *Gegenwartsfragen 74*), S. 9–26, hier S. 19.

[6] Guttkuhn, *Die Geschichte der Juden in Moisling und Lübeck* (s. Anm. 3), S. 31.

eigenhändig aus der Stadt.[7] Auch wenn 1701 erneut ein »Schutzjude« zugelassen wurde, änderte dieses nichts an der grundsätzlichen Haltung der Bürgerschaft insbesondere gegenüber den Moislinger Juden.

3. 1762 gelang es vier Lübecker Ratsherren, das Gut Moisling zu kaufen, sodass die Stadt indirekt Einfluss auf die Entwicklung der jüdischen Gemeinde nehmen konnte, ohne damit der dänischen Herrschaft unterworfen zu sein. Guttkuhn beschreibt es so:

> Die Lübecker Gutsherren [...] betrieben im Dorf eine kontinuierliche Politik der sozialen und rechtlichen Demontage der Juden. Sie gestatteten denen nicht mehr, Grund- und Hauseigentum zu erwerben, kauften vielmehr deren Immobilien sukzessive auf und degradierten die verbliebenen sozial schwachen Gemeindemitglieder zu Wohnungsmietern mit erheblich verschlechterten Konditionen. Schutzbriefe stellten sie nicht mehr aus, was die wenigen wohlhabenden Juden zur Abwanderung zwang.[8]

Gleichzeitig wurde die Abkoppelung der jüdischen Gemeinde vom Gemeindeverband in Altona betrieben. Im Juni 1806 wurde Moisling Teil des Lübecker Staatsgebietes. Aber die Juden wurden nicht den Lübecker Bürgern gleichgestellt, sondern lebten rechtlos in dem Dorf Moisling, das einem Ghetto vergleichbar war.

4. Die Besetzung Lübecks durch die Truppen Napoleons am 6. November 1806 änderte daran anfangs nichts. Erst nachdem im französischen Elbdepartement, das die Gebiete Lübeck, Hamburg, Stade und Lüneburg umfasste, im August 1811 der Code Napoleon eingeführt wurde, erhielten die Juden die vollständige politische und bürgerliche Gleichstellung. Im Dezember 1811 zog der reichste Moislinger Jude nach Lübeck. 1812 folgten mehr als vierzig jüdische Familien. Neben dem St. Annen-Kloster erwarb die jüdische Gemeinde ein Haus mit Grundstück für eine Synagoge und Mikwe.[9]

Trotz ihrer Besserstellung unter der französischen Herrschaft fühlten sich die Juden als Deutsche: Acht jüdische Freiwillige kämpften in der Hanseatischen Legion gegen Frankreich. Als im März 1813 die

[7] Vgl. Jakubowski-Tiessen, *Die ersten jüdischen Gemeinden in Schleswig-Holstein im 17. Jahrhundert* (s. Anm. 5), S. 18.

[8] Guttkuhn, *Die Geschichte der Juden in Moisling und Lübeck* (s. Anm. 3), S. 64.

[9] Vgl. ebd., S. 82–84.

Abb. 2: Isaac Heimann, bekannt als »Hatzche mit der Karre«, der zwischen Moisling und Lübeck Waren transportierte, farbiges Aquarell (vor 1853) im St. Annen-Museum, Lübeck.

mit Preußen verbündeten russischen Soldaten einmarschierten, wurden sie auch von den Lübecker Juden freudig begrüßt. Zur Feier des Befreiungstages erstrahlte die Synagoge im hellsten Licht. Doch was den christlichen und jüdischen Lübeckern als Befreiung erschien, erwies sich für die Lübecker Juden bald darauf als Rückschritt.[10]

5. Unmittelbar nach dem Ende der französischen Besatzung nahm der Senat sofort wieder seine Politik der Ausgrenzung auf. Die in der napoleonischen Zeit verordnete bürgerliche Gleichstellung der Juden wurde zurückgenommen; bis 1822/23 trieb der Lübsche Staat alle in die Stadt zugezogenen Juden wieder hinaus. »Damit fand er den Beifall der auf ihren tiefverwurzelten antijüdischen Vorurteilen beharrenden städtischen Unter- und Mittelschichten und entsprach deren negativer Fremdenmentalität«,[11] so Guttkuhn.

---

[10] Vgl. Ingaburgh Klatt, »...*dahin wie ein Schatten« – Aspekte jüdischen Lebens in Lübeck*, Kiel 1993, S. 13.

[11] Guttkuhn, *Die Geschichte der Juden in Moisling und Lübeck* (s. Anm. 3), S. 235.

Viele Juden kehrten nach Moisling zurück, andere ließen sich in Städten nieder, die etwas liberaler als Lübeck waren, z.B. in Hamburg. Die Synagoge in der St. Annen-Straße musste wieder geräumt und unter großem Verlust verkauft werden. Der Senat ließ in Moisling 1826/27 eine Synagoge bauen, die an die jüdische Gemeinde vermietet wurde und stellte in dem Dorf kärglichsten Wohnraum zur Verfügung. Er verhinderte eine geregelte Erwerbsmöglichkeit der ghettoisierten Menschen, sodass sie verarmten.

Abb. 3: Die 1827 in Moisling gebaute Synagoge.

Die jüdische Gemeinde schloss sich um so fester zusammen und fand ihren Rückhalt im Glauben. Sie schottete sich im religiösen Bereich gegen neoliberale Strömungen ab, wie sie bei den deutschen Juden im Zuge der stärkeren Liberalisierung und wachsenden Emanzipation sichtbar wurden. Denn, je größer der äußere Druck wurde, desto fester band sich die jüdische Gemeinde an die tradierte Orthodoxie. Bestimmend war dabei die Haltung des 1823 aus Polen gekommenen altgläubigen Rabbiners Ephraim Joel (1795–1851), der eine länger währende Auseinandersetzung mit einem Schulleiter, der Reformen innerhalb der Gemeinde und der Schulbildung anstrebte, für sich entscheiden konnte. So konnten sich die Moislinger Juden aus eigener Kraft kaum um die Erringung der bürgerlichen Gleichheit bemühen.

Im Wiener Kongress 1814 war auch die rechtliche und bürgerliche Gleichstellung der Juden beraten worden. Der Vertreter der Hansestadt Lübeck, Senator Dr. Johann Hach, sprach sich vehement gegen deren Gleichstellung aus, während der ebenfalls christliche Rechtsanwalt Dr. Carl August Buchholz, der Vertreter der Juden für die drei Hansestädte Lübeck, Hamburg und Bremen, sehr engagiert, aber erfolglos die Gegenposition vertrat.[12]

Dr. Gabriel Rießer, der seine Jugend teilweise in Moisling und Lübeck verbracht hatte, wurde zu einem der engagiertesten Streiter für die Gleichberechtigung der Juden in Deutschland. Rießer, promovierter Jurist, wirkte anfangs als Journalist, dann als der erste jüdische Richter Deutschlands. 1848 wurde er zum Abgeordneten der Deutschen Nationalversammlung in Frankfurt gewählt. Als Vizepräsident konnte er Einfluss auf die Gesetzgebung des Paulskirchen-Parlamentes nehmen, das 1848 die staatsbürgerliche Gleichberechtigung der Juden für den Deutschen Bund verabschiedete.

In Lübeck waren ab 1842 von Senat und Bürgerschaft Kommissionen eingesetzt worden, um über die Möglichkeiten einer rechtlichen Gleichstellung der Juden zu diskutieren. Die Wahlen zur Nationalversammlung in der Paulskirche, bei welcher die Wahlmänner aus einer allgemeinen, gleichen und freien Wahl der männlichen Staatsangehörigen über 25 gewählt werden sollten, beschleunigten schließlich die Reformbemühungen. In Moisling wurden, entsprechend dem Bevölkerungsanteil, zwei jüdische Wahlmänner bestimmt.

Am 30. Dezember 1848 wurde in Lübeck die neue Verfassung angenommen, die allen männlichen Bürgern ein gleiches Wahlrecht und den Juden das Bürgerrecht gewährte.[13] Zehn Tage, nachdem die Nationalversammlung es für ganz Deutschland proklamiert hatte, wurden auch den lübeckischen Juden die vollen staatsbürgerlichen Rechte zuerkannt. Im Juni 1852 schließlich wurden die Juden in Lübeck dann auch in gewerblicher Hinsicht gleichgestellt, d.h. sie konnten ihre Berufe frei wählen, Grundstücke und Häuser erwerben, Geschäfte auf eigenen Namen eröffnen und führen sowie Werbung betreiben.[14]

---

[12] Vgl. Klatt, »...dahin wie ein Schatten« – Aspekte jüdischen Lebens in Lübeck (s. Anm. 10), S. 14.

[13] Vgl. Lübeckische Geschichte, hg. von Antjekathrin Graßmann, 2., überarbeitete Aufl., Lübeck 1989, S. 612ff.

[14] Vgl. Guttkuhn, Die Geschichte der Juden in Moisling und Lübeck (s. Anm. 3), S. 212–225.

Damit nahm Lübeck, nachdem es sich lange Zeit durch eine antijüdische Haltung ausgezeichnet hatte, eine führende Position in der Reformbewegung zugunsten der Juden innerhalb Deutschlands ein. Die *volle* politische und bürgerliche Gleichstellung der jüdischen Bürger wurde im Herzogtum Schleswig 1854, in Hamburg 1860, in Baden 1862, im Herzogtum Holstein 1863, in Bayern 1867, in Preußen, wo mehr als die Hälfte der Juden Deutschlands lebten, sowie im Norddeutschen Bund 1869 vollzogen.[15]

Politische und gesellschaftliche Teilhabe der jüdischen Bevölkerung in Lübeck 1852 bis 1890

Die politische und sozial-ökonomische Gleichstellung war erst neunzehn Jahre vor der Geburt Heinrich Manns erreicht worden, eine Zeitspanne, die nicht einmal eine Generation umfasst. Allerdings entwickelte sich das Leben der jüdischen Gemeinde in den Jahren zwischen 1852 und 1870 sehr rasch. Die Moislinger Juden und die wenigen in Lübeck verbliebenen Juden nutzten die neuen Möglichkeiten engagiert und selbstbewusst.

In Moisling lebten 1847 481 Juden, d.h. 131 Familien;[16] 1858 lebte der größere Teil der Moislinger Juden in der Stadt Lübeck. 1871 lebten 529 jüdische Menschen in Lübeck und nur noch 36 in Moisling, die dann bald darauf ebenfalls in die Stadt zogen.[17]

1851 war erneut eine Synagoge – diesmal in der Wahmstraße – geweiht worden durch den Rabbiner Ephraim Joel, der bald darauf starb. Seine Nachfolge übernahm 1852 sein Schwiegersohn Alexander Sussmann Adler, ein Vertreter einer neuen Generation: In Deutschland aufgewachsen und sozialisiert, hatte er in Würzburg studiert. Es zeigt gesellschaftliches und politisches Verantwortungsgefühl, dass Rabbiner Adler von 1855 bis 1869 Mitglied der Bürgerschaft war.[18]

---

[15]   Vgl. ebd., S. 225.

[16]   Vgl. David Alexander Winter, *Geschichte der Jüdischen Gemeinde in Moisling/Lübeck*, Lübeck 1968 (= *Veröffentlichungen zur Geschichte der Hansestadt Lübeck,* hg. vom Archiv der Hansestadt, Band 20), S. 219.

[17]   Vgl. Tabelle zur jüdischen Bevölkerung in: Albrecht Schreiber, *Zwischen Davidstern und Doppeladler. Illustrierte Chronik der Juden in Moisling und Lübeck*, Lübeck 1992 (= *Kleine Hefte zur Stadtgeschichte,* hg. vom Archiv der Hansestadt Lübeck, Heft 8), S. 163.

[18]   Vgl. ebd., S. 162.

1851 war mit der Wahl von zwei Juden in die Bürgerschaft die politische Partizipation der Juden in Lübeck erreicht worden. Seit der Verfassungsreform umfasste diese 120 Mitglieder.[19] Mindestens ein jüdischer Bürger war bis 1933 vertreten, meistens waren es zwei. Dass diese Bürgerschaftsmitglieder die gut ausgebildete jüdische Elite repräsentierten, zeigt sich an dem schon genannten Rabbiner Alexander Sussmann Adler. Sein Schwiegersohn und Nachfolger Dr. Salomon Carlebach gehörte ebenfalls 1877 bis 1895 der Bürgerschaft an wie auch der Vater von Erich Mühsam, der Apotheker Siegfried Seligmann Mühsam, der von 1887 bis 1909 Bürgerschaftsmitglied war.

Apotheker Mühsam war außerdem von 1888 bis 1910 Mitglied im Bürgerausschuss, einem 30-köpfigen Gremium, das aus der Bürgerschaft heraus gewählt wurde.[20] Der Bürgerausschuss war ein Vorberatungsgremium für die Bürgerschaft und deshalb ein politisch noch einflussvolleres Instrument der politischen Partizipation.

– Eine über den behandelten Zeitraum hinausgehende Replik: Das einzige weibliche Mitglied der Bürgerschaft jüdischer Herkunft in der Zeit bis 1933 war die Tochter von Siegfried Seligmann Mühsam, Charlotte, die mit dem Rechtsanwalt Leo Landau verheiratet war und ihr Mandat von 1919 bis 1921 innehatte.[21] Erst die Einführung des passiven und aktiven Wahlrechts durch die Revolution 1918 hatte Frauen – nicht nur den jüdischen – diese Möglichkeit eröffnet. –

Mit der gewerblichen Gleichstellung wurde den Juden die Teilhabe an der wirtschaftlichen Prosperität der »Gründerzeit« ermöglicht. Ein Indiz des wirtschaftlichen Aufschwungs innerhalb der jüdischen Bevölkerung ist das Anwachsen der Zahl jüdischer Menschen in Lübeck: von 569 im Jahr 1875 auf 694 im Jahr 1890, was immerhin ein Prozent der Lübecker Bevölkerung ausmachte.[22]

Ein weiteres Indiz könnte sein, dass zusätzlich zu den durch die Glaubensausübung bedingten religiös-sozialen Institutionen wie z.B. die »Chewra Kaddisha«, der Beerdigungsverein, weitere Vereini-

19 Vgl. *Lübeckische Geschichte,* hg. von Antjekathrin Graßmann (s. Anm. 13), S. 615.

20 Vgl. ebd., S. 612.

21 Vgl. Schreiber, *Zwischen Davidstern und Doppeladler* (s. Anm. 17), S. 162.

22 Lt. Stat. Landesamt Lübeck, Mai 1934, zitiert nach Schreiber, *Zwischen Davidstern und Doppeladler* (s. Anm. 17), S. 163.

gungen für soziale und kulturelle Zwecke entstanden wie z.B. der »Israelitische Frauenverein«, der 1877 gegründet wurde. Wenn die Frauen die Muße für die Teilnahme an einem solchen Verein fanden, bedeutet das, dass sie nicht jede Minute für die Reproduktionsarbeit innerhalb der Familie brauchten, wie es in wirtschaftlich schlechten Zeiten war. Man hatte es in vielen Familien zu einem gewissen Wohlstand gebracht.

Mitglieder des Israelitischen Frauenvereins 1879

Frau Rabbiner Adler Ww.
" A. H. Blumenthal.
" Levy Baruch.
" Philipp Berges.
" B. Birawer.
" H. A. Blumenthal, Travemünde.
" D. Blumenthal Ww.
" A. J. Blumenthal.
" Alex Blumenfeld.
" Dr. Carlebach.
" Lazarus Cohn, Fischergr.
" Lazarus Cohn, Breite Str.
" Moses Cohn.
" J. Falk Ww.
" M. Goge.
" Ph. Goldschmidt.
" B. Gosslar.
" F. Gumpel.
" Gottlob.
" Hinrichsen.
" Heymanson Ww.
" Julius Heymanson.
" Heilbut Ww.
" Marcus Heymanson.
" Tobias Jacobsson.
" Herm. Jacobsson.
" Julius Klewe.
" Abraham Levy.
" Abraham Lissauer.

Fräulein Ida Lissauer.
Frau Alex Lissauer.
" E. Lissauer, Engelsgrube.
" Nathan Lychenheim.
" Julius Lychenheim.
" Julius Lissauer.
" E. Lissauer, Hundestraße.
" H. Mecklenburg.
" H. Meyer.
" Martin Meyer.
" Philipp Marcus.
" Heymann Manheim.
" Paul Philipp.
" Sally Philipp.
" Salomon Polack, Dannenberg.
" Philipp Ruben.
" Riesenfeld.
" Nathan Rosenthal.
" Max Rosenthal.
" E. Schlomer.
" Samuel Prenzlau.
" Spanier Ww.
" Jacob Schlomer Ww.
" Bernhardt Sußmann.
" Simon Falk.
" Jacob Würzburg.
" L. W. Würzburg.
" Westheimer.

Abb. 4: Mitglieder des Israelitischen Frauenvereins (Faksimile).

Die wirtschaftliche Prosperität der jüdischen Bevölkerung Lübecks zeigte sich indes – auch für alle Nichtjuden deutlich sichtbar – im Bau der neuen Synagoge in der St. Annen-Straße. Das Grundstück, das schon 1812 der jüdischen Gemeinde gehört hatte, aber mit der Vertreibung aus Lübeck verkauft werden musste, konnte zurückerworben werden.

1864 wurden erste Pläne vorgelegt. Sie sahen einen Bau vor, der sich, um gemeinsame Geschichte zu beschwören, an christlicher Sakralarchitektur orientieren, aber auch eigenes Profil zeigen sollte. Einerseits sollte er Eigenständigkeit beweisen, aber städtebaulich nicht aus dem Rahmen fallen, selbstbewusst, aber auch integrativ wirken, so hat Ursula Dinse herausgefunden.[23] Diese Pläne scheiterten jedoch an der Finanzierung.

Erst zehn Jahre später konnten die Baupläne wieder aufgenommen werden. Der Bau der neuen Synagoge kam zustande, weil der Senat bereit war, ein Darlehen in Höhe von 20.000 Reichsmark zu gewähren, das fast ein Drittel der Baukosten ausmachte. Die Bürgerschaft erhöhte die Summe um weitere 2.000 Reichsmark mit der Auflage, dem Gebäude eine Kuppel und eine »Schmuckfassade« zu geben.[24]

Damit entstand ein prachtvoller, sehr repräsentativer Bau, der durch die Schmuckornamente und die Kuppel im maurischen Stil sofort als jüdische Synagoge erkannt wurde. Das Gebäude, dessen damaliges Aussehen leider nur noch auf Reproduktionen alter Fotos sichtbar ist, strahlt Würde aus.

Ursula Dinse weist darauf hin, dass für einige Zeit der maurische Stil zu dem jüdischen Sakralstil wurde. Die prächtigen maurischen Synagogen galten in der Judenschaft als Zeichen einer neuen Freiheit, Gleichberechtigung und eines gestärkten Selbstbewusstseins. Stilprägend war u.a. die Synagoge in der Oranienburger Straße in Berlin.

Die christliche Öffentlichkeit reagierte mit Bewunderung für die Größe, die prachtvolle Gestaltung und aufwändige Konstruktion der Gotteshäuser. Doch war die Bewunderung nicht »von der Überzeu-

---

[23] Vgl. Ursula Dinse, *Das vergessene Erbe. Jüdische Baudenkmale in Schleswig-Holstein*, hg. von der Landeszentrale für Politische Bildung Schleswig-Holstein, Kiel 1995 (= *Gegenwartsfragen* 78), S. 173.

[24] Vgl. ebd., S. 181.

Abb. 5: Die 1880 gebaute Synagoge in der St. Annen-Straße. Sie wurde nach 1938 von den Nationalsozialisten zwar nicht völlig zerstört, aber es wurde die Kuppel entfernt und die Fassade zu einer norddeutschen Backstein-Fassade umgewandelt.

gung getragen, die Juden seien den Christen ebenbürtig, sondern beruhte auf der Bestätigung alter Vorurteile; denn das Exotische wurde für eine Synagoge, deren Gemeinden auch als Fremdkörper gesehen wurden, immer noch für adäquat gehalten.«[25]

Von weitem deutlich sichtbar als Zeichen jüdischer Bewusstheit dienten die neuen Synagogen »dem ab etwa 1875 erneut aufflammenden Antisemitismus als Vehikel für Kampfparolen von der angeblich zu großen Macht der Juden« oder von den Juden als »Außenseiter ohne Vaterlandsliebe«. Der Berliner Hof- und Domprediger Adolf Stoecker (1835–1909) bezeichnete 1880 die Juden als »ein Volk im Volke, ein Staat im Staate, ein Stamm für sich unter einer fremden Rasse«.[26]

Es lässt sich vorstellen, dass die Lübecker Synagoge ähnliche Ressentiments weckte – insbesondere in mittellosen Bevölkerungskreisen. Vor diesem Hintergrund fragt man sich natürlich, warum denn die Bürgerschaft auf den Bau der Kuppel und die maurischen Schmuckornamente bestanden hatte und dafür sogar bereit gewesen war, zusätzliche 2.000 Reichsmark als Darlehen zu gewähren. War das ein geschickt versteckter, vielleicht unterschwelliger Antisemitismus?

Ein sichtbarer Antisemitismus zeigt sich bis heute am Lübecker Rathaus. An der Nordfassade, nicht sehr auffällig, sieht man ein kleines Männchen, das erst bei der Renovierung des Rathauses 1888 angefügt wurde. Anhand des Geldsackes und der Mütze ist

Abb. 6: Kleine Figur an der 1888/89 renovierten Nordfassade des Rathauses.

es als der jüdische Kaufmann zu identifizieren, wie er dem tradierten Vorurteil entsprach. Dennoch wird in Lübeck der Antisemitismus nicht laut geäußert, wenn es

---

[25] Ebd., S. 184.

[26] Vgl. ebd., S. 186.

auch unwahrscheinlich ist, dass die antijüdische Haltung, die stets sehr stark auf Neid und Konkurrenzangst beruhte, sich nicht in den Familien tradiert hätte. 1893 wird in Lübeck ein »Antisemitischer deutsch-socialer Verein« zur Wahrung von Mittelstandsinteressen gegründet, der aber wenig erfolgreich gewesen sein soll.

Zumindest die Haltung des Bürgermeisters der Hansestadt Lübeck, Dr. Heinrich Theodor Behn, war jedoch eine ganz andere: Als er die Synagoge in Anwesenheit vieler Senats- und Bürgerschaftsmitglieder, weiterer prominenter Lübecker, Tausender von »Andersgläubigen« und großer Anteilnahme der jüdischen Gemeinde am 10. Juni 1880 symbolisch eröffnete, sagte er:

> Es war für mich eine große Ehre und lebhafte Genugtuung, daß es gerade mir vergönnt war, das neue Gotteshaus der israelitischen Gemeinde zu öffnen. Denn so lange ich in meiner Vaterstadt mitrathen und mitthaten durfte, war es stets mein lebhafter Wunsch, das Unrecht zu sühnen, das meiner Überzeugung nach 1814 und 1815 gegen unsere israelitischen Mitbürger begangen wurde.[27]

Dass der Bau der Synagoge schließlich so großartig beendet wurde, lag sicher nicht zuletzt an dem tatkräftigen Rabbiner, der seit 1870 die Nachfolge von Alexander Sussmann Adler angetreten hatte, an Dr. Salomon Carlebach. Vielleicht war es auch seinem Einfluss zu verdanken, dass Senat und Bürgerschaft, der er seit 1877 angehörte, 1878 die Zusage für das Darlehen gaben.

Dr. Salomon Carlebach war 49 Jahre der hoch geschätzte Rabbiner der jüdischen Gemeinde, von 1870 bis 1919. 1845 in Heidelsheim bei

Abb. 7: Rabbiner Dr. phil. Salomon Carlebach (1845–1919), Rabbiner in Lübeck von 1870 bis 1919.

---

[27] Zitiert nach Peter Guttkuhn, *Am 10. Juni 1880: Eröffnung der neuen Synagoge*, in: *Vaterstädtische Blätter*, Mai/Juni 1980, S. 40.

Bruchsal geboren, hatte er in Würzburg, Berlin und Tübingen Philosophie und Philologie studiert und 1868 über die *Entwicklung des deutschen Dramas bis Lessing, mit besonderer Berücksichtigung der deutschen Fasnachtsspiele und ihrer hebräischen Bestandteile* promoviert. Obwohl er hoch gebildet war, blieb er seinem orthodoxen Glauben treu. Mit seiner universitären Bildung war er unter den orthodoxen Juden damals eher die Ausnahme als die Regel.[28]

Mit Salomon Carlebach blieb auch seine Gemeinde ungeteilt orthodox, obwohl es vereinzelt unter den jungen jüdischen Intellektuellen Ausbruchsversuche gab – 1886 entzogen sich unter anderen die Mühsam-Kinder dem jüdischen Religionsunterricht.[29]

Salomon Carlebach hatte 1872, der Tradition folgend, Esther Adler, die Tochter seines Vorgängers geheiratet. Es scheint jedoch auch eine Liebesheirat gewesen zu sein. Esther zeichnete sich ebenfalls durch eine hohe Bildung aus; sie verfasste Gedichte und Handreichungen für das jüdische Familienleben. Mit ihr hatte Salomon zwölf Kinder. Fünf Söhne wurden ebenfalls Rabbiner und drei Töchter heirateten Rabbiner. Esther und Salomon Carlebach begründeten in Lübeck eine der bekann-

Abb. 8: Exlibris von Rabbiner Salomon Carlebach.

testen deutschen Rabbiner-Dynastien, deren Nachfahren, soweit sie nicht durch die Nationalsozialisten ermordet wurden, heute in aller Welt wirken – vielfach als Rabbiner.

---

[28] Vgl. Peter Guttkuhn, *Jüdische Neo-Orthodoxie 1870 bis 1919 in Lübeck. Zur religiös-geistigen Situation der Juden während des Rabbinats von Salomon Carlebach*, in: *Schriften der Erich-Mühsam-Gesellschaft*, Lübeck, Heft 21 (2002), S. 30–37, hier S. 32.

[29] Vgl. ebd., S. 33f.

Wie schon erwähnt, gehörte Salomon Carlebach von 1877 bis 1895 der Bürgerschaft an. Seine Haltung war nicht nur im religiösen, sondern auch im politischen Bereich konservativ und sehr national, das lässt sich in seinen Schriften nachlesen. U.a. hielt er im Mai 1915, mitten im Ersten Weltkrieg, eine Rede in der Synagoge mit dem Titel *Das Heerwesen und die jüdische Erziehung,* in der er den Dienst im Heer pries, um junge Männer fürs Leben zu erziehen. Damit dürfte er sich in Übereinstimmung mit vielen Gleichgesinnten christlicher Herkunft befunden haben, nicht zuletzt christlichen Geistlichen, welche zum Dienst für das Vaterland aufriefen und die Waffen segneten. Den verlorenen Krieg und die Abdankung des Kaisers konnte er nicht verschmerzen; er starb 1919.

Salomon Carlebach wurde von seiner Gemeinde hoch verehrt und geliebt. Aber er scheint auch nichtjüdischen Lübeckern Achtung abgerungen zu haben. In Lübeck beginnt man häufig einen Vortrag mit einem Zitat von Thomas Mann. Ich möchte damit meinen Vortrag beenden. Im *Doktor Faustus* heißt es:

> Bemerkenswert war, daß neben unserem Pfarrer, Geistl. Rat Zwilling, auch der Rabbiner der Stadt, Dr. Carlebach mit Namen, in unseren über dem Laboratorium und der Apotheke gelegenen Gasträumen verkehrte, was in protestantischen Häusern nicht leicht möglich gewesen wäre. [...] Aber mein Eindruck, der hauptsächlich auf Äußerungen meines Vaters beruhen mag, ist der geblieben, daß der kleine und langbärtige, mit einem Käppchen geschmückte Talmudist seinen andersgläubigen Amtsbruder an Gelehrsamkeit und religiösem Scharfsinn weit übertraf.[30]

Der *Doktor Faustus* ist ein spätes Werk von Thomas Mann. In seinen Jugendwerken finden sich weniger freundliche Aussagen zu Juden, und das trifft leider auch für Heinrich Mann zu. Aber das zu reflektieren, ist nicht die Fragestellung dieses Beitrags.

---

[30] Thomas Mann, *Doktor Faustus. Das Leben des deutschen Tonsetzers Adrian Leverkühn erzählt von einem Freunde,* Zweite, durchgesehene Aufl., Frankfurt am Main 1974 (= Thomas Mann, *Gesammelte Werke in dreizehn Bänden,* Band VI), S. 14.

KARSTEN KRIEGER

Judentum und Antisemitismus im wilhelminischen Berlin[1]

I. Juden in Berlin

Als Heinrich Mann 1891 von Dresden nach Berlin wechselte, um bei dem aus Ungarn stammenden jüdischen Verleger Samuel Fischer ein Volontariat zu beginnen und verschiedene Kurse an der Universität zu belegen, lebten ca. 80.000 Juden in der Reichshauptstadt.[2] Fünf Jahre später waren es über 94.000;[3] ihr Anteil an der Berliner Gesamtbevölkerung lag zu dieser Zeit bei 5 bis 5,1 Prozent. Grosso modo verlief das Anwachsen der jüdischen Bürgerschaft in Berlin während des Kaiserreiches parallel zum allgemeinen Bevölkerungswachstum der Stadt. Für das Jahr 1910 existieren Angaben zur Herkunft der Juden: Nur etwa ein Drittel war in der Hauptstadt geboren, 46 Prozent kamen aus den preußischen Ostprovinzen, vier Prozent aus dem übrigen Reichsgebiet; 17 Prozent waren Ausländer,[4] zumeist aus dem russisch besetzten Teil Polens (sog. Kongreßpolen), die seit 1881, dem Beginn antijüdischer Pogrome im Zarenreich, in den Westen emigriert waren.

Während der Anteil der jüdischen Bevölkerung im Verhältnis zur Gesamtbevölkerung des Reiches insgesamt betrachtet trotz dieser Zuwanderungen rückläufig war, stieg ihr Anteil in Berlin, auch im Verhältnis zu anderen deutschen Großstädten mit verhältnismäßig hohem jüdischen Bevölkerungsanteil wie Frankfurt am Main, Breslau, Hamburg oder Köln, stark an.[5]

---

[1]   Dem nachfolgenden Beitrag liegt ein auf der Heinrich Mann-Tagung *Heinrich Mann und das Judentum* (3.–5.5.2002) gehaltener Vortrag zugrunde.

[2]   Vgl. Chana C. Schütz, *Die Kaiserzeit (1871–1918)*, in: *Juden in Berlin*, hg. von Andreas Nachama, Julius Schoeps und Hermann Simon, Berlin 2001, S. 89–136, hier S. 94.

[3]   Vgl. Monika Richarz, *Die Entwicklung der jüdischen Bevölkerung*, in: Steven M. Lowenstein u.a., *Umstrittene Integration 1871–1918*, München 1997 (= *Deutsch-jüdische Geschichte in der Neuzeit*, hg. von Michael A. Meyer, Band III), S. 13–38, hier Tabelle auf S. 35.

[4]   Vgl. ebd., S. 35.

[5]   Vgl. ebd., S. 33ff.

Die Konzentration des deutschen Judentums in verhältnismäßig wenigen Großstädten war das Ergebnis eines stetigen Abwanderungsprozesses vom Land sowie aus ländlichen Kleinstädten, der zu Beginn des 19. Jahrhunderts begonnen hatte und zur Zeit der Reichsgründung 1871 bereits im wesentlichen zum Abschluß gekommen war. Motiviert wurde dieser Prozeß durch die neuen sozialen Aufstiegschancen, die sich einerseits im Zusammenhang mit der Industrialisierung Deutschlands, andererseits mit der zunehmenden Liberalisierung der Judengesetzgebungen bzw. mit der Emanzipation der Juden verbanden.

Die Abwanderung in die Großstädte war einhergegangen mit einem rapiden Verbürgerlichungsprozeß der deutschen Juden: Rationale Lebensführung, der Trend zur Klein- und schließlich zur Ein-Kind-Familie, die Wertschätzung einer soliden Bildung und Ausbildung, die Bereitschaft, unternehmerische Risiken einzugehen, Erwerbstätigkeit in freien Berufen, die Bewunderung von Kunst, Kultur und Wissenschaft, kurz: die Adaption spezifisch bürgerlicher und bildungsbürgerlicher Wertvorstellungen und Verhaltensweisen war für das deutsche Judentum zu einem früheren Zeitpunkt charakteristisch und selbstverständlich als für das Gros der deutschen Bevölkerung.

Kein Zweifel – um 1871 hatten es die meisten Juden »geschafft«: Sie waren etabliert und hatten einen beispiellosen sozialen Aufstiegsprozeß hinter sich. Obwohl noch vielfache Beschränkungen v.a. hinsichtlich der Anstellung im Staatsdienst und in der Wissenschaft oder der Beförderung in der Armee existierten,[6] gingen doch die meisten Juden zunächst davon aus, daß sich solche Diskriminierungen mit der Zeit erledigen würden, daß auf die 1871 erfolgte rechtliche Emanzipation zwangsläufig nun auch die soziale Emanzipation folgen würde. Mit Erstaunen und auch mit Stolz blickte man in bürgerlichen jüdischen Kreisen auf das Erreichte zurück.

---

[6]   In Preußen z.B. konnte kein ungetaufter Jude Offizier werden; seit 1885 erfolgten auch keine Beförderungen mehr zum Reserveoffizier. Dieser Status quo war 1883 endgültig zementiert worden, als das Heer berührende Personalfragen vom Kriegsministerium auf den Chef des Militärkabinetts übertragen wurden. Der bei den hohen Militärs grassierende Antisemitismus kommt z.B. in den Worten des Generalfeldmarschalls von der Goltz zum Ausdruck, der fragte, »ob des Vaterlandes Heil davon abhänge, daß wir ein paar Dutzend unbrauchbare Isidore, Manasse und Abrahams als Konzessions-Semiten ins Offizierkorps aufnehmen« (Generalfeldmarschall von der Goltz an seinen Sohn [5.3.1911], in: Generalfeldmarschall Colmar Freiherr von der Goltz, *Denkwürdigkeiten*, Berlin 1929, S. 334f.).

Insbesondere im wilhelminischen Berlin waren die Juden alles andere als eine soziale Randgruppe, sondern ein fester Bestandteil des Berliner Bürgertums. In der Finanzwelt spielten Juden eine bedeutende Rolle: 1895 waren 37 Prozent der Inhaber und Direktoren preußischer Banken, von denen viele ihren Sitz in Berlin hatten, Juden.[7] Im Jahre 1905 zahlten Juden 30,7 Prozent der Steuern der Stadt, bei einem Anteil von 4,8 Prozent der Gesamtbevölkerung.[8] Sechs Jahre darauf stellte das *Jahrbuch der Millionäre* fest, daß fast zwei Drittel der 111 Berliner Millionäre, die sechs Millionen Reichsmark oder mehr besaßen, Juden seien.[9] Die meisten Familien, die sich zur jüdischen Wirtschaftselite Berlins rechnen lassen, pflegten einen repräsentativen Lebensstil. »Charakteristisch für diese Schicht waren die Häufigkeit und die Opulenz der Empfänge, Bälle und ›Diners‹, die sie veranstalteten. Ihre Villen gehörten zu den größten und eindrucksvollsten Häusern Berlins.«[10]

Berlin wurde während des Kaiserreiches zum unbestrittenen Zentrum der deutschen Juden. Seit 1872 existierte in der »Hochschule für die Wissenschaft des Judentums« eine Anstalt für die Ausbildung liberaler Rabbiner und Religionslehrer. Der Bau einer Vielzahl von Synagogen, v.a. der »Neuen Synagoge« in der Oranienburger Straße (1866) und der Synagoge in der Fasanenstraße (1912) – einer der repräsentativsten Bauten in der Nähe des Kurfürstendamms –, die Errichtung von Krankenhäusern, Altersheimen und anderen Wohlfahrtseinrichtungen vermitteln einen Eindruck vom Erfolg und Selbstbewußtsein der Berliner jüdischen Gemeinde. Nahezu alle Spitzenorganisationen jüdischen Lebens hatten ihren Sitz in der Hauptstadt.[11] Weltweit konnte sich wohl keine jüdische Gemeinde mit dem messen, was im Berlin dieser Zeit geschaffen worden war.[12]

---

[7] Vgl. Dolores L. Augustine, *Die jüdische Wirtschaftselite im wilhelminischen Berlin: Ein jüdisches Patriziat?*, in: *Jüdische Geschichte in Berlin. Essays und Studien*, hg. von Reinhard Rürup, Berlin 1995, S. 101–116, hier S. 101.

[8] Vgl. Schütz, *Die Kaiserzeit* (s. Anm. 2), S. 97.

[9] Vgl. Rudolf Martin, *Jahrbuch der Millionäre Deutschlands*, Band 7, Berlin 1912.

[10] Augustine, *Die jüdische Wirtschaftselite* (s. Anm. 7), S. 106.

[11] Eine wichtige Ausnahme war die orthodoxe Richtung, die in Frankfurt am Main und Halberstadt ihre Zentralen konzentrierte.

[12] Vgl. Schütz, *Die Kaiserzeit* (s. Anm. 2), S. 118.

Im Wilhelminischen Reich verstanden sich die meisten Juden als »deutsche Staatsbürger jüdischen Glaubens«. Man begriff sich als Angehörigen einer Nation; die Religion galt als Privatangelegenheit. Tatsächlich taugte das Glaubensbekenntnis jedoch für immer weniger Juden zum Bestimmungsgrund ihrer Identität. Nicht nur prominente Politiker wie Ludwig Bamberger, Eduard Lasker oder Heinrich Bernhard Oppenheim betrachteten sich, wenn überhaupt, als Juden allenfalls im Privatleben.[13] Ebenso wie sich das Christentum im 19. Jahrhundert von einer »Alltagsreligion« zur »Sonntagsreligion« entwickelte, war der Besuch der Synagogen rückläufig, wovon das zeitgenössische, polemische Wort vom »Dreitagejuden«[14] Zeugnis ablegt. Der Rückgang jüdischer Religiosität ging nicht notwendigerweise mit einem Übertritt zum Christentum einher, auch wenn die Konversion in der Regel gleichbedeutend war mit verbesserten Karrierechancen im Staatsdienst oder an den deutschen Hochschulen.

In Berlin verschwand bis auf eine kleine orthodoxe Gruppe das traditionelle Judentum aus dem Bild des Alltags. Während sich Juden in ihrer Kleidung sowie ihrem Auftreten den Gepflogenheiten der bürgerlichen Öffentlichkeit anpaßten, hielten sie im Kreis der Familie an Gebräuchen und Redeweisen fest, die als unpassend für diese Öffentlichkeit empfunden wurden. Jüdische Familien wiesen hinsichtlich des Grades der Verstädterung, des Berufes des Ernährers, der geringen ehelichen Fruchtbarkeit, des hohen Bildungsabschlusses ihrer Kinder sowie der sozialen Stellung der Ehefrau, die in der Regel eine umfassendere Bildung genossen hatte als ihre »christliche Kollegin«, eine Reihe von Besonderheiten auf, die sie nach wie vor von den Nichtjuden unterschieden.[15] Es entstand in dieser Zeit eine neue jüdische Kultur, die, von der Bevölkerungsmehrheit unbemerkt, weitestgehend im Privaten gepflegt wurde und deren Hüterin »ein besonderer Typus der jüdischen Mutter« war, die ein neues System sozialer Normen und Wünsche wesentlich mitprägte, »indem

---

[13] Vgl. Peter Pulzer, *Die jüdische Beteiligung an der Politik*, in: *Juden im Wilhelminischen Deutschland 1890–1914: ein Sammelband*, hg. von Werner E. Mosse, Tübingen 1976 (= *Schriftenreihe wissenschaftlicher Abhandlungen des Leo Baeck Instituts*, Band 33), S. 143–239, hier S. 153.

[14] Gemeint ist derjenige, der nur noch zu den drei höchsten jüdischen Feiertagen in die Synagoge geht.

[15] Vgl. Shulamit Volkov, *Jüdische Assimilation und Eigenart im Kaiserreich*, in: Shulamit Volkov, *Jüdisches Leben und Antisemitismus im 19. und 20. Jahrhundert*, München 1990, S. 131–145, hier S. 137ff.

sie zu der Entstehung einer neuen jüdisch-häuslichen Kultur bei-trug.«[16] Charakteristisch für diese Kultur war z.B., daß man im priva-ten Kreise Pessach und Jom Kippur ebenso feierte wie Ostern und Weihnachten, ein Umstand, der von mißliebigen Zeitgenossen zuweilen als Ausdruck einer »germanisch-jüdischen Mischkultur« perhorresziert wurde.

Die Juden Berlins wohnten in räumlicher Nähe zueinander, die ak-kulturierte Wirtschaftselite vornehmlich im Bezirk Tiergarten, die Neuankömmlinge, oftmals kleine Gewerbetreibende und Ge-brauchtwarenhändler sowie deren Angestellte am Mühlendamm und in der Friedrichstraße, im sogenannten Jüdischen Viertel. In ih-ren privaten Beziehungen blieben Juden zumeist unter sich; gehei-ratet wurden während des Kaiserreiches zumeist jüdische Ehepart-ner. Dieser Umstand war wohl nicht nur der Ablehnung durch die nichtjüdische Umwelt, sondern auch dem Wunsch geschuldet, sich unter »seinesgleichen« zu bewegen.

Wenn daraus gefolgert wird, daß die deutschen Juden auf die-se Weise ihre ›eigene intime Kultur innerhalb der modernen Gesellschaft‹ geformt haben, so sollte nicht übersehen wer-den, daß gerade in der Großstadt so gut wie alle Gruppen der Gesellschaft vergleichbare Prozesse durchliefen, seien es Schlesier oder Pommern, Proletarier oder Kleingewerbetrei-bende, Katholiken oder Frauen – und eben auch Juden. In diesem Schmelztiegel ist wohl damals die Besonderheit ent-standen, ein ›Berliner‹ zu sein.[17]

II. Das Aufkommen und die Verbreitung des Antisemitismus in Deutschland

In Deutschland, einer Nation, die schneller als jede andere auf der Welt (mit der möglichen Ausnahme Japans) den Sprung von der Agrarge-sellschaft zur modernen Industriegesellschaft hinter sich gebracht hatte, galten die Juden vielen, die sich als die Verlierer des wirtschaft-lichen und sozialen Wandels betrachteten oder von massiven sozialen Abstiegsängsten geplagt wurden, als *die* Aufsteiger par excellence.

Jüdische Politiker gehörten zu dieser Zeit zumeist den liberalen Par-teien an; das Judentum wurde seitens der nichtjüdischen deutschen

---

[16] Ebd., S. 144.

[17] Schütz, *Die Kaiserzeit* (s. Anm. 2), S. 116.

Gesellschaft mit dem Liberalismus identifiziert. Der Liberalismus wiederum galt als das Zugpferd der rasanten wirtschaftlichen und gesellschaftlichen Modernisierung Deutschlands. Diese unterstellte Identifikation von Judentum, Liberalismus und Moderne wurde schon wenige Jahre nach der Reichsgründung, als der Liberalismus in die Defensive geriet, zu einem Problem. Meilensteine in dieser Entwicklung waren der sogenannte Gründerkrach 1873 und der Beginn der »Großen Depression« (1873–1895),[18] d.h. die Auswirkungen der zweiten Weltwirtschaftskrise auf Deutschland. Mit der Wirtschaftskrise ging eine Modernisierungskrise einher: eine gesellschaftliche Abwehrreaktion gegen das rasante Tempo der Industrialisierung Deutschlands und den mit ihr zusammenhängenden sozialen Strukturwandel.[19] Abgelehnt wurde das liberale System sowie – als vermeintliche Ursache der Krise – die Moral des Liberalismus und des Kapitalismus. Als Exponent jenes Systems sowie der ihm verpflichteten Moral galt den bedrohten Gesellschaftsschichten »der Jude«, dem nun die Funktion des »Sündenbocks« zugewiesen wurde.[20]

In Berlin wurde das Negativklischee vom Juden durch den Zuzug ostjüdischer Immigranten verstärkt, die, zunächst vor allem aus Posen, später auch aus Kongreßpolen und Galizien stammend, hinsichtlich ihrer Berufsstruktur sowie in sozialer und religiöser Hinsicht mit den verbürgerlichten deutschen Juden kaum Beziehungen hatten. Religiös orthodox, traditionell mit dem Kaftan bekleidet, lange Bärte sowie Schläfenlocken tragend und Jiddisch sprechend, mußten sie für das Klischee vom »mauschelnden« Juden herhalten, das die Karikaturen der zeitgenössischen Presse prägte und sich für die etablierte Gesellschaft zur Angstvorstellung entwickelte. Dieses

---

[18] Vgl. Hans-Ulrich Wehler, *Von der »Deutschen Doppelrevolution« bis zum Beginn des Ersten Weltkrieges. 1849–1914*, München 1995 (= *Deutsche Gesellschaftsgeschichte*, Band 3), S. 552–595, insbesondere S. 579–595.

[19] Vgl. Lothar Gall, *Europa auf dem Weg in die Moderne 1850–1890*, 2. Aufl., München 1989 (= *Oldenbourg-Grundriß der Geschichte*, Band 14), S. 9ff. und S. 70f.

[20] Dies war möglich, weil die traditionellen antijüdischen Stereotypen auch in der vorangegangenen Emanzipationszeit nie aus der öffentlichen Diskussion verschwunden waren, sondern in teilweise modernisiertem Gewand jederzeit reaktivierbar waren. Pointiert und mit den Worten Reinhard Rürups ausgedrückt: ›Das Bild des jüdischen ›Wucherers‹ der ständischen Gesellschaft verwandelte sich in das des ›Kapitalisten‹ der bürgerlichen Gesellschaft, antijüdische und antikapitalistische Ressentiments potenzierten sich gegenseitig« (Reinhard Rürup, *Emanzipation und Antisemitismus. Studien zur ›Judenfrage‹ der bürgerlichen Gesellschaft*, Göttingen 1975 [= *Kritische Studien zur Geschichtswissenschaft*, Band 15], S. 83).

Bild hatte der Historiker Heinrich von Treitschke vor Augen, als er schrieb: »[Ü]ber unsere Ostgrenze aber dringt Jahr für Jahr aus der unerschöpflichen polnischen Wiege eine Schaar strebsamer hosenverkaufender Jünglinge herein, deren Kinder und Kindeskinder dereinst Deutschlands Börsen und Zeitungen beherrschen sollen«.[21] Dieses Zerrbild, oftmals vermehrt durch die Attribute »Doppelkinn«, »Krummnase«, »fliehende Stirn«, »enormer Leibesumfang« und »eingesunkene Körperhaltung«, war nicht nur in der dezidiert antisemitischen Presse zu finden, sondern auch in etablierten Satirezeitschriften wie dem *Kladderadatsch*, dem *Ulk* oder dem sozialdemokratischen *Wahren Jakob*. Die angeblichen äußeren Merkmale wurden, mit abstoßenden Charaktereigenschaften kombiniert, auf das gesamte Judentum übertragen und in Literatur und Satire einem breiten Publikum präsentiert, dessen antijüdische Vorurteile sie bestätigten.

So reimte z.B. Wilhelm Busch in der *Frommen Helene* (1872):

Und der Jud' mit krummer Ferse,
Krummer Nas' und krummer Hos'
Schlängelt sich zur hohen Börse,
tiefverderbt und seelenlos.

Zehn Jahre später hieß es beim selben Autor in *Plisch und Plum* (1882):

Kurz die Hose, lang der Rock,
Krumm die Nase und der Stock,
Augen schwarz und Seele grau, Hut nach hinten, Miene schlau –
So ist Schmulchen Schiefelbeiner.[22]
(Schöner ist doch unsereiner!)

Wilhelm Busch, einer der bestverkauften Autoren während des Kaiserreiches, hätte diese Figuren nicht eigens als jüdische zu kennzeichnen brauchen. Die Identifikation äußerer Attribute mit Kli-

---

[21] Heinrich von Treitschke, *Unsere Aussichten*, zitiert nach *Der Berliner Antisemitismusstreit*, hg. von Walter Boehlich, 2. Aufl., Frankfurt am Main 1988, S. 7–14, hier S. 9. Treitschke übernahm an dieser Stelle eine auch von anderen zeitgenössischen Antisemiten geteilte Behauptung: die einer Massenimmigration sogenannter Ostjuden, die zur Zeit der Veröffentlichung dieser Schrift noch gar nicht existierte.

[22] Jüdische Namen wie Schmu[h]l bzw. Samuel, Itzig oder Cohn hatten in der antisemitischen Propaganda einen festen Platz. Als Standardwerk zum Thema: Dietz Bering, *Der Name als Stigma. Antisemitismus im deutschen Alltag 1812–1933*, 3. Aufl., Stuttgart 1992.

scheevorstellungen vom Juden war beim Publikum bereits hinreichend stark verankert. Meyers Konversations-Lexikon z.b. führte die angeblichen gekrümmten Nasen der Juden als anthropologisch-ethnisches Merkmal auf und ordnete sie dem »in der jüdischen Mischrasse enthaltene armenoiden Element« zu.[23]

In Zeiten tiefgehender sozialer Krisen können sich Vorurteile gegenüber bestimmten Bevölkerungsgruppen zu massiven Feindbildern auswachsen. Dies geschah im Kaiserreich seit Mitte der 1870er Jahre, als sich das Vorurteil vom schäbigen und verachtenswerten Juden zum Bild des gefährlichen und daher hassenswerten Juden wandelte.

Das Jahr 1879 markierte in Deutschland einen ersten Höhepunkt in der Entwicklung des Antisemitismus: War dieser noch in den unmittelbar vorangegangenen Jahren im wesentlichen die Angelegenheit einiger obskurer Journalisten gewesen, so kam es nun zur Herausbildung einer politischen antisemitischen Bewegung. Im Herbst 1879 gründete der frühere Zeitungsherausgeber Wilhelm Marr mit der »Antisemitenliga« die erste völkische Organisation des Antisemitismus, die über das Stadium einer politischen Sekte allerdings nie hinaus gelangte. Wesentlich folgenreicher war das Wirken des Dompredigers zu Berlin und Hofpredigers der kaiserlichen Familie, Adolf Stoecker,[24] dessen im Vorjahr gegründete »Christlichsoziale Arbeiterpartei« sich nun nicht mehr der Arbeiterschaft, bei der sie keine Chancen besaß, sondern dem gebeutelten Mittelstand in der Reichshauptstadt zuwandte und dies unter anderem durch ihre schließliche Umbenennung in »Christlichsoziale Partei« (3. Januar 1881) kenntlich zu machen versuchte. Erstmals am 19. September 1879 hatte Stoecker in seiner Rede »Unsere Forderungen an das moderne Judentum« den Antisemitismus ins Zentrum seiner politischen Agitation gestellt und damit einen ungeahnten Massenerfolg erzielt. Von nun an wurde er zur führenden Figur in jenem Konglomerat

---

[23] Zitiert nach Uwe Mai, *»Wie es der Jude treibt.« Das Feindbild der antisemitischen Bewegung am Beispiel der Agitation Hermann Ahlwardts*, in: *Feindbilder in der deutschen Geschichte. Studien zur Vorurteilsgeschichte im 19. und 20. Jahrhundert*, hg. von Christoph Jahr, Uwe Mai und Kathrin Roller, Berlin 1994 (= *Dokumente, Texte, Materialien*, Band 10), S. 55–80, hier S. 64.

[24] Als Standardwerk zu Stoecker: Günter Brakelmann/Martin Greschat/Werner Jochmann, *Protestantismus und Politik. Werk und Wirkung Adolf Stoeckers*, Hamburg 1982 (= *Hamburger Beiträge zur Sozial- und Zeitgeschichte*, Band XVII).

antisemitischer Organisationen, das als »Berliner Bewegung« bekannt wurde. So lange er politisch aktiv war, blieb der Antisemitismus sein probatestes Propagandamittel. Stoecker hatte als erster seit der 1871 erfolgten Emanzipation der Juden den Nachweis geführt, daß man durch die Diskriminierung dieser Minderheit erfolgreich versuchen konnte, Stimmen zu fangen – ein Beispiel, das Schule machen sollte. Seit 1880 tauchten mit der »Sozialen Reichspartei« des Gymnasiallehrers Ernst Henrici und dem »Deutschen Volksverein« unter dem Publizisten und ehemaligen Offizier Max Liebermann von Sonnenberg sowie dem Studienrat Bernhard Förster neue antisemitische Organisationen von bislang nicht gekannter Extremhaftigkeit auf. Diese Parteien verschwanden ab 1882 mit dem Ende der ersten, seit 1879 andauernden antisemitischen Welle während des Kaiserreiches. In den nachfolgenden Jahren verlagerte sich die Tätigkeit des politischen Antisemitismus von der Reichshauptstadt in die Provinz, wo er ein dichtes Netz von Vereinen gründete. Allerdings stand diese Zeit im Zeichen politischer Richtungskämpfe und organisatorischer Vielfalt. Den Antisemiten gelang es niemals, ihre inneren Gegensätze zu überbrücken. Mit dem Bibliothekar Otto Boeckel und dem ehemaligen Schulrektor Hermann Ahlwardt erschienen in den 1890ern neue Protagonisten auf der politischen Bühne, fanatische Ideologen, die zu taktischen Kompromissen letztlich weder bereit noch fähig waren.

Zusammenfassend läßt sich festhalten, daß die Wirkung der Antisemitenparteien während des Kaiserreiches als vergleichsweise gering veranschlagt werden kann, obwohl in Rechnung zu stellen ist, daß viele ihrer Führer später bei den Konservativen wieder als Abgeordnete auftauchten. 1893 erreichten die Antisemiten bei den Reichstagswahlen mit sechzehn Abgeordneten bzw. 3,5 Prozent der Stimmen ihr bedeutendstes Wahlergebnis auf Reichsebene. Hellmut von Gerlach, damals selber ein Parteigänger Stoeckers, gab ein anschauliches Bild der Atmosphäre:

> Als sie nun in Fraktionsstärke im Reichstag saßen und ich von ihnen Taten erwartete, da erlebte ich nur persönliche Zänkereien und Eifersüchteleien. Jeder von ihnen [...] war eigentlich eine Partei für sich. Der eine war Mittelständler, der andere Arbeiterfreund, der eine Aristokrat, der andere Demokrat. Der eine rief zum Kampf gegen Juden und Junker auf, der andere ging mit den Großagrariern durch Dick und Dünn. Bei jeder Abstimmung fiel die Fraktion auseinander. Kein einziger we-

sentlicher Antrag wurde eingebracht, vor allem keiner auf dem Gebiet, das die Grundlage der Agitation gebildet hatte: in der Judenfrage.[25]

Folgenreicher war, daß die Konservativen sich die Forderungen des Antisemitismus zu eigen machten: So forderte das am 8. Dezember 1892 in den Berliner Tivoli-Sälen von der Deutschkonservativen Partei verabschiedete Programm die Bekämpfung des »sich vordrängenden und zersetzenden jüdischen« Einflusses »auf unser Volksleben. Wir verlangen für das christliche Volk eine christliche Obrigkeit und christliche Lehrer für christliche Schüler.«[26]

Die Entliberalisierung des politischen Klimas war bereits 1878/79 im Verlaufe der großen »inneren Wende«, d.h. seit Bismarcks Bruch mit den Nationalliberalen und seinem anschließenden Zusammengehen mit den Konservativen deutlich geworden.

In den preußischen Abgeordnetenhauswahlen 1879 verloren neun von dreizehn jüdischen Abgeordneten ihr Mandat. Nach den Reichstagswahlen 1881 sank die Zahl der jüdischen Mitglieder von neun auf sechs, sämtlich Linksliberale. Aus Furcht davor, als »Judengenossen« diffamiert zu werden, stellte die preußische Nationalliberale Partei, vornehmlich rechts orientiert, seit 1881 keine ungetauften jüdischen Kandidaten mehr auf. Auch im Vorstand der Reichstagsfraktion der Nationalliberalen saß seit 1881 kein Jude mehr. Im Verlauf des sogenannten Berliner Antisemitismusstreites (November 1879 bis ca. Januar 1881) hatte sich für viele Juden herausgestellt, daß man von den Nationalliberalen keine Unterstützung gegen den Antisemitismus erwarten konnte.[27] Zunehmend wandten sie sich dem Linksliberalismus zu. Dieser vertrat weder spezifisch jüdische Belange, was seinem staatsbürgerlichen Selbstverständnis widersprochen hätte, noch zeichnete er sich durch eine besonders nachhaltige Bekämpfung des Antisemitismus aus. Aber die Linksliberalen traten am glaubhaftesten für die Prinzipien der Rechtsstaatlichkeit und des wirtschaftlichen Wettbewerbs sowie für das Fähigkeitsprinzip in der

---

[25]   Hellmut von Gerlach, *Von rechts nach links*, Zürich 1937, S. 112.

[26]   Zitiert nach *Deutsche Parteiprogramme*, hg. von Wilhelm Mommsen, 2. Aufl., München 1964 (= *Deutsches Handbuch der Politik*, Band 1), S. 78.

[27]   Vgl. *»Berliner Zustände«*, in: *Allgemeine Zeitung des Judentums*, Nr. 46 (16.11.1880), S. 722f.

Berufslaufbahn ein, Maximen, in die Juden verständlicherweise das größte Vertrauen setzten.[28]

Jedoch führte der generelle Niedergang der liberalen Parteien in den 80er Jahren dazu, daß auch die Linksliberalen immer zögerlicher jüdische Kandidaten aufstellten. Zwischen 1886 und 1898 war das preußische Abgeordnetenhaus, jedenfalls im konfessionellen Sinne, »judenrein«.[29] Mit dem verbitterten Ausscheiden Ludwig Bambergers aus dem Reichstag verließ 1893 der letzte große jüdische Politiker der Reichsgründungszeit die politische Arena. »Und gerade der Antisemitismus«, so Bamberger, »treibt mich fort [...]. Ekel und Abscheu, nicht vor den Böckel und Liebermann, sondern vor den drei Vierteln der sämtlichen Kollegen, die das gar nicht stört [...]«.[30] Jüdische Politiker orientierten sich nun zunehmend hin zur Sozialdemokratie; das Bild von der SPD als der Gegnerin von Eigentum und Religion wurde mehr und mehr durch die Überlegung aufgewogen, daß deren Eintreten für die Gleichheit der Menschen sie zur Feindin jeglicher Diskriminierung machen müsse. Während für die Liberalen ein jüdischer Kandidat bei Reichstagswahlen eher als Belastung galt, stellten die Sozialdemokraten jüdische Anwärter auch für umstrittene Wahlkreise auf, ohne Rücksicht auf die taktische Ratsamkeit eines solchen Vorgehens. Seit den 80er Jahren bestanden mindestens zehn Prozent der SPD-Reichstagsfraktion aus Juden.[31]

Insgesamt läßt sich feststellen, daß die Großstädte dem Druck des Antisemitismus am ehesten widerstanden. Nach der Jahrhundertwende stieg wieder der Anteil jüdischer Abgeordneter im Reichstag sowie im preußischen Abgeordnetenhaus auch unter den liberalen Parteien, während sie aus den Kommunalvertretungen der Großstädte niemals verschwunden waren.[32]

Die Hoffnung, daß die seit den 1860er Jahren zunehmend erfolgte Zulassung von Juden zu öffentlichen Stellen und Staatsämtern langfristig zur Verwirklichung einer Chancengerechtigkeit in der Gesellschaft führen würde, wurde seit Beginn der 80er Jahre enttäuscht.

---

[28] Vgl. Pulzer, *Die jüdische Beteiligung* (s. Anm. 13), S. 190.

[29] Vgl. ebd., S. 158f.

[30] Ludwig Bamberger an Otto Hartwig (9.4.1893), in: Otto Hartwig, *Ludwig Bamberger. Eine biographische Skizze*, Marburg 1900, S. 75.

[31] Vgl. Pulzer, *Die jüdische Beteiligung* (s. Anm 13), S. 201.

[32] Vgl. ebd., S. 179ff.

Bis kurz vor Ausbruch des Ersten Weltkrieges wiesen alle Tendenzen in die entgegengesetzte Richtung. Jüdische Lehrer waren an außerjüdischen Schulen eine Seltenheit; der Anteil der Juden unter den Richtern stabilisierte sich seit Anfang der 80er Jahre bei drei bis vier Prozent,[33] obwohl mehr als doppelt so viele das Staatsexamen abgelegt hatten; die Diskriminierungen in der Armee dauerten an; und an die Übernahme eines Regierungsamtes durch einen ungetauften Juden war, mit einer bemerkenswerten Ausnahme,[34] überhaupt nicht zu denken.

Freilich waren auch Katholiken während des Kaiserreiches zahllosen Diskriminierungen ausgesetzt, und kein Sozialdemokrat konnte darauf hoffen, im öffentlichen Dienst angestellt zu werden. Die Nichtanstellung von v.a. ungetauften Juden muß nicht unbedingt als Ausdruck des Antisemitismus gelesen werden. Vielmehr hing sie mittelbar mit dem 1878/79 erfolgten Kurswechsel der Regierung zum Konservativismus zusammen. Weil Liberale aus den öffentlichen Verwaltungen zunehmend ausschieden und durch Konservative ersetzt wurden und das Selbstverständnis der Verwaltungsbeamten, jedenfalls in Preußen, zunehmend ein protestantisch-christlich-konservativ geprägtes war, waren ungetaufte Juden rigoroser von Einstellungen oder Beförderungen ausgeschlossen als getaufte.

In den 1890er Jahren drang der Antisemitismus, an den Universitäten in den studentischen Verbindungen bereits fest verankert,[35] in die neuen, mächtigen mittelständischen Berufs- und Interessenverbände wie dem »Bund der Landwirte« oder dem »Deutschnationalen

---

[33] Vgl. Ernest Hamburger, *Juden im öffentlichen Leben Deutschlands. Regierungsmitglieder, Beamte und Parlamentarier in der monarchischen Zeit 1848–1918*, Tübingen 1968 (= *Schriftenreihe wissenschaftlicher Abhandlungen des Leo Baeck Instituts*, Band 19), S. 61f.

[34] Moritz Ellstätter, 1868–1893 Finanzminister in Baden und badischer Bevollmächtigter im Bundesrat.

[35] Als Überblick vgl. Norbert Kampe, *Jews and Antisemites at Universities in Imperial Germany (I). Jewish Students: Social History and Social Conflict*, in: *Yearbook of the Leo Baeck Institute* [im folgenden: LBIYB], Band 30 (1985), S. 357–394; Norbert Kampe, *Jews and Antisemites in Imperial Germany (II). The Friedrich-Wilhelms-Universität of Berlin: A Case Study on the Students »Jewish Question«*, in: LBIYB 32 (1987), S. 43–101; Norbert Kampe, *Studenten und »Judenfrage« im deutschen Kaiserreich. Die Entstehung einer akademischen Trägerschicht des Antisemitismus*, Göttingen 1988 (= *Kritische Studien zur Geschichtswissenschaft*, Band 76).

Handlungsgehilfen-Verband«[36] und sickerte nun in nahezu alle Bereiche der Gesellschaft ein. Diesem Phänomen gegenüber spielten die existierenden, dezidiert antisemitischen Zirkel eine untergeordnete Rolle.

In dieser Zeit entstanden – als Reaktion auf die zweite Woge des Antisemitismus, die 1887 mit der Wahl Otto Böckels in den Reichstag begann und 1893 mit dem Einzug von sechzehn Antisemiten in das nationale Parlament ihren Höhepunkt erreichte – zwei Organisationen, welche dieser Stimmung entgegenwirken sollten:

Der 1891 von dem linksliberalen Reichstagsabgeordneten Heinrich Rickert gegründete »Verein zur Abwehr des Antisemitismus« (kurz »Abwehrverein«) mit Sitz in Berlin verstand sich bis zu seiner Auflösung 1933 als »überkonfessionelle«, d.h. als nichtjüdische Organisation. Der Verein war liberal und bildungsbürgerlich geprägt, der Gründungsaufruf von fünfhundert christlichen Honoratioren aus Politik und Verwaltung, Wissenschaft, Kunst und Wirtschaft, ja sogar aus den christlichen Kirchen unterzeichnet.[37] Die propagandistische Wirkung des Vereins blieb freilich letztlich auf das linksliberale Milieu beschränkt. Darüber hinaus standen viele Juden, auf deren Finanzkraft der Verein angewiesen war, den mehr oder weniger direkten Aufforderungen mancher Wortführer zur Konversion zum Christentum äußerst kritisch gegenüber.[38]

Der 1893 in Berlin gegründete »Centralverein deutscher Staatsbürger jüdischen Glaubens« (kurz »C.V.«) avancierte zur größten vor 1933 in Deutschland gegründeten jüdischen Organisation und gab wie der »Abwehrverein« dem Kampf gegen den Antisemitismus den Vorrang. Im Unterschied zum »Abwehrverein« beschäftigte sich der C.V. jedoch nicht nur mit Gegenpropaganda, sondern bekämpfte jegliche Form der Diskriminierung von Juden: ihren weitgehenden Ausschluß vom öffentlichen Dienst, das Widerstreben der Behörden hinsichtlich der Strafverfolgung von Antisemiten oder auch die Abnahme jüdischer Wahlkandidaturen. Anders als die zionistischen

---

[36] Vgl. Helmut Berding, *Moderner Antisemitismus in Deutschland*, Frankfurt am Main 1988 (= *Neue Historische Bibliothek*, Edition Suhrkamp, Neue Folge, Band 257), S. 120ff., insbesondere S. 127ff.

[37] Vgl. Barbara Suchy, *The Verein zur Abwehr des Antisemitismus (I). From its Beginnings to the First World War*, in: LBIYB 28 (1983), S. 205–239, hier S. 209.

[38] Vgl. Avraham Barkai, *»Wehr Dich!«. Der Centralverein deutscher Staatsbürger jüdischen Glaubens (C.V.) 1893–1938*, München 2002, S. 21f.

Studentenverbindungen, deren Vorläufer 1892 in Berlin als »Jüdisch-nationale[r] Verein Jung Israel« gegründet worden war,[39] lehnte der C.V. jegliche separatistischen Tendenzen strikt ab und betonte seine unbedingte Treue zum »teuren Vaterlande«, wie es der spätere Direktor des Berliner Schillertheaters und Mitinitiator des C.V., Raphael Löwenfeld, in einer programmatischen Schrift ausdrückte.[40]

III. Heinrich von Treitschke und die »Judenfrage«

Die bloße Existenz von »Abwehrverein« und C.V. belegte das, was die meisten Juden in den vergangenen zwanzig Jahren stets geleugnet hatten: die Existenz einer »Judenfrage«.

Worin aber bestand diese Frage?

»Bis in die höchsten Kreise der Bildung hinauf«, so hatte im November 1879 Heinrich von Treitschke in seinem berüchtigten Artikel *Unsere Aussichten* geschrieben, »unter Männern, die jeden Gedanken kirchlicher Unduldsamkeit oder nationalen Hochmuts mit Abscheu von sich weisen würden, ertönt es heute wie aus einem Munde: Die Juden sind unser Unglück!«[41] Ein »gefährlicher Geist der Überhebung« sei neuerdings im deutschen Judentum erwacht; dies zeige u.a. der elfte Band der *Geschichte der Juden* des deutsch-jüdischen Historikers Heinrich Graetz, in dem ein »Todhaß wider die reinsten und mächtigsten Vertreter germanischen Wesens von Luther bis herab auf Goethe und Fichte gepredigt«[42] werde. Die »laute Agitation des Augenblicks« sei eine zwar »brutale und gehässige, aber natürliche Reaktion des germanischen Volksgefühls gegen ein fremdes Element.«[43] Hinter dem »lärmenden Treiben« verberge sich nicht einfach nur »Pöbelroheit und Geschäftsneid.« Es sei »keine leere Redensart, wenn man heute von einer deutschen Judenfrage«[44] spreche.

---

[39] Vgl. Miriam Rürup, *Jüdische Studentenverbindungen im Kaiserreich. Organisationen zur Abwehr des Antisemitismus auf »studentische Art«*, in: *Jahrbuch für Antisemitismusforschung*, Band 10 (2001), S. 113–137, hier S. 114.

[40] Anonym [Raphael Löwenfeld], *Schutzjuden oder Staatsbürger? Von einem jüdischen Staatsbürger*, Berlin 1893, S. 3.

[41] Treitschke, *Unsere Aussichten* (s. Anm. 21), S. 13. Der Ausspruch führte in der antisemitischen Literatur ein Eigenleben. Noch im »Dritten Reich« wurde die Parole immer wieder zitiert.

[42] Ebd., S. 10.

[43] Ebd., S. 13.

[44] Ebd., S. 9.

Kein antisemitisches Pamphlet löste vorher oder nachher in Deutschland so heftige Reaktionen aus wie *Unsere Aussichten;* und keine antisemitische Flugschrift erzielte jemals eine derart weite Verbreitung wie die erstmals im Januar 1880 unter dem Titel *Ein Wort über unser Judentum* veröffentlichte Broschüre, in der Treitschke seine bis dato erschienenen »Judenartikel« zusammengefaßt hatte.

Unsere Aussichten wurde zum Auslöser des »Berliner Antisemitismusstreites«,[45] einer Kontroverse, welche die Gesellschaft in einem Ausmaß polarisierte, das sich im 19. Jahrhundert nur noch mit der Dreyfus-Affäre in Frankreich vergleichen läßt.[46] Der Streit war ein Konflikt um die politische Kultur im Kaiserreich, der zwischen den Vertretern eines konservativ-nationalchauvinistischen und denen eines liberalen Weltbildes ausgetragen wurde, zugleich eine Identitätsdebatte um die Frage, was nach der 1871 erfolgten Emanzipation der Juden »deutscher Jude« oder »jüdischer Deutscher« zu sein eigentlich bedeuten sollte. Indem Treitschke dem Judentum vorwarf, einen Staat im Staate zu bilden und es so als außerhalb der Nation stehend konstruierte, machte er aus dieser Frage einen Streit. Er forderte, die Juden sollten »Deutsche werden, sich schlicht und recht als Deutsche fühlen«.[47] Die Emanzipation war, ihm zufolge, eine staatliche Vorausleistung, die in der Erwartung totaler Assimilation der Juden an die nichtjüdische Gesellschaft erfolgt war, worunter er nicht nur deren Treue zu Krone und Reichsregierung, sondern letztlich die Aufgabe ihrer kulturellen Identität verstand. Pointiert ausgedrückt: Solange es ein Juden*tum* gab und der Jude ein Jude blieb, konnte er nach Treitschkes Verständnis kein Deutscher werden. Diese Sichtweise teilte er mit dem Gros des deutschen Bürgertums. In der bürgerlichen Gesellschaft galten homogenere soziokulturelle Normen als in der ständischen Feudalgesellschaft. Deshalb wurde kulturelles Anderssein, stärker als bislang, als Problem

---

[45] Als neue Quellensammlung zum Thema »Berliner Antisemitismusstreit« verweise ich auf meine im Juni 2003 im Münchner K.G. Saur Verlag erschienene Edition: *Der »Berliner Antisemitismusstreit« 1879–1881. Eine Kontroverse um die Zugehörigkeit der deutschen Juden zur Nation.*

[46] Vgl. Christhard Hoffmann, *Geschichte und Ideologie: der Berliner Antisemitismusstreit 1879/81,* in: *Vorurteil und Völkermord. Entwicklungslinien des Antisemitismus,* hg. von Wolfgang Benz und Werner Bergmann, Bonn 1997, S. 219–251, hier S. 222.

[47] Treitschke, *Unsere Aussichten* (s. Anm. 21), S. 10.

empfunden.[48] Die Gesellschaft verfügte über kein Konzept kultureller Pluralität, auch die Liberalen nicht.[49] Wenn Liberale, selten genug, gegen den Antisemitismus Front machten, so taten sie es – bis 1933 – nicht, um die jüdischen Staatsbürger zu verteidigen, sondern weil sie durch die Antisemiten den Liberalismus angegriffen sahen.

Zudem steigerte der insbesondere durch Treitschke propagierte Nationalismus den Identitätsanspruch der politisch verfaßten Großgruppe Nation, die sich ihrerseits aus der Abstammungsgemeinschaft Volk begründete. Vor allem die Historiker der kleindeutschen Schule, deren prononciertester Vertreter Treitschke war, vertraten einen unifizierenden Nationalismus, welcher der Idee der Nation letztlich alles andere unterordnete. Das begründete eine neue, nationale Abgrenzung gegen die Juden, die nun ihrerseits zunehmend als Volk aufgefaßt wurden.

Treitschke hatte recht, als er insistierte, daß der Antisemitismus nicht einfach eine Angelegenheit des Pöbels sei. Viele seiner Freunde hatten sich bis dahin in Briefen judenfeindlich geäußert und sollten dies auch weiterhin tun. Der Professor konnte tatsächlich davon ausgehen, lediglich das laut auszusprechen, was viele »bis in die Kreise der höchsten Bildung hinauf« im stillen dachten. Seine »Leistung« bestand darin, im Bürgertum schon lange verankerte antijüdische Ressentiments öffentlichkeitswirksam verbreitet zu haben.

Die Heftigkeit der zustimmenden wie ablehnenden Reaktionen auf seine Artikel erklärt sich aus dem enormen Prestige, das Treitschke als Publizist und Historiker besaß.[50] Zudem war er – anders als die bislang in der Öffentlichkeit in Erscheinung getretenen Antisemiten – Teil des liberalen Establishments, das bislang die politische Kultur des Kaiserreiches geprägt hatte. Die Auseinandersetzung um die »Judenfrage« markierte auch die Auflösung des bisherigen liberalen Konsens über die Emanzipation der Juden.

---

[48] Vgl. Thomas Nipperdey, *Deutsche Geschichte 1866–1918*, Band 2: *Machtstaat vor der Demokratie*, München 1992, S. 290f.

[49] Vgl. Hoffmann, *Geschichte und Ideologie* (s. Anm. 46), S. 248f.

[50] Seit 1874 hatte er als Nachfolger Leopold von Rankes in Berlin den begehrtesten Lehrstuhl inne, der in Deutschland innerhalb der Geschichtswissenschaft zu vergeben war (vgl. Fritz Kaphahn, *Jacob Burckhardt und die Wiederbesetzung von Rankes Geschichtsprofessur in Berlin*, in: *Historische Zeitschrift*, Band 168 [1943], S. 113–131).

Den »Berliner Antisemitismusstreit« verlor Treitschke schließlich in den Augen der Öffentlichkeit, nachdem sich der Althistoriker Theodor Mommsen im November und Dezember 1880 gegen ihn zu Wort gemeldet hatte. Wesentlich folgenreicher als sein damaliges Auftreten waren vermutlich die Wirkung, die Treitschke in seinen Kollegien an der Berliner Universität auf die Studenten ausübte, sowie das Judenbild, das er in seiner *Deutschen Geschichte im Neunzehnten Jahrhundert* propagierte, einem Bestseller, der an jedem deutschen Gymnasium sowie in den Bücherschränken eines Gros des deutschen Bürgertums vertreten war.[51] 1885 schrieb Max Weber, der als Student Treitschkes Vorlesung über »Politik« besucht hatte, an seinen Onkel Hermann Baumgarten:

> Das Interesse an politischen Dingen [...] bei meinen wunderlichen Altersgenossen beschränkt sich [...] darauf, daß sie etwas in Antisemitismus mitmachen – diese Modesache betreiben auch diejenigen ›anstandshalber‹ mit, die sich sonst um nichts kümmern als um Skat und Billard. Oder, das ist die höhere Stufe, sie suchen etwas darin, sich ›Bismarck sans phrase‹ zu nennen. [...] So kann sich dieses Volk denn nur noch in dem frenetischen Jubel bemerkbar machen, der in den Treitschkeschen Kollegien erschallt, wenn er irgendeine antisemitische Andeutung macht.[52]

Tatsächlich konnte sich die Bewunderung der Studenten gegenüber Treitschke bis zur Devotheit steigern. So äußerte sich z.B. der Philologe Rudolf Boksch mit den Worten:

> Hoch geehrter Herr Professor! Schon früher wollt ich's immer einmal wagen, Ihnen Zeilen der Anerkennung und Begeiste-

---

[51] Die fünfbändige, im Zeitraum 1879 bis 1894 erschienene *Deutsche Geschichte* (deckt inhaltlich die Zeit bis 1847 ab) war ursprünglich als sechsbändig konzipiert worden; aufgrund des vorzeitigen Todes des Autors konnte der letzte Band nicht mehr erscheinen. Bis 1908 waren vom ersten Band in sieben Auflagen 24.000 Exemplare, von Band 2 in sechs Auflagen 21.000, von Band 3 ebenfalls in sechs Auflagen 20.000, von Band 4 in fünf Auflagen 18.000 und von Band 5 ebenfalls in fünf Auflagen 18.000 Exemplare gedruckt worden. »Niemals hat ein deutsches Geschichtswerk wissenschaftlichen Charakters und solchen Umfangs«, so die *Allgemeine Deutsche Biographie* in ihrem Nekrolog auf Treitschke, »einen derartigen buchhändlerischen Erfolg gehabt. [...] Das große Werk« habe »zweifellos unermeßliche Verdienste um die Stärkung des Nationalbewußtseins in Deutschland« (Hermann von Petersdorff, *Treitschke*, in: *Allgemeine Deutsche Biographie*, Band 55: *Nachträge bis 1899*, Leipzig 1910, S. 319).

[52] Max Weber an Hermann Baumgarten (14.7.1885), in: Max Weber, *Jugendbriefe*, Tübingen o.J. [1936], S. 173f.

rung zu senden, die zwar, als von einem unbedeutenden jungen Mann, Sie nicht rühren, deren Übersendung aber gleichwohl diesem jungen Mann das Herz erleichtern würde. [...] Ich lag Ihnen im Geiste zu Füßen. [...] Ich hasse die Juden nicht, aber ich hasse das Judentum. Das Wesen der Juden widersteht mir, und in diesem Gefühl fühle ich wie ein Germane. Niemals wird der Deutsche das französische Wesen so widerwärtig finden, so hassen können, als das jüdische. [...] O stehen Sie fest, Herr Professor, keine Judenhetze, aber kühne, kräftige Worte, wenn nicht zur Heilung der Krankheit, so doch zur Verhinderung des schlimmen Werdens. Ich hoffe, sie nicht zum letzten Mal in dieser Weise incommodirt zu haben.[53]

Bezogen auf sein Judenbild bietet die »Politik-Vorlesung« inhaltlich nichts Neues, jedoch sind Treitschkes dortige Äußerungen sehr viel stärker rassenantisemitisch geprägt, als dies in seinen schriftlichen Ausführungen der Fall war. Sein Kolleg besuchten namhafte Militärs wie Alfred von Tirpitz und Friedrich von Bernhardi, die Führer imperialistischer Verbände wie Carl Peters und Heinrich Claß, künftige Beamte und Offiziere sowie die sogenannten Multiplikatoren der Gesellschaft: angehende Studienräte und Wissenschaftler.[54]

Treitschke schürte unter der Jugend den Hang zu maßloser Selbstüberschätzung, ein Trend, der sich bei nicht wenigen verfestigen sollte. So schrieb 1887 ein englischer Student namens Austen Chamberlain, nachmaliger britischer Außenminister (1924–1929) und Friedensnobelpreisträger (1925), aus Berlin an seinen Vater: »Wenn man der Jugend eines Landes unentwegt predigt, sie stehe auf einer höheren Stufe der Schöpfung als alle anderen Völker, ist sie nur zu geneigt, dies zu glauben.«[55]

Treitschkes *Deutsche Geschichte*, spannend wie ein historischer Roman geschrieben, ist ein markantes Beispiel für die Ästhetisierung eines historischen Stoffes, deren Intention darin liegt, an die Gefühle des Lesers zu appellieren und bei diesem Identifikationspotentiale mit der Darstellung des Autors zu mobilisieren, eine Tradition in der deutschen Historiographie, die sich mindestens bis Friedrich

[53]   Rudolf Boksch an Heinrich von Treitschke (19.2.1880), in: Staatsbibliothek Berlin, Nachlaß Treitschke, Kasten 5, lfd. Nr. 68.

[54]   Vgl. Georg Iggers, *Heinrich von Treitschke*, in: *Deutsche Historiker*, Band II, hg. von Hans-Ulrich Wehler, Göttingen 1971, S. 66–80, hier S. 78.

[55]   Zitiert nach Walter Bußmann, *Treitschke als Politiker*, in: *Historische Zeitschrift*, Band 177 (1954), S. 249–279, hier S. 276.

Meinecke weiterverfolgen ließe.[56] Insbesondere in narrativen Geschichtswerken aus der klassischen Zeit des Historismus, in der als der ideale Historiker der galt, der mühevolle Forschung mit schöner Darstellung zu verbinden wußte, wird deutlich, daß das Erzählte einen hohen fiktionalen Anteil aufweist. In Treitschkes Opus magnum wird dies unmittelbar einsichtig, wenn der Verfasser die Perspektive des allwissenden Erzählers einnimmt, der die Gedanken, Sorgen und Nöte seiner Charaktere kennt und somit den von ihm konstruierten Handlungssträngen einen hohen Grad an Lebendigkeit zu verleihen vermag.[57] In der *Deutschen Geschichte* sind die Begriffe »gut«, »edel«, »wahrhaftig« und »deutsch« miteinander austauschbar; die Gegensätze heißen »fremd«, »welsch« oder »jüdisch«. Juden galten Treitschke in politischer Hinsicht als »international«, »wurzellos«, »verschwörerisch« und »undeutsch«, wirtschaftlich betrachtet waren sie »parasitär«, »raffgierig«, »faul und betrügerisch«, kulturell gesehen wurden sie als »triebhaft«, »schmutzig«, »minderwertig und kulturlos« bezeichnet.

Über Heinrich Heine z.B. schrieb er:

> In Heine erschien uns zum ersten Male ein Virtuos der Form, der nach dem Inhalt seiner Worte gar nicht fragte. [...] Er besaß, was die Juden mit den Franzosen gemein haben, die Anmut des Lasters, die auch das Niederträchtige und Ekelhafte auf einen Augenblick verlockend erscheinen läßt, die geschickte Mache, die aus niedlichen Riens noch einen wohlklingenden Satz zu bilden vermag, und vor Allem jenen von Goethe so oft verurteilten unfruchtbaren Esprit, der mit den Dingen spielt ohne sie zu beherrschen. [...] Es währte lange, bis sie [die Deutschen] sich eingestanden, daß deutschen Herzen bei Heines Witzen nie recht wohl wurde. War er doch schlechthin der einzige unserer Lyriker, der niemals ein Trinklied gedichtet hat; sein Himmel hing voll von Mandeltorten, Goldbörsen und Straßendirnen, nach Germanenart zu zechen vermochte der Orientale nicht.[58]

---

[56]   Vgl. Wolfgang Hardtwig, *Geschichtskultur und Wissenschaft*, Nördlingen 1990, S. 92ff., insbesondere S. 99f.

[57]   Vgl. Stefan Fisch, *Erzählweisen des Historikers. Heinrich von Treitschke und Thomas Nipperdey*, in: *Deutschlands Weg in die Moderne. Politik, Gesellschaft und Kultur im 19. Jahrhundert*, hg. von Wolfgang Hardtwig und Harm-Hinrich Brandt, München 1993, S. 54–62, hier S. 55.

[58]   Heinrich von Treitschke, *Deutsche Geschichte im Neunzehnten Jahrhundert. Vierter Teil: Bis zum Tode König Friedrich Wilhelms III.*, Leipzig 1889, S. 423.

Und über Ludwig Börne heißt es:

> Während Heine die wechselnden Eindrücke des Pariser Lebens zu eleganter Formenspielerei verwertete, redete Börne in seinen Pariser Briefen als starrer Fanatiker [...]. [...] Durch das beständige Zetern und Spotten ging sein deutsches Nationalgefühl, das ohnehin nie eine starke, naturwüchsige Empfindung gewesen war, ganz zu Grunde, und er versank in ein radikales Weltbürgertum, das dem Landesverrate sehr nahe kam.[59]

Mit Treitschkes *Deutscher Geschichte* drangen antijüdische Stereotypen als »wissenschaftliche Wahrheiten« in die Kreise bürgerlicher Bildung ein, die sich von den gröberen Geschichtsklitterungen bekannter Antisemiten fernhielten.[60] 1902 resümierte die *Allgemeine Zeitung des Judentums:*

> Wahrscheinlich war kein Schriftsteller der antisemitischen Bewegung so förderlich wie Treitschke. Ein begeisterter Anhänger des Reichsgedankens, von der studentischen Jugend verehrt, hat er mit seinem feurigen Temperament eine antijüdische Stimmung in Kreisen zu erregen gewußt, die für diese Bewegung wohl sonst nicht zu haben gewesen wären.[61]

Treitschkes Verknüpfung von Antisemitismus mit aggressivem Nationalismus fiel seit den 1880er Jahren, in einem zunehmend antiliberal geprägten politischen Klima, bei seinen Studenten sowie seiner Leserschaft auf zunehmend fruchtbaren Boden.

Er stellte, anders als die judenfeindlichen Sektierer seiner Zeit, den Antisemitismus nicht ins Zentrum seiner Gedankenwelt, sondern integrierte ihn in seine Weltdeutung, die er als überragender Stilist und prominenter Historiker aus seinem Verständnis der deutschen Geschichte herleitete. In dieser Hinsicht war Treitschke jedem anderen Antisemiten im Kaiserreich überlegen. Der Professor propagierte eine Art »gutbürgerlicher Judenfeindschaft« (Christhard Hoffmann), die, weil sie nicht totalitär war, als angeblich »gemäßigt« gelten und deshalb einen breitenwirksamen Erfolg erzielen konnte.

---

[59] Ebd., S. 424 und S. 425f.

[60] Vgl. Alexander Bein, *Der »jüdische Parasit«. Bemerkungen zur Semantik der »Judenfrage«*, in: *Vierteljahrshefte für Zeitgeschichte*, Band 13 (1965), S. 121–149, hier S.130.

[61] *Allgemeine Zeitung des Judentums*, Nr. 32 (8.8.1902), S. 376.

Wahrscheinlich prägte Heinrich von Treitschke wie kein zweiter das Identitätsbewußtsein sowohl der Führungseliten als auch der Mittelschichten im Kaiserreich. Die durch ihn beförderte scheinbare »Domestizierung« der Judenfeindschaft, die sich vom zeitgenössischen »Radauantisemitismus« abhob, hat in diesen Schichten vermutlich maßgeblich dazu beigetragen, daß der Antisemitismus einen integralen Bestandteil des eigenen Weltverständnisses bildete, dessen aggressives Potential sich allerdings erst in den massiven gesellschaftlichen Krisen seit dem Ersten Weltkrieg offenbarte.[62]

---

[62] Vgl. Hoffmann, *Geschichte und Ideologie* (s. Anm. 46), S. 250.

ELKE SEGELCKE

Kant revisited: Zur Wirkung der Aufklärung auf Heinrich Manns frühen Europadiskurs im Kontext aktueller Eurovisionen[1]

Das Thema ›Europa‹, d.h. die Fragestellung der europäischen Identität und der abendländischen kulturellen Einheit gewinnt im Diskurs der Schriftsteller seit der Romantik immer dann an Bedeutung, wenn es sich um krisenhafte Phasen der europäischen Geschichte handelt, wie u.a. Paul Michael Lützeler in seiner materialreichen Studie *Die Schriftsteller und Europa* (1992) nachgewiesen hat. So schrieb Romain Rolland mit seiner Trilogie *Jean Christophe* (veröffentlicht zwischen 1904 und 1912) im Sendungsbewusstsein deutsch-französischer Versöhnung seinen Europa-Roman in einer Zeit der Krisensituation, als die Nationalstaaten des Kontinents sich auf die »europäische Katastrophe« des Ersten Weltkriegs zubewegten, und seine Sammlung von Kriegsaufsätzen *Au-dessus de la mêlée* (1915) wurde zum Manifest jener Intellektuellen, die sich bereits im Krieg – wie Heinrich Mann – für die Versöhnung der europäischen Völker einsetzten.[2]

Mit Europas Vielfalt auf engstem Raum steht der Sucht nach Einheit, vor allem in Krisenperioden, die Erfahrung größter Differenz in Vergangenheit und Gegenwart entgegen. Während sich die älteren Europa-Konzepte aus der Zeit des Ersten Weltkriegs und der Zwischenkriegszeit, zu deren führenden Vertretern Heinrich und etwa ab Mitte der zwanziger Jahre auch Thomas Mann gehörten, vorwiegend um einheitlich-universalistische europäische Identitäts-Konstruktionen bemühten mit häufiger Beschränkung auf Deutschland und Frankreich bzw. die Nachfolge-Staaten des karolingischen Reiches, trägt die derzeitige Debatte um eine künftige europäische

---

[1] Die nachfolgenden Ausführungen basieren in einigen Teilen auf einem Beitrag zur Heinrich Mann-Tagung des Wissenschaftlichen Zentrums für Kulturforschung an der GHS/Universität Kassel (10.–12.11.2000) aus Anlass des 50. Todesjahres des Autors. Sie wurden für diese Publikation (mit etwas verändertem Titel) grundlegend überarbeitet und erweitert.

[2] Vgl. Paul Michael Lützeler, *Die Schriftsteller und Europa. Von der Romantik bis zur Gegenwart*, 2. Aufl., Baden-Baden 1998, S. 228.

Identität nach dem Ende der Jalta-Teilung und dem Migrationsschub seit 1989 der neuen Realität von Globalisierung, Multikulturalismus und ethnischer Hybridität Rechnung, was eine Revision auch des traditionellen Begriffs der nationalen Identität erfordert. Nur vor dem Hintergrund des kulturell Anderen im Sinne von Differenzerfahrungen lässt sich demnach auch die Eigenart des Europäischen in ihren historischen Bedingtheiten erkennen. Obwohl die kürzlich in Kraft getretene politische Reform der deutschen Staatsbürgerschaft erstmals mit dem ethnischen Abstammungsprinzip des auf die Romantik zurückgehenden östlichen Nationsmodells[3] bricht, stellt sich angesichts der Debatte zwischen Jürgen Habermas und dem kanadischen Philosophen Charles Taylor um das sich territorial und staatsbürgerlich definierende westlich-aufgeklärte Nationsmodell die Frage, ob dieses noch ausreicht, um den kulturellen Besonderheiten minoritärer Gruppen gerecht zu werden. In seiner Studie *Multiculturalism and »The Politics of Recognition«* (1992)[4] bekennt sich Taylor zu einer »Politik der Differenz«, die den Minderheiten Sonderrechte zugesteht zur Wahrung ihrer kulturellen Identität, denn da die staatlichen Gesetze zwar für alle gleich seien, aber zugeschnitten auf die Bedürfnisse der Majorität, erweise sich die differenz-blinde Nation als eine Gesellschaft, die unter der Maske des Universellen einen Partikularismus vertrete, der sich diskriminierend auswirke. Während Habermas als Verteidiger aufklärerischen Denkens in seiner Replik[5] für das universalistische Liberalismusmodell einer gleichberechtigten Koexistenz auf der Basis eines normenstiftenden Verfassungspatriotismus eintritt, weist Taylor angesichts ei-

---

[3]   Zur Unterscheidung von Nationenmodellen nach Hans Kohn vgl. Paul Michael Lützeler, *Europäische Identität und Multikultur. Fallstudien zur deutschsprachigen Literatur seit der Romantik*, Tübingen 1997 (= *Stauffenburg Discussion. Studien zur Inter- und Multikultur/Studies in Inter- and Multiculture*, Band/Volume 8), S. 14f.

[4]   Vgl. im Folgenden Charles Taylor, *The Politics of Recognition*, in: Charles Taylor, *Multiculturalism. Examining the Politics of Recognition*, hg. von Amy Gutmann, erweiterte Ausgabe, Princeton 1994, S. 25–73. In deutscher Übersetzung erschienen unter dem Titel *Die Politik der Anerkennung* in: Charles Taylor, *Multikulturalismus und die Politik der Anerkennung*, hg. von Amy Gutman, Frankfurt am Main 1993, S. 13–78.

[5]   Vgl. dazu Jürgen Habermas, *Kampf um Anerkennung im demokratischen Rechtsstaat*, in: Jürgen Habermas, *Die Einbeziehung des Anderen. Studien zur politischen Theorie*, Frankfurt am Main 1999, S. 237–276. Seine Replik auf Taylor, *Struggles for Recognition in the Democratic Constitutional State*, erschien in englischer Übersetzung in demselben Sammelband wie dessen Beitrag (vgl. Taylor, *Multiculturalism* [s. Anm. 4], S. 107–148).

ner Identitätspolitik, die Menschen auf singuläre kulturelle Gruppenbindungen festlegt, darauf hin, dass unsere multiplen, fluiden Identifikationen dialogisch geformt werden, also in steter Auseinandersetzung und Verhandlung mit anderen, woraus in Hinsicht auf den Europadiskurs folgt, dass sich Selbst- und Fremdbilder Europas in Vergangenheit und Gegenwart stets in der Auseinandersetzung mit inner- und außereuropäischen »Anderen« entwickelten.[6] In diesem Zusammenhang wirft die Notwendigkeit einer Politik der kulturellen Differenz zugleich auch ein kritisches Licht auf heutige wie damalige Universalitätskonzepte in der Tradition der Aufklärung.

Die Konstruktionen von ›Europa‹-Bildern, die nach Lützeler in der Essayistik der Kriegs- und Zwischenkriegszeit zum »Modethema«[7] avancierten, müssen wohl im Zusammenhang mit der durch den Ersten Weltkrieg ausgelösten Erschütterung eines traditionellen Bezugssystems und der daraus folgenden Kulturkrise gesehen werden. Durch den Krieg hatte »das Bild einer europäischen Zivilisationsmission«[8] tiefe Risse erhalten, sodass zwar einerseits kulturpessimistisch die Grundlagen der eigenen Kultur in Frage gestellt, andererseits aber verstärkt, wie u.a. im Fall von Heinrich Mann, die »geistigen und moralischen Kräfte Alteuropas«[9] und seine geistige Einheit im Festhalten an der Sendung des Abendlandes beschworen wurden. Angesichts dieses Gestus der Dominanz, der im aufklärerischen Programm universaler Menschenrechte und unaufhaltsamen Fortschritts bereits angelegt ist, sowie in Hinblick auf die gegenwärtige Diskussion und ihre Problematisierung einer ›europäischen Identität‹ soll es in diesem Beitrag im Folgenden weniger um die Suche nach einem fixierbaren Referenten ›Europa‹ gehen als vielmehr um die Frage nach den Konstanten und Verschiebungen innerhalb von Heinrich Manns Diskursmuster.

Für Thomas Mann, der seine aristokratisch-bürgerliche Herkunft als typisch deutsche im Wilhelminischen Kaiserreich und in der Tradition idealistisch-romantischer Apolitie im Sinne des östlichen Nati-

---

[6]   Vgl. dazu Ute Frevert, *Eurovisionen. Ansichten guter Europäer im 19. und 20. Jahrhundert*, Frankfurt am Main 2003, S. 25.

[7]   Lützeler, *Die Schriftsteller* (s. Anm. 2), S. 344.

[8]   Frevert, *Eurovisionen* (s. Anm. 6), S. 103.

[9]   Paul Michael Lützeler, *Heinrich Manns Europa-Ideen im Exil*, in: *Heinrich Mann-Jahrbuch* 3/1985, S. 79–92, hier S. 81.

onsmodells verwurzelt sah, was u.a. in der ›Kultur‹-›Zivilisations‹-Antithetik seiner Kriegsessays bis hin zu den *Betrachtungen eines Unpolitischen* (1918) zum Ausdruck kam – in denen Deutschland gegen Frankreich ausgespielt wurde unter Betonung der Sonder- und Führungsrolle eines übernationalen Deutschlands in Europa –, bedeutete die deutsche Niederlage von 1918/19 einen Bruch mit den bisherigen Rahmenbedingungen seiner Existenz.[10] Repräsentant der sich wandelnden deutschen Wirklichkeit schien jetzt viel eher der Bruder Heinrich zu sein, der in seinem *Zola*-Essay (1915) in Analogie zu der Geburt der III. Republik aus dem Unterliegen im deutsch-französischen Krieg von 1870/71 auch Deutschland die Chance einer kommenden Demokratie als »ein Geschenk der Niederlage«[11] prophezeit hatte. Er betrachtete sich als Vorläufer des im Kaiserreich verfälschten »wahre[n] Deutschland[s]«, wenn er im Kriegstagebuch von 1916 zwischen Deutschland und seiner wilhelminischen Führung differenzierte und sich mit ersterem identisch erklärte[12] in direkter Entsprechung zu Zola, der von der nationalkonservativen Rechten aufgrund seiner Verteidigung von Dreyfus des geistigen Landesverrats bezichtigt worden war: »sein Volk verachtet niemand […]. Ich, ein Abtrünniger? Ob ich das Vaterland liebe oder nicht: ich bin es selbst«.[13]

Der mit der militärischen Niederlage verbundene Untergang des Kaiserreichs und die darauf folgende lang ersehnte Geburt einer deutschen Republik führten Heinrich Mann konsequenterweise zur

---

[10] Vgl. dazu Doerte Bischoff, *Repräsentanten für Europa? Thomas und Heinrich Mann als Grenz-Gänger eines Europa-Diskurses in ihren Essays 1914–1933*, in: *Suchbild Europa – künstlerische Konzepte der Moderne*, hg. von Jürgen Wertheimer, Amsterdam/Atlanta, GA, 1995 (= *Internationale Forschungen zur Allgemeinen und Vergleichenden Literaturwissenschaft*, Band 12), S. 18–37, hier S. 20.

[11] Heinrich Mann, *Zola*, in: Heinrich Mann, *Macht und Mensch. Essays*. Mit einem Nachwort von Renate Werner und einem Materialienanhang, zusammengestellt von Peter-Paul Schneider, Frankfurt am Main 1989 (= Heinrich Mann, *Studienausgabe in Einzelbänden*, hg. von Peter-Paul Schneider, *Fischer Taschenbuch*, Band 5933), S. 43–128, hier S. 86.

[12] Vgl. hierzu Heinrich Mann, *Aufzeichnungen über den Ersten Weltkrieg* (1916), in: *Heinrich Mann 1871–1950. Werk und Leben in Dokumenten und Bildern*. Mit unveröffentlichten Manuskripten und Briefen aus dem Nachlaß, hg. von Sigrid Anger, Geleitwort von Alexander Abusch, Berlin/Weimar 1971 [Veröffentlichung der Deutschen Akademie der Künste zu Berlin anlässlich der Ausstellung zu seinem 100. Geburtstag], S. 469–488, hier S. 482.

[13] Heinrich Mann, *Zola* (s. Anm. 11), S. 111f.

Aufgabe seiner Kontrastierung von obrigkeitsstaatlichem Deutschland und republikanisch verklärtem Frankreich, das er zur geistigen Legitimation seiner Opposition zum Deutschen Reich des Wilhelminismus nach 1900 in Anspruch genommen hatte. Ersetzt wurde die seine bisherigen Werke konstituierende Struktur der Gegen-Ideologie sowohl durch eine Synthetisierung deutsch-französischer Ideen im Rahmen einer europäischen Geistestradition (von der auch seine Europa-Essayistik der zwanziger Jahre zeugt) als auch durch den Rückbezug auf das deutsche aufklärerische und republikanische Erbe, wie besonders aus seiner um 1916 einsetzenden Rezeption Kants hervorgeht, zu dem er sich als dem »Verehrer der franz[ösischen] Revolution«, zugeneigt »dem Frieden u. der Vernunft«,[14] erstmals explizit in seinen *Aufzeichnungen über den Ersten Weltkrieg* bekennt.

Die Politisierung der Intelligenz während des französischen Justizskandals um Dreyfus, die Heinrich Mann zur Gleichsetzung von »Vergeistigung« und »Versittlichung« führte, leitete bei ihm ein neues Verständnis der Politik als eines Problems der Moral ein. Indem er im Versuch der Rückgewinnung eines politischen Sittlichkeits- und Rechtsbewusstseins mitten im Ersten Weltkrieg und im Bewusstsein absoluter Maßstäbe auch den Staat in seine einer moralischen und also rein »intelligiblen« Welt entnommenen Vernunftideen miteinschließt (die als »Sollensanspruch« auch die imperativischen Normen unseres Handelns darstellen), führt ihn sein vernunftrechtlich denkender Geist auf der Suche nach einer politischen Theorie der Moral über die französische Denktradition zurück zum deutschen aufklärerischen Geisteserbe, da sein zu dieser Zeit vor allem von Rousseau und Zola beeinflusstes moralistisches Weltbild letztlich in seinen Folgen mit dem Denkansatz der »reinen« und »praktischen Vernunft« Kants übereinstimmt.[15]

Die Rückkehr Kants – und mit ihm auch Heinrich Manns – in ein nach der Niederlage eine nunmehr demokratische Entwicklung anstrebendes Deutschland war vermutlich zudem vorbereitet worden durch die während des Ersten Weltkriegs ausgelöste Kant-Diskussion, bei der im Zusammenhang mit dem Friedensprogramm des

---

[14]   Heinrich Mann, *Aufzeichnungen* (s. Anm. 12), S. 484.

[15]   Vgl. zur Kant-Rezeption Heinrich Manns Verf., *Heinrich Manns Beitrag zur Justizkritik der Moderne. Zu den ideengeschichtlichen Grundlagen des Rechtsdenkens in seinem Werk*, Bonn 1989 (= *Studien zur Literatur der Moderne*, Band 16), S. 117–125.

amerikanischen Präsidenten Wilson und seines Völkerbund-Gedankens dessen (zur Zeit erneut diskutierter) Entwurf *Zum ewigen Frieden* von 1795 im Mittelpunkt stand. Dieser wurde im Jahre 1917 mindestens zweimal neu aufgelegt und erregte in aktivistisch-pazifistischen Kreisen großes Interesse, worauf u.a. der Faksimile-Nachdruck der Erstausgabe für die Mitglieder der Forschungsgesellschaft Wilhelm Herzogs verweist.[16]

Nachdem es den Alliierten 1919 in den Pariser Vorortverhandlungen nicht gelungen war, ein Konzept zur Sicherung des europäischen Friedens zu erarbeiten, hatte man sich schließlich tatsächlich auf die Errichtung eines Völkerbundes mit Sitz in Genf geeinigt. Doch erwies sich diese supranationale Organisation »als zu kompetenzarm und zu handlungsunfähig, als daß sie ein geeignetes Instrument zur Sicherung des Weltfriedens hätte abgeben können«.[17] Erst 1923 lieferte der Heinrich Mann bekannte (und später von ihm kritisierte) Graf Coudenhove-Kalergi mit seinem Buch *Pan-Europa* aus Intellektuellensicht die Grundlage für eine alternative politische Diskussion, mit der er darauf abzielte, durch Schaffung einer kontinentaleuropäischen Föderation die nationalistischen Gegnerschaften (ganz im Sinne Heinrich Manns) zu überwinden. Der Analyse von Heinrich Manns bereits im Ersten Weltkrieg einsetzendem Europadiskurs (zeitgleich mit seiner beginnenden Kant-Beschäftigung) und dessen Argumentationsmuster im Zusammenhang mit seinem Essay *Der Europäer* von 1916 soll allerdings hinsichtlich der gegenwärtigen kritischen Europa-Diskussion zunächst ein Exkurs auf Kants Ideal des »ewigen Friedens« vorangestellt werden – und zwar nicht nur in Verbindung mit dessen Rezeption durch Heinrich Mann, sondern auch mit dessen Revision und Aktualisierung in jüngster Zeit durch Jürgen Habermas im Licht der historischen Erfahrungen. Erwähnung findet in diesem Zusammenhang Kant übrigens auch in Habermas' und Derridas am 31. Mai 2003 in der FAZ erschienenem Manifest *Nach dem Krieg: Die Wiedergeburt Europas*, das sich als Gegenvorschlag zum *Brief der Acht* vom 31. Januar dieses Jahres versteht, in dem acht EU-Staaten und EU-Beitrittsländer unter Führung Großbritanniens und Spaniens ihre Unterstützung für die völkerrechtswidrige amerikanische Außenpolitik in der Irak-Frage be-

---

[16] Vgl. dazu Hanno König, *Heinrich Mann. Dichter und Moralist*, Tübingen 1972 (= *Hermaea. Germanistische Forschungen*, Neue Folge, Band 31), S. 222ff.

[17] Dazu und zum Folgenden vgl. Lützeler, *Die Schriftsteller* (s. Anm. 2), S. 312.

kundet hatten. In ihrem Aufruf zu einer außenpolitischen Erneuerung Europas – auch in Bezug auf den zur Zeit diskutierten Entwurf einer künftigen europäischen Verfassung – und zu einer effektiven Veränderung des internationalen Rechts und seiner Institutionen »in einem Sinn, der auf die kantische Tradition verweist«, wird als derzeitige Herausforderung die Voranbringung einer »kosmopolitische[n] Ordnung auf der Basis des Völkerrechts« genannt. Angesichts einer »bellizistischen Vergangenheit« und der darauf erfolgten Verarbeitung von Abstiegserfahrung und Verlust von Imperien bei den großen europäischen Nationen »besteht die Hoffnung, dass die Abkehr vom Eurozentrismus befördert und [im Rahmen der reformierten Vereinten Nationen] die kantische Hoffnung auf eine Weltinnenpolitik beflügelt« werden.[18]

In Opposition zum politischen Absolutismus des 18. Jahrhunderts und seines pragmatisch-aufgeklärten Konzepts vom Gleichgewicht der Mächte favorisierte Kant (wie u.a. auch Herder und Wieland)[19] in seinem philosophischen Entwurf *Zum ewigen Frieden* (1795/6)[20] kontinentale und globale Bündnisse, durch die willkürlich begonnene Kriege verhindert werden sollten. Zur Erreichung des Ziels der Abschaffung des Krieges und damit des »ewigen Friedens« als eines Charakteristikums des »weltbürgerlichen Zustandes«[21] forderte er ein verbindliches Völkerrecht und eine Föderation freier europäischer Staaten, deren Souveränität allerdings unangetastet bleiben sollte, womit er im bloßen Appell an die Vernunft allein auf eine moralische Selbstbindung der Regierungen vertraute und so (mit der dichotomischen Begriffsbildung der Transzendentalphilosophie) das Innere vom Äußeren, die Moralität von der Legalität trennte. In diesem Zusammenhang entwarf er eine Geschichtsphilosophie in weltbürgerlicher Absicht, die die auf den ersten Blick unwahrscheinliche

---

[18] Jacques Derrida und Jürgen Habermas, *Nach dem Krieg: Die Wiedergeburt Europas*, in: *FAZ* (31.5.2003), zitiert nach: *Kulturchronik*, Jg. 21, Nr. 4 (2003), S. 22–26, hier S. 22, S. 24 und S. 26.

[19] Vgl. dazu Lützeler, *Die Schriftsteller* (s. Anm. 2), S. 14.

[20] Immanuel Kant, *Zum ewigen Frieden. Ein philosophischer Entwurf*, in: Immanuel Kant, *Schriften zur Anthropologie, Geschichtsphilosophie, Politik und Pädagogik 1*, hg. von Wilhelm Weischedel, Frankfurt am Main 1977 (= Immanuel Kant, *Werkausgabe*, Band XI), S. 191–251.

[21] Jürgen Habermas, *Kants Idee des ewigen Friedens – aus dem historischen Abstand von 200 Jahren*, in: Habermas, *Die Einbeziehung des Anderen* (s. Anm. 5), S. 192–236, hier S. 192.

»Einhelligkeit der Politik mit der Moral« auf dem Gebiet »des *Staats-, Völker-* und *weltbürgerlichen Rechts*« aus einer verborgenen »Absicht« der »Natur« als das »Wesentliche der Absicht auf den ewigen Frieden« plausibel machen sollte.[22] Drei der Vernunft naturwüchsig entgegenkommende Tendenzen wie die friedliche Natur von Republiken, die Kraft des Welthandels und die Funktion der politischen Öffentlichkeit werden genannt als Erklärung dafür, dass ein Völkerbund im Selbstinteresse der Staaten liegen könnte. Eine »republikanische«, d.h. nicht-despotische, Verfassung der Staaten könnte Kant zufolge insofern zur Erhaltung des Friedens beitragen, als Kriege in dem Moment unwahrscheinlich seien, in dem die Staatsbürger an der Regierung beteiligt wären und demzufolge auch ihre Stimme über Krieg und Frieden abgeben würden.

In seiner Revision des grundbegrifflichen Rahmens von Kants Friedenskonzept merkt Jürgen Habermas in seinem Aufsatz zu *Kants Idee des ewigen Friedens – aus dem historischen Abstand von 200 Jahren* an, dass die Prämissen Kants einerseits nicht mehr zutreffen, »aber andererseits sprechen sie auch dafür, daß eine zeitgemäß reformulierte Konzeption des Weltbürgerrechts [...] sehr wohl auf eine entgegenkommende Konstellation der Kräfte treffen könnte«.[23] Allerdings müssten Kants Idee des weltbürgerlichen Zustandes und sein Begriff eines auf Dauer ausgerichteten und gleichwohl die Souveränität der Staaten respektierenden Völkerbundes im Sinne einer rechtlichen Bindung der einzelnen Regierungen reformuliert werden, wenn sie den Kontakt mit einer gründlich veränderten Weltlage nicht verlieren sollen, denn auch die derzeitige Charta der Vereinten Nationen trage mit ihren zweideutigen Regelungen, die die einzelstaatliche Souveränität zugleich einschränken und garantieren, nur einer Übergangslage Rechnung, da die UNO aufgrund eines fehlenden normativen Rahmens auch weiterhin auf die freiwillige Kooperation handlungsfähiger Mitglieder angewiesen sei.

Habermas' Hauptkritik richtet sich jedoch gegen Kants Inkonsequenz, die weltbürgerliche Vereinigung als eine Föderation von Staaten, nicht von Weltbürgern konzipiert zu haben, da er ja in den Begriffen des Vernunftrechts (die Heinrich Manns von Zola übernommenem normativ-ethischen Intellektuellenbegriff entgegenkamen)

---

[22]   Kant, *Zum ewigen Frieden* (s. Anm. 20), S. 223 (Herv. i. Orig.).

[23]   Habermas, *Kants Idee des ewigen Friedens* (s. Anm. 21), S. 199.

jeden Rechtszustand auf das ursprüngliche Recht jedes einzelnen Menschen zurückführt. Diese menschenrechtliche Fundierung von Recht überhaupt zeichnet damit die Individuen als Träger von Rechten aus. Da Kant das »Wesentliche der Absicht auf den ewigen Frieden« gerade in der Freiheitsgewähr sieht, »was der Mensch nach Freiheitsgesetzen tun soll« in Hinsicht auf das Staats-, Völker- und weltbürgerliche Recht, darf er nach Habermas die Autonomie der Staatsbürger auch nicht durch die Souveränität ihrer Staaten mediatisieren lassen. Für Habermas besteht die »Pointe des Weltbürgerrechts« vielmehr darin, dass es auf die Stellung der individuellen Rechtssubjekte durchgreift und für diese eine nicht-mediatisierte Mitgliedschaft in der Assoziation freier und gleicher Weltbürger begründet.[24] Damit ist die wichtigste Konsequenz eines durch die Souveränität der Staaten hindurchgreifenden Rechts die persönliche Haftung von Einzelpersonen für die in Staats- und Kriegsdiensten begangenen Verbrechen, wobei zur Zeit dem globalen Menschenrechtsschutz allerdings immer noch die exekutive Gewalt in Form eines eigenen Gerichtshofes fehlt, sodass sich die gegenwärtige Weltlage für Habermas bestenfalls als »Übergang vom Völkerrecht zum Weltbürgerrecht« verstehen lässt. In unserer vom Rückfall in den Nationalismus charakterisierten Zeit ist es für ihn die Globalisierung der Welt, die diese spaltet und zugleich als unfreiwillige »Risikogemeinschaft« zu kooperativem Handeln zwingt. Trotz aller notwendigen zeitgemäßen Reformulierung der kantischen Idee einer weltbürgerlichen Befriedung des Naturzustandes zwischen den Staaten bleibt für Habermas aber auch noch im moralisch-praktischen Selbstverständnis der Moderne (wie zuvor schon für Heinrich Mann) »der moralische Universalismus, der Kant bei seinem Vorhaben geleitet hat, die maßstabbildende Intuition«.[25] Damit stehen angesichts heutiger realer Machtverhältnisse seine Revisionen in ihrer normenstiftenden Absicht Heinrich Manns Plädoyer für den Geist gar nicht so fern.

Obwohl der im allgemeinen wilhelminischen Bildungsbewusstsein vernachlässigte und von der politischen Theorie der Zeit nicht anerkannte ›Politiker‹ Kant wohl erst im Zusammenhang mit Wilsons Friedensprogramm auch »in das Blickfeld Heinrich Manns«[26] gerückt

---

24 Ebd., S. 210.

25 Zu Habermas' Revisionen vgl. ebd., S. 208–219.

26 Vgl. dazu König, *Heinrich Mann* (s. Anm. 16), S. 222.

ist, interessiert Heinrich Mann weniger Kants eigentlicher Entwurf *Zum ewigen Frieden*, dessen Inkonsequenz von individualistisch menschenrechtlicher Fundierung des Rechts bei gleichzeitig beibehaltener Souveränität der Staaten von ihm nicht problematisiert wird, als vielmehr der »Anhang« von Kants Schrift mit seinen moralphilosophischen Reflexionen *Über die Mißhelligkeit zwischen der Moral und der Politik, in Absicht auf den Ewigen Frieden* bzw. *Von der Einhelligkeit der Politik mit der Moral*, mit denen Kant auch eine für das Geist- und Machtverständnis des Heinrich Mann der zwanziger Jahre aufschlussreiche Übertragung des moralischen Gesetzes auf den politischen Bereich vornimmt.[27] Seinen Niederschlag hat dies vor allem in dem die *Kaiserreich-Trilogie* abschließenden Antikriegs- und Intellektuellenroman *Der Kopf* gefunden, an dem Heinrich Mann seit 1918 arbeitete.

In seiner Ethik der *Grundlegung zur Metaphysik der Sitten* (1785) und der *Kritik der praktischen Vernunft* (1788) leitet Kant bekanntlich aus seiner Vernunftprämisse den unbedingten Sollensanspruch in Gestalt des kategorischen Imperativs ab, dem als ein »formales« und damit nach Kant apriorisches »Rechtsprinzip« auch der »moralische Politiker« unterworfen ist. Aus derselben Vernunftprämisse ergibt sich für ihn aber auch die metaphysische Freiheit des Menschen, die imperativischen Normen seines Handelns nach dem eigenen Vernunftdenken gemäß dem eigenen Gewissen auszuführen. In dem auf dem freien Willen des Menschen basierenden »Reich der Freiheit« wirkt nach Kant ausschließlich die reine Vernunft, die als praktische Vernunft das »Sittengesetz« formuliert, womit sie als reine Theorie des Handelns vor aller Erfahrung dennoch die Praxis des moralischen Handelns bestimmen soll. Entsprechend werden die Prinzipien von Moralität und Recht trotz ihrer Trennung nicht dem Bereich der Wirklichkeit entnommen (der frühere Heinrich Mann hatte noch aufgrund der Scheidung der »praktischen Vernunft von der reinen« Rousseau gegen Kant ausgespielt), sondern systematisch aus der reinen Vernunft begründet auf der Grundlage eines kategorischen Sollens, woraus Kant für die Politiker folgert: »trachtet allererst nach dem Reiche der reinen praktischen Vernunft und nach seiner *Gerechtigkeit*, so wird euch euer

---

[27] Vgl. Immanuel Kant, *Anhang*, in: Kant, *Zum ewigen Frieden* (s. Anm. 20), S. 228–251.

Zweck (die Wohltat des ewigen Friedens) von selbst zufallen«[28] – im positiven Recht wird so das Naturrecht als Vernunftrecht anerkannt.[29]

Dieser in der »reinen praktischen Vernunft« gründende Geist-Begriff eines absoluten Moral- und Rechtsempfindens bestimmt seit seiner Kant-Lektüre im Ersten Weltkrieg Heinrich Manns eigene normativethische Idee vom Geistigen, das ihm innerhalb seiner Geschichtskonzeption als das Primäre erscheint. Dass dies zweifellos »zu Fehleinschätzungen der politischen Wirkungsmöglichkeiten der Intellektuellen« führen musste, hat bereits Renate Werner zu Recht festgestellt, da die »Aufhebung des Dualismus von ›Geist‹ und ›Tat‹ – ›Moral‹ und ›Macht‹ im deutschen bürgerlich-politischen Bewußtsein [...] nicht durch die erneute Priorisierung des ›Geistes‹ (wenn auch unter umgekehrten Vorzeichen) zu leisten« war.[30] Heinrich Manns Grundüberzeugung, Politik sei eine »Angelegenheit des Geistes«, wurde vor allem in den zwanziger Jahren in Form seines verstärkt publizistischen und öffentlichen Engagements wirksam. Die absolute Priorisierung des Geistes prägte auch sein Europa-Konzept, wobei er sich (u.a. im Zusammenhang der Vorbereitung des von Briand und Stresemann 1925 abgeschlossenen Locarno-Vertrags) in dem schriftstellerischen Rollenbild des »Vordiplomaten« und kulturellen Botschafters sah sowie in der Tradition Victor Hugos, der bereits vor einem halben Jahrhundert für Heinrich Mann die Idee der »Vereinigten Staaten von Europa« geistig antizipiert hatte, die nunmehr »in den Zustand des wissenschaftlich Erwiesenen« getreten sei.[31]

Die bereits während des Krieges mit Abzeichnung der deutschen Niederlage vorgenommene Analogisierung von Deutschland und Frankreich wird im Zusammenhang mit dem Anliegen der europäischen Einigung auf der Grundlage der deutsch-französischen Verständigung von Heinrich Mann in seinen publizistischen Beiträgen

---

[28] Ebd., S. 240 (Herv. i. Orig.).

[29] Vgl. dazu Verf., *Justizkritik der Moderne* (s. Anm. 15), S. 123–125.

[30] *Heinrich Mann. Texte zu seiner Wirkungsgeschichte in Deutschland.* Mit einer Einleitung hg. von Renate Werner, Tübingen 1977, S. 26.

[31] Vgl. Heinrich Mann, *Die Tragödie von 1923*, in: Heinrich Mann, *Sieben Jahre. Chronik der Gedanken und Vorgänge. Essays.* Mit einem Nachwort von Hans Wißkirchen und einem Materialienanhang, zusammengestellt von Peter-Paul Schneider, Frankfurt am Main 1994 (= Heinrich Mann, *Studienausgabe in Einzelbänden*, hg. von Peter-Paul Schneider, *Fischer Taschenbuch*, Band 11657), S. 88–150, hier S. 116.

zu Europa in den zwanziger Jahren verstärkt fortgesetzt.[32] Allerdings kommt in seinem vielgestaltigen Europadiskurs neben der Priorisierung des Geistes noch eine weitere grundsätzliche Problematik seines aufklärerisch-universalistischen Denkmodells zum Vorschein, in dem sich neben weltbürgerlich-humanistischen Ansätzen teilweise auch eine prononciert eurozentristische Haltung finden lässt. So entwickelt Heinrich Mann in einer Zeit der allgemeinen Erschütterung europäischen Selbstbewusstseins ein Konzept von ›Europa‹, das zwar Kritik am übersteigerten deutschen Nationalismus übt, doch sich zugleich geradezu imperialistisch abgrenzt von anderen, nichteuropäischen Kulturen.

In seinem Essay *Der Europäer* von 1916 wird unter Betonung der Gleichstellung aller europäischen Völker als ihr gemeinsames Band ihr nun auch bald in Deutschland verwirklichtes Staatsideal, die Republik, hervorgehoben sowie Begriffe wie das »gemeinsame[...] Haus« und »eine europäische Gemeinbürgschaft«.[33] Damit werden zwar zusammen mit den Schlagworten der Aufklärungstradition wie Vernunft, Geist, Revolte, Menschenglück, Humanität einerseits universalistische Impulse aufgerufen, die andererseits jedoch im Kulturvergleich mit Asien aus der aufklärerischen Perspektive des universellen Vernunfts- und Sittlichkeitsprinzips sehr explizit an Europa zurückgebunden werden:

> Wir sprechen lieber aus, was nicht gemeinmenschlich, sondern nur europäisch ist, daß wir dort, wo wir unsere Geschäfte besorgen, immer doch irgendein sittliches Mehr bewirken [...]: das Erwachen der Seele selbst kommt jenen Schläfern der Jahrtausende nur von uns. Bis in die Tiefen Asiens handelt, wo Revolte sich regt, in den Empörten der Sinn Europas, nicht ihrer. Die Revolte der Vernunft, der Würde des Menschengeistes, ist von den Zeiten der Griechen her

---

[32] Vgl. dazu und zu Heinrich Manns »geistgegründeten Frankreichbild[...]« Wolfgang Kleins detaillierten Beitrag »*...damit Ihre Leser und Landsleute mich kennen lernen.« Heinrich Mann in Frankreich*, in: *Heinrich Mann-Jahrbuch* 18/2000, S. 167–210, Zitat S. 199. Weiteren Aufschluss gibt der kürzlich erschienene Band Heinrich Mann/ Félix Bertaux, *Briefwechsel 1922–1948*. Mit einer Einleitung von Pierre Bertaux. Im Anhang noch aufgenommen: Neue aufgefundene Briefe von Félix und Pierre Bertaux. Auf der Grundlage der Vorarbeiten von Sigrid Anger, Pierre Bertaux und Rosemarie Heise bearbeitet von Wolfgang Klein, Frankfurt am Main 2002 (= Heinrich Mann, *Gesammelte Werke in Einzelbänden*, hg. von Peter-Paul Schneider).

[33] Heinrich Mann, *Der Europäer*, in: Heinrich Mann, *Macht und Mensch* (s. Anm. 11), S. 129–135, hier S. 133f.

unser Erbteil, um das wir kämpfen mit den Fremden, von dem wir mitteilen den Fremden.[34]

Das ursprünglich auf die europäischen Nationen bezogene ›Bürgerrecht‹, das identisch gesetzt wird mit universalem ›Menschenrecht‹, kann oder soll zwar in seinem Geltungsbereich ausgeweitet werden. Doch deutet die auf Untergangsängste verweisende Verwendung von Naturmetaphern (an anderer Stelle ist die Rede vom »überflutet werden«, von »Übermacht« und »beleckt vom Chaos«)[35] oder mystischen Begriffen (wie »Seele« und »Rasse[...]«)[36] aus dem Umfeld der zeitgenössischen ›Konservativen Revolution‹ zugleich die Krise dieses Ausweitungsprozesses an.[37] Die Essays Heinrich Manns, in denen wie hier der ›Sinn Europas‹ und dessen Einheit(lichkeit) und ungebrochene Identität selbstbezüglich im Sinne einer Identitätsversicherung beschworen werden, können wohl – wie die Konjunktur der Europa-Konzepte in den zwanziger Jahren allgemein – gerade durch ihre europäische Selbst-Reflexion nach der Erfahrung des Ersten Weltkrieges als Ausdruck einer Krise der europäischen Identität gelten. Wie das angeführte Zitat verdeutlicht, drücken sich hier aufklärerischer Missionsgedanke und ein kolonisierender Impuls aus, der das Fremde letztlich immer auf das Eigene zurückführt, welches mit dem Prinzip der Identität zusammenfällt. Fremdheit und Differenz werden damit in Heinrich Manns Stellungnahmen zu Europa zu diesem Zeitpunkt (mittels des alle Unterschiede transzendierenden Charakters des Vernunftprinzips) auf problematische Weise vereinnahmt, womit sie den Universalitätsanspruch unterminieren, »den sie selbst zugleich setzen«,[38] und damit die Kehrseite der moralischen Totalität einer Aufklärung aufzeigen, die ihre dynamisch-dualistischen Spannungen verloren hat.

---

[34] Ebd., S. 130.

[35] Ebd., S. 130f.

[36] Ebd., S. 129.

[37] Zur Problematik und Widersprüchlichkeit von Heinrich Manns Europa-Konzept zu dieser Zeit vgl. Bischoff, *Repräsentanten für Europa?* (s. Anm. 10), besonders S. 31–36, und Peter Stein, *Heinrich Mann*, Stuttgart/Weimar 2002 (= *Sammlung Metzler*, Band 340), S. 107f. Vgl. auch Lützelers Beitrag zu *Heinrich Manns Europa-Ideen im Exil* (s. Anm. 9), S. 82, wo er mit Bezug auf Heinrich Manns europäischen Nationalismus in *Der Europäer* anmerkt, dass sich die »eurozentristische Superioritätsattitüde« in den zwanziger Jahren verliert.

[38] Bischoff, *Repräsentanten für Europa?* (s. Anm. 10), S. 33.

In dem – im Zusammenhang mit den Auswirkungen des Ersten Weltkriegs – im Krisen- und Inflationsjahr geschriebenen mehrteiligen Essay *Die Tragödie von 1923* wird Europa als »Reich über den Reichen«[39] beschwörend an eine eschatologische Reichsvision gebunden, an deren Spitze im Sinne der Tatwerdung des Geistes und des neuen Repräsentanzanspruchs Heinrich Manns die Intellektuellen stehen sollten, um auf der Basis des »europäischen Geistes« die Vereinigung des Kontinents nicht nur gegen den europäischen Materialismus, sondern angesichts der befürchteten Gefahr der Kolonisierung Europas auch gegen den Rest der Welt voranzutreiben (»Dieser Weltteil, der einst Weltherrschaft beanspruchte, wird nicht einmal mehr eine selbständige Geschichte haben. Abhängig vom Willen der angelsächsischen Reiche und des russischen [...] wird das zerrissene Europa ein Spott selbst der vierten sich schließenden Größe, des mongolischen Reiches, sein«),[40] womit der Dualismus zwischen Eigenem und Fremden wiederum absolut gesetzt wird. Desiderat eines aktuellen ›Europa‹-Diskurses aber wäre, wie eingangs im Zusammenhang mit der postnationalen Herausforderung von Globalisierung, Multikulturalismus und ethnischer Hybridität erwähnt, Europa auf das Andere hin zu öffnen, das nicht Europa ist, wie Jacques Derrida in seinem Europa-Essay von 1991, *Kurs auf das andere Kap,* verlangt,[41] um so das Fremde aufzunehmen, ohne es zu vereinnahmen, und die Spannung im Sinne einer kritisch reflektierten Aufklärung zwischen Universalität und Differenz aufrechtzuerhalten.

---

[39]   Heinrich Mann, *Die Tragödie von 1923* (s. Anm. 31), S. 117.

[40]   Ebd., S. 114.

[41]   Vgl. Jacques Derrida, *Das andere Kap. Die vertagte Demokratie. Zwei Essays zu Europa,* Frankfurt am Main 1992. Vgl. hier *Das andere Kap*, S. 9–80.

HELMUT KOOPMANN

Lübecker Götterdämmerung.
Zu Heinrich Manns *Professor Unrat*

Thomas Mann war nicht amüsiert. Als er 1905 den Roman seines Bruders, *Professor Unrat*, gelesen hatte, erging er sich in seinem Notizbuch in Schmähungen. »Künstlerische Unterhaltungslektüre« – ein Zitat, das er dort hineinschrieb, aber es entsprach seinem eigenen Urteil. »Drüber und drunter«, so sein Kommentar über die Konstruktion des Romans, und dann flickte er seinem Bruder, was Schwächen dieser Komposition angeht, gründlich am Zeug. Sein Resümee: »Unmöglichkeiten, daß man seinen Augen nicht traut!« Das Generalverdikt sah ähnlich aus: »Belletristenthum«, und, verstärkt noch: »Eine gottverlassene Art von Impressionismus«. Ein fadenscheiniges Gebilde also, rasch hingeschrieben und, so Thomas Mann, offenbar auch wohl wieder dem raschen Vergessen überantwortet, und seine Prophetie war unmißverständlich: »Das Buch scheint nicht auf Dauer berechnet«. Was letzteres angeht, so irrte er sich allerdings beträchtlich: bereits 1930 waren fast 50.000 Exemplare aufgelegt worden, und übersetzt wurde das Buch in sieben Sprachen. Es hatte sich als sehr viel dauerhafter erwiesen, als der Bruder mit einigem Hochmut seinem Verfasser zugestehen wollte. In sein Notizbuch-Verdikt schlich sich jedoch auch eine halbe Anerkennung ein: »Das Alles ist das amüsanteste und leichtfertigste Zeug, das seit Langem in Deutschland geschrieben wurde«. Aber es war eben »Zeug«, nicht ernst zu nehmen, sondern leichteste Ware, kurzum: »ein schlechtes Buch«.[1] Der Vorwurf an Heinrich war, daß er nicht nur dieses, sondern auch noch andere von ähnlich schwachem Format geschrieben habe, und was er Heinrich vor allem vorwarf, war »Schnellfertigkeit«.[2] Nicht nur, daß Heinrich sehr viel rascher schrieb als der Bruder: beim Schnellschreiben verwirrten sich Handlungsfäden, kam ein Kinostil zutage, war vieles übersteigert und flatterhaft, also »Impressionismus«, und zwar von der schlimmsten Sorte.

---

[1] Thomas Mann, *Notizbücher 7–14*, hg. von Hans Wysling und Yvonne Schmidlin, Frankfurt am Main 1992 (= Thomas Mann, *Notizbücher. Edition in zwei Bänden*, hg. von Hans Wysling und Yvonne Schmidlin, Band 2), S. 115.

[2] Ebd.

Hatte Thomas Mann das Buch verstanden, oder vielmehr: sah er nicht, was sich da literarisch präsentierte? Merkte er nicht, daß Heinrich in eine äußerlich zurückhaltende, aber dennoch nachdrückliche Auseinandersetzung mit ihm, Thomas Mann, eingetreten war, erkannte er nicht die Anspielungen, mit denen der Roman reichlich versehen war? Er hatte nicht einmal einen Blick für den Zeitroman, sah damals nicht die politischen Dimensionen dieser Bloßstellung eines Tyrannen. Oder wollte er das alles nicht sehen?

Erst spät gestand Thomas Mann seinem Bruder zu, daß Bücher wie *Professor Unrat* »vollendete Prophetie« gewesen seien.[3] Leicht dürfte ihm dieses Zugeständnis auch nach Jahrzehnten nicht gefallen sein – die Ansprache zu Heinrich Manns siebzigstem Geburtstag ließ aber anderes als Elogen kaum zu. Immerhin hat er seinem Bruder bescheinigt, daß sein Werk »den Stempel des Genialen« trage, hat den Roman in seiner »Mischung aus literarischem Glanz und einer – ich möchte fast sagen: märchenhaften Simplizität, einer menschheitlichen Volkstümlichkeit« zu den »Kampfschriften gegen das schlechthin Infame« gerechnet.[4] Aber schwingt da nicht hintergründig doch noch ein wenig mit von dem Urteil, daß der Roman des Bruders »das amüsanteste und leichtfertigste Zeug« sei, das seit langem in Deutschland geschrieben worden sei? Das ist nicht auszumachen, undenkbar ist es nicht. Immerhin: er würdigt, daß Heinrich damals, 1905, »den Mythos vom Professor Unrat« gegeben habe – und er bezog diesen 1941, in ziemlich grotesker Fehleinschätzung, auf Hitler, der bald, wie seinerzeit Unrat, »ein Kehricht der Geschichte« sein werde.[5]

---

[3]   Thomas Mann, *Ansprache zu Heinrich Manns siebzigstem Geburtstag* [Auszug], in: Heinrich Mann, *Professor Unrat oder Das Ende eines Tyrannen. Roman.* Mit einem Nachwort von Rudolf Wolff und einem Materialienanhang, zusammengestellt von Peter-Paul Schneider, Frankfurt am Main 1989 (= Heinrich Mann, *Studienausgabe in Einzelbänden*, hg. von Peter-Paul Schneider, *Fischer Taschenbuch*, Band 5934), S. 298–301, hier S. 298ff. [vollständiger Druck in: Thomas Mann, *Nachträge*, Frankfurt am Main 1974 (= Thomas Mann, *Gesammelte Werke in dreizehn Bänden*, Band XIII, S. 852–857]. Danach im Text auch die Zitate (mit Seitenangaben in Klammern) aus dem Roman. Um den Lesefluß nicht zu behindern, wird die Deklination in seltenen Fällen kürzerer Zitate an den Haupttext angeglichen.

[4]   Thomas Mann, *Ansprache zu Heinrich Manns siebzigstem Geburtstag* (s. Anm. 3), S. 300.

[5]   Ebd., S. 301.

*

Professor Unrat in mehrfach hintergründigem Sinne ein Zeitroman: niemand wird es leugnen. Er sei »mit dem Begriff der Macht ins Gericht« gegangen, so schrieb Heinrich Mann 1920, und er bescheinigte sich selbst aus gutem Grund politische Prophetie: denn 1905 sei der »Niedergang des Reiches noch kaum sichtbar geworden«.[6] Aber es hatte längst eingesetzt, das »Problem des deutschen Kaiserreiches«, so Heinrich Mann 1922.[7] Dennoch: es ist ein Etikett. Ein anderes freilich ist noch gefährlicher: der Schulroman. Man hat ihn so noch bis vor kurzem gelesen, im Kontext von Wedekinds *Frühlingserwachen* und von Autoren wie Hesse, Musil, Robert Walser.

Indem Heinrich Mann im *Professor Unrat* die Figur eines preußischen Schultyrannen zeichnet, wird er seiner Forderung nach dem Literaten als Geschichtsschreiber gerecht. Der porträtierte Professor Unrat ist nämlich durchaus der Repräsentant des herrschenden Lehrertypus um die Jahrhundertwende und nicht ›allenfalls dessen Satire‹.

So konnte man noch vor einiger Zeit einem Kommentar zu diesem Roman entnehmen.[8] Das habe dem Roman freilich nichts an Aktualität genommen; wer ihn nur als historisches Dokument »derart naiv« rezipiere, übersehe, »daß Schule und Unterricht noch heute unverändert nach denselben Strukturen funktionieren, und zwar im wahrsten Sinne des Wortes«.[9] Das ist ziemlicher Unsinn. Gefährlich aber wurde für den Roman, daß beide Zuschreibungen – der Zeitroman, der Schulroman – in der Regel einander stützten. Nun hat Heinrich Mann allerdings selbst darauf aufmerksam gemacht, daß die Schule nicht nur eine symbolische Erläuterung dessen gewesen sei, was den Geist der Zeit ausgemacht habe, sondern die eigentliche Stütze der Obrigkeit. Anders gesagt: die Schule war Macht, so wie der Staat Macht war – Schule und Staat wirkten nach den gleichen Gesetzen, und so war denn der Schulroman eo ipso auch ein Zeitroman, der wiederum nicht ohne Grund ein Schulroman, und als analytische Deskription der »Macht«, die überall, aber eben be-

---

[6]   Heinrich Mann an Eugen Bautz (17.9.1920), in: *Materialien* zu Heinrich Mann, *Professor Unrat oder Das Ende eines Tyrannen* (s. Anm. 3), S. 282.

[7]   Heinrich Mann an Paul Hatvani (3.4.1922), in: *Materialien* zu Heinrich Mann, *Professor Unrat oder Das Ende eines Tyrannen* (s. Anm. 3), S. 284.

[8]   So Rudolf Wolff in seinem Nachwort zu *Professor Unrat* in der Studienausgabe (s. Anm. 3), S. 253.

[9]   Ebd., S. 259.

sonders in der Schule zu finden war, hat man den Roman denn auch weithin und, wie man sieht, bis heute verstanden.

Das alles ist nicht falsch, zumal Heinrich Mann mit eindeutigen Epitheta nicht zurückhält: Unrat erscheint als Despot, Herrscher, Tyrann, und was sich gegen ihn auftut, sind Umsturz und Aufruhr, Anarchie und Rebellion. Aber dahinter öffnet sich noch eine andere Bedeutungsschicht: wenn von Luzifer die Rede ist und von der entgötterten Stadt, von den Mysterien und einer katalinarischen Existenz, von Perikles und Aspasia, von Semiramis, Kypris und Parsifal, dann geht es offenbar um mehr als nur um wilhelminische Macht und schulische Tyrannei. Von »bedenklichen Sachlagen unter der Oberfläche« lesen wir (95), von einem »unterirdischen Beben« (194), vom »Untergang der Dinge« (216) und wiederholt vom »Abgrund« (50, 230); Unrats Seele kennt »Abgrundflüge« (236), und um die Künstlerin Fröhlich ist die Luft »mit Katastrophen geladen« (235). Da spielt sich »ein ganzes strafendes Vernichtungswerk« ab (236), da geht es nicht nur »drunter und drüber« (209), da wird ein Menschenfeuerwerk herbeiphantasiert, die abendlichen Gäste Unrats »[a]lles Opfer, die ihm brannten! Alle drängten sich, sie ihm anzuzünden, sich selbst ihm anzuzünden« (212). Das ist mehr als die »Entsittlichung einer Stadt« (213), da ist wüster »Karneval« (ebd.), jede Nacht eine Walpurgisnacht, da gibt es den Maskenball als zauberische Phantasmagorie und diabolisches Zurschaustellen dessen, was eigentlich verborgen bleiben müßte, gibt es »Feenpaläste« und jene »Villa vorm Tor« (207), in der sich Abend für Abend ein Höllenspektakel ereignet, und Unrats Domizil wird quasi zum mythischen Ort, an dem der Untergang immer wieder neu inszeniert wird, wo unter Wolkenbrüchen Dämme einsinken und wo sich speiende Vulkane auftun (vgl. 165). In »Abgründe« wird der frühere Gymnasialprofessor gerissen, der vorher seiner Jagdleidenschaft so maßlos gefrönt hatte; da wird mit Erfolg der Pöbel in den Palast gerufen (vgl. 228), und am Schluß geht es hinab »ins Dunkel« (239) – es ist nicht so sehr das Dunkel des geschlossenen Wagens, in den Unrat kopfüber hineinstürzt, es ist das Ende schlechthin, ein Untergang grandiosen Ausmaßes, ein Göttersturz, ein säkulares Jüngstes Gericht, das den tollen, mythologisch so eindrucksvoll ausstaffierten Zauber beendet. Götterdämmerung – kein summus finis, sondern der Absturz ins Nichts. »Man warf«, so lesen wir über die Zuschauer, die diesem finalen Höllentheater beiwohnen, »zu sich kommend, einen Blick auf die Leichen ringsumher und entdeckte, daß es höchste Zeit sei« (238). Da beendete der Sturz ins Dunkle ein beispielloses Theaterstück, in dem Götter und antike Heroen, Gestalten aus der mythischen und der mittelalterlichen Vergangenheit wie in einem tollen Reigen aufgetreten waren, in dem Mysterien erlebt worden waren und Venus sich präsentiert hatte, und wenn auch das »ganze strafende Vernichtungswerk« des Tyrannen bei den anderen, den fünfzigtausend von ihm Verfolgten, vergebens gewesen war (236), so war es doch an ihm selbst vollzogen worden: die Anarchie war beendet (vgl. 228), der Herrscher endgültig abgesetzt, der »Despot« (101, 122) vernichtet, der »Umsturz« vollzogen (123), ein Weltuntergang, der »Untergang der Dinge« (216) als Ende aller Zeiten inszeniert, mehr Satyrspiel als Tragödie, aber darum um so eindrucksvoller.

Niemand wird annehmen wollen, daß das alles bloß redensartliches Dekor sei, mit dem Heinrich Mann seine Geschichte ausstaffiert habe. Dazu sind der Hinweise zu viele, ist das Arsenal der Mythologie zu ausgiebig geplündert. Was Unrat selbst beisteuert, mag noch auf das Konto seiner altphilologischen Belesenheit gehen, aber das Mehrfache geht auf das Konto des Erzählers. In der Tat: hier sind »Sachlagen unter der Oberfläche« (95), tut sich eine eigentümliche Unterwelt auf, die das vordergründig Erzählte mit einer besonderen Bedeutung ausstattet. Auf was Heinrich Mann abzielt, bleibt freilich zunächst verborgen, wenngleich man sicher sein darf, daß es sich hier nicht um mythologisches Flickwerk handelt, sondern daß sich hier eine Sinnschicht erschließt, die viel tiefer reicht als alle Oberlehrersatire und alle Wilhelminismuskritik.

*

Heinrich Mann war das Arbeiten mit Tiefenstrukturen gewohnt – sein *Roman unter feinen Leuten, Im Schlaraffenland,* war ein erstes Versuchsfeld gewesen, um dem vordergründigen Realismus durch einige Hintergründigkeit aufzuhelfen, und der Versuch war gelungen.[10] Auch das *Schlaraffenland* war ein Zeitroman gewesen, aber Heinrich Mann hatte es schon dort nicht bei der Schilderung des Spekulanten und Lebensgierigen, der Verschwender und der Kultur-

---

[10] Dieser Beitrag berührt sich in einigen Punkten mit der Arbeit des Verfassers: *Mythenkonstitution in einer zerfallenden Welt. Zu Thomas Manns BUDDENBROOKS und zu Heinrich Manns IM SCHLARAFFENLAND und PROFESSOR UNRAT,* in: *Mythos im Text. Zur Literatur des 20. Jahrhunderts,* hg. von Rolf Grimminger und Iris Hermann, Bielefeld 1998 (= *Bielefelder Schriften zu Linguistik und Literatur,* Band 10), S. 217–234.

banausen belassen: im Hintergrund wurde der Genotyp dieser Gesellschaft sichtbar, das Raubtier im Dschungel. Heinrich Mann zieht der gründerzeitlichen Gesellschaft den Vorhang weg, und das Schlaraffenland enthüllt sich als das, was es wirklich ist: sumpfiges Gelände, in dem die Mentalität von wilden Bestien herrscht. Die Geschäftsleute: eine »Meute«, die über ihre Opfer herfällt, die Gesichter mit einem forschen Hundeblick ausgestattet oder manchmal als »edles Pferdeprofil« erscheinend; zuweilen aber tauchen auch »Löwinnen, ihre Jungen verteidigend«, auf: zwei Rivalinnen sind sich in die Haare geraten. Berlin-Tiergarten heißt der Dschungel, und er wuchert selbst in die Wohnräume hinein – man ergeht sich bei abendlichen Festivitäten im Treibhaus: ein künstliches Paradies und doch ein miniaturisiertes Abbild der Dschungelwelt.

Das ist die wahre Wirklichkeit der Gründerzeit – aber Heinrich Mann begibt sich noch einen Schritt weiter in eine andere Deutungsebene, die identifikatorischen Charakter hat. Der Held des Romans gilt als »liebe Unschuld« vom Lande, er wird von der Gunst der Mächtigen hochgetragen und von ihnen schließlich auch wieder fallen gelassen. Er ist nicht der normale Emporkömmling, er wird in aller Unschuld hochgespült in diese Welt, begreift sie als Schlaraffenland und gleicht dem unwissenden Neophyten, der nicht recht merkt, wie ihm geschieht und was um ihn herum passiert. Aber ihm werden schließlich die Augen für einiges geöffnet. Als er sich auf einer abendlichen Festlichkeit einen silbernen Kandelaber herüberschieben läßt, sieht er, daß dieser aus einer feinziselierten Säule besteht, an der Colombine lehnt, die sich von einem Herrn küssen läßt – daneben steht Pulcinello und hält den Leuchter. Ein Dramatiker, ebenfalls als Gast geladen, macht ihn darauf aufmerksam, daß er, jener unwissende Eindringling, das eigentlich selbst sei, dem er in diesem kleinen Schmuckwerk begegne: Pulcinello, der tumbe Tor, schon vom Habitus her zur Fröhlichkeit geradezu verurteilt, ein »Märchenprinz Fortunato«, dessen Rolle in dieser Umwelt auch zur Narrenrolle wird. Das Glückskind also und seine Geschichte, das gibt das Grundmuster des Romans ab; Pulcinell gelegentlich als Amor, immer aber als Charmeur, dem die Frauen zugetan sind, der Schelm mit einer Aura von Venusberg- und Tannhäuserschicksal. Ihm ist es vergönnt, die Wirklichkeit tatsächlich als Schlaraffenland zu sehen.

Es ist eine quasi mythische, märchenhafte Unterschichtung des Gründerzeitmilieus. Aber das steht durchaus nicht im Widerspruch zur Zeitanalyse dieses Romans. Um sich im Schlaraffenland, dieser Welt erfolgreicher Spekulanten und glücklicher Börsenjobber, behaupten zu können, bedarf es des Glückes, und auch der Held des Romans ist ein Spekulant, wenngleich er um Sympathien spekuliert und nicht um Geld. Dieses Zeitalter der Gründer hat Raum für Glückskinder, und selbst wenn sie schließlich wieder bis in die Bedeutungslosigkeit hinein fallen, so sind sie auch darin noch Kinder der Fortuna, deren Rad sich weiterdreht, bis es schließlich über sie hinweggeht.

Heinrich Mann hat offenbar schon während der Arbeit am *Schlaraffenland* erkannt, daß es nicht genügte, das Gründerzeitmilieu realistisch anzugehen, also sich mit der Deskription von Vorgängen und Milieu zu begnügen. So war der Gesellschaft nicht die Maske wegzureißen – sie mußte sich als das entlarven, was sie untergründig war, und indem Heinrich Mann sie animalisierte und andererseits märchenhafte, mythenähnliche Vorgänge und Figuren als Identifikationshilfen nutzte, gelang es ihm, die eigentlichen Dimensionen dieser Welt sichtbar zu machen. Da wiederholen sich gleichsam Ursituationen; Heinrich Mann erweist sich als sehr früher Vertreter einer klassischen Moderne, die derartige Unterschichtungen, Grundmuster, Elementarhaltungen, wie Alfred Döblin das später genannt hat, in die Zeitromane hineinbrachte – bei Broch ist es Mephisto, bei Joyce Odysseus, bei Hesse Narziß, bei Thomas Mann Hermes und viel Mythisch-Märchenhaftes: der angebliche Realismus der großen Romanciers des 20. Jahrhunderts hat einen doppelten Boden, und Heinrich Mann ist einer der ersten, der die Tiefendimensionen einer von ihm erzählten Welt sichtbar macht.

*

Es bleiben Fragen: sind die so zahlreichen mythologischen Anspielungen auch im *Professor Unrat* in sich kohärent, läßt sich ein durchgehender Sinn ausmachen? Und: was mag Heinrich Mann veranlaßt haben, seinen satirischen Roman derart mit einer Substruktur zu versehen?

Wir bewegen uns zwangsläufig in einem Feld von Vermutungen, Hypothesen, Annahmen und provisorischen Schlußfolgerungen. Thomas Mann dürfte registriert haben, was aus seiner eigenen Schulsatire der *Buddenbrooks* in Heinrichs Roman geworden war; was er las, war nicht angetan, ihn von Wert und Eigenständigkeit

des Romans seines Bruders zu überzeugen – die Ausfälle im Notizbuch sprechen ihre eigene Sprache. Das Schulkapitel der *Buddenbrooks* war bei Heinrich persifliert. Aber die Kritik des Notizbuches
begründete sich wohl substantieller. Worauf Heinrich Manns Roman
über das Gesagte hinaus eigentlich abzielt, erklärt sich zunächst
einmal vom Habitus Unrats her, nicht weniger aber auch von der
Welt her, der er huldigt: der der Künstlerin Fröhlich. Unrat lebt, wie
wir schon bald im Roman erfahren, eine Ausnahmeexistenz: wenn
er auch kein Künstler oder Prophet vom Schlage jenes Thomas
Mannschen Daniel zur Höhe ist, der von seiner Dachkammer aus
die Welt beherrschen möchte, so ist er doch, wie jener, zwar »arm,
unerkannt« (44), sieht sich aber doch im Umkreis einer Elite von
Geistesfürsten; Unrat gleicht ein wenig dem Typus des äußerlich in
bedrückenden Verhältnissen lebenden, aber innerlich hochfahren-
den Schriftstellers, auch wenn man nicht weiß, »welche wichtige Arbeit er seit zwanzig Jahren förderte« (44). Eine »drückende Ausnah-
mestellung« (53), die er innehat, der Masse enthoben; er ähnelt,
wenn auch ins Satirische verfremdet, jenen einsamen und weltabge-
wandten Heroen, von denen in Thomas Manns frühem Novellen-
werk wiederholt die Rede ist, mögen sie nun Schiller heißen, Spinell
oder später Aschenbach. Thomas Mann hatte diese einsamen Künstler geschildert, nicht zuletzt auch im Selbstporträt, wie es jene *Vision*, die noch in Lübeck entstanden war, zu erkennen gab. Sollte
Heinrich Mann seinen Bruder im Auge gehabt haben, von dem er
wußte, wie hoch bei dem der Künstler im Kurs stand? Sollte er gewußt haben, daß Thomas Mann bemüht war, den Künstler ebenso
vorsichtig wie nachdrücklich gegen den Literaten abzugrenzen? Ein
»Litterat« war Heinrich Mann für den Bruder seit langem, im siebten
Notizbuch hatte er schon früh eingetragen (als Bemerkung zu *Tonio
Kröger*): »*Der Litterat als Abenteurer*. Typus Henry. Man ist als Litterat innerlich immer Abenteurer genug. Äußerlich soll man sich gut
anziehen, zum Teufel, und sich benehmen wie ein anständiger
Mensch!«[11] Da sprach ein moralischer Asket; Thomas Mann selbst
sah sich als Anti-Bohemien, schrieb sich in eine verborgene Theolo-
gie des Künstlers hinein, beharrte auf dessen Außenseiter- und Aus-
nahmestellung – und Heinrich Mann griff das offenbar auf, paro-
dierte diese Heiligsprechung des Artisten, bis in die satirische Darstellung seiner Ausnahmeexistenz hinein. Thomas Mann distanzierte

---

[11]   Thomas Mann, *Notizbücher 7–14* (s. Anm. 1), S. 71.

sich zwar in jener Novelle von 1904 vom Typus des Propheten, aber der Künstler-Mythos blieb: bis zu Gustav von Aschenbach, dessen Tod dann allerdings symbolischerweise das Ende dieses Ästhetentums markierte. Unrat, der strenge Außenseiter, ist auch Ästhet, aber er gerät in einen eigentümlichen moralischen Verfall – und das war aus der Sicht Thomas Manns, was das Künstler-Thema anging, ein Sakrileg. Denn Unrat interessiert und erwärmt sich für Tingeltangeldarbietungen, und der Sakralisierung der Kunst erteilt er eine boshafte Abfuhr, als er die Fröhlich zur »Künstlerin« erklärt. Auch das Ästhetentum als gesteigertes Leben, als esoterische Lebensform bekommt seine Abfuhr, wenn Unrat behauptet, »jede Richtung sei in der Kunst berechtigt; Kunst sei, was die großen Künstler machten; und das heiligste der Güter sei das Talent der Künstlerin Fröhlich« (127). Die Tänzerin, die »auf bloßen Füßen griechisch tanzt« (38), ist eine einzige Persiflage alles dessen, was bei Thomas Mann den Künstler ausmachte; schlimmer könnte *Tonio Kröger* nicht parodiert worden sein. Tonio Kröger als verirrter Bürger – die Künstlerin Fröhlich ist vom Bürgerlichen so weit entfernt wie Unrat vom Künstlerischen. Nichts mehr bei Heinrich Mann von der Aristokratie des echten Künstlertums – hier ist das Künstlerische herabgewürdigt, profaniert, ins schräge Licht einer Kaschemmenbeleuchtung gezogen. Die einsamen Leiden des mit sich und der Welt ringenden Künstlers, Schillers *Schwere Stunde* – hier ein Hafenkneipenereignis, die sogenannte Kunst billigste Unterhaltung; aus der »Psychologie des Künstlers«,[12] die Thomas Mann immer wieder durchleuchtet hatte, werden im Boudoir der Künstlerin Fröhlich Ankleidungsprobleme.

Das Schmierentheater um die Künstlerin Fröhlich – das war ein Affront gegen alles, was Thomas Mann mit »Kunst« verband. Kunst-Andacht, Kunst-Religion, Kunst auch als Qual, die Würde der Kunst, das zuchtvolle Dasein des Künstlers, von Selbstbeherrschung und Geduld geprägt: nichts von alledem in Heinrich Manns Roman. Kunst hat bei Thomas Mann immer etwas mit Moral zu tun, nicht nur mit Disziplin und Selbstkasteiung – das alles wird in dem Roman von Professor Unrat höhnisch über Bord geworfen. Heinrich Manns Roman ist ein aggressiver Roman – gerichtet gegen alles, was ihn am Ästhetizismus des Bruders störte, und im Zentrum der Ag-

---

[12] Ebd., S. 106.

gressionen stand dessen esoterische, asketische, in den Augen Heinrichs geradezu arrogante Auffassung vom Wesen der Kunst. Die Künstlerin Fröhlich trampelt das mit ihren Füßen, die griechisch tanzen können, alles in Grund und Boden. Dabei richtet sich Heinrich Manns Roman nicht so sehr gegen einzelne Novellen Thomas Manns, sondern vor allem gegen sein bisheriges Hauptwerk, die *Buddenbrooks*. Und eben von diesem Roman her erklärt sich auch das, was als Sinnschicht des *Professor Unrat* bislang wenig gewürdigt worden ist: die mythologischen Anspielungen.

Wir blicken noch einmal auf den Roman des Bruders zurück. Auch in Thomas Manns *Buddenbrooks* ist Mythologisches nicht Dekor, sondern Aussagehilfe. Wer den Roman flüchtig liest, erkennt freilich nur ein lose geknüpftes Netzwerk, das auf den ersten Blick eher ornamentale Funktion zu haben scheint. Venus Anadyomene, Vulcanus, Hera und Aphrodite, Brünnhilde und Melusine, Wagner-Mythologie und dazu noch Märchenmotive, das alles ist durch den Roman hindurch scheinbar beziehungslos ausgestreut, aber wir wissen nur zu gut, daß Thomas Mann mythologische Kenntnisse zur Zeit der Niederschrift der *Buddenbrooks* in reichlichem Maße hatte – da war nicht nur im Elternhaus das Mythologiebuch von Nösselt,[13] sondern dazu gehört sein späteres Bekenntnis, daß er ganze Partien von Vergil und Homer auswendig gekannt habe. Und nicht nur das – er pflegte sich auch hineinzuimaginieren in die mythologische Welt, und wir kennen den Kindheitsbericht, der nicht ohne geheime Komik ist:

> Ich hüpfte als Hermes mit papiernen Flügelschuhen durch die Zimmer, ich balancierte als Helios eine glanzgoldene Strahlenkrone auf dem ambrosischen Haupt, ich schleifte als Achilleus meine Schwester, die wohl oder übel den Hektor darstellte, unerbittlich dreimal um die Mauern von Ilion. Aber als Zeus stand ich auf einem kleinen, rotlackierten Tisch, der mir als Götterburg diente, und vergebens türmten die Titanen den Pelion auf den Ossa, so gräßlich blitzte ich mit einer roten Pferdeleine, die obendrein mit Glöckchen benäht war...[14]

---

[13] Friedrich Nösselt, *Lehrbuch der griechischen und römischen Mythologie für höhere Töchterschulen und die Gebildeten des weiblichen Geschlechts*, 6., verbesserte und vermehrte Aufl., Leipzig 1874.

[14] Thomas Mann, *Kinderspiele*, in: Thomas Mann, *Reden und Aufsätze 3*, Zweite, durchgesehene Aufl., Frankfurt am Main 1974 (= Thomas Mann, *Gesammelte Werke in dreizehn Bänden*, Band XI), S. 327–329, hier S. 329.

Schließlich kannte er auch Goethes *Faust* und dessen mythisches Gelände, so daß man davon ausgehen darf, daß die mythologischen Assoziationen nicht zufälliger Natur sind. Nehmen wir im Roman noch eher unauffällige Hinweise dazu, etwa die Tapeten des Landschaftszimmers, die nicht nur eine Schäferidylle reproduzieren, sondern das Goldene Zeitalter, also die Verse Ovids, nehmen wir den Plettenpudding als »Götterspeise«, die Dekoration des Eßzimmers als antikisierende Illustration des »Speisetempels«,[15] in dem »zwischen schlanken Säulen weiße Götterbilder«[16] stehen: das ist olympisches Gelände, die heitere Welt Arkadiens, die hier zum Ambiente der bürgerlichen Gesellschaft gehört. Das alles mag verspäteter Rokoko-Klassizismus sein, aber im Kontext des Romans, im Kontext der mythologischen Anspielungen ist es mehr als eine bloße Festdekoration. Die Götter sind anfangs mit den Buddenbrooks; erst als die Konsulin beerdigt wird, werden die Götterbilder verhängt.

Geht man ins Detail, werden die Dinge durchaus stimmig. Das ist auch schon früher gesehen worden. Wenn Gerda Buddenbrook auftritt, so liegt angesichts der *Faust*-Lektüre Thomas Manns der Verdacht nahe, daß hier eigentlich Helena erscheine, also Goethes »mythologische Frau«.[17] Eine solche Zuordnung hat Folgen, denn dann wäre Thomas Buddenbrook nicht etwa nur Gerda Arnoldsen, sondern ist Faust Helena begegnet, und wenn dem so wäre, erschiene Hanno als Euphorion: eine, wie Herbert Singer früh einmal gesagt hat, auf den ersten Blick »im höchsten Grade befremdliche« Vorstellung; der Roman aber lege sie nahe, und damit ist er nicht realistischer Familienroman oder groteske Tragödie, sondern »gleichzeitig ein mythologischer Entwurf«.[18]

---

[15]   Thomas Mann, *Buddenbrooks. Verfall einer Familie*, Zweite, durchgesehene Aufl., Frankfurt am Main 1974 (= Thomas Mann, *Gesammelte Werke in dreizehn Bänden*, Band I), S. 305.

[16]   Ebd., S. 22.

[17]   Johann Wolfgang von Goethe, *Faust. Der Tragödie zweiter Teil*, in: Johann Wolfgang von Goethe, *Dramatische Dichtungen I*, textkritisch durchgesehen und kommentiert von Erich Trunz, 15., durchgesehene Aufl., München 1993 (= *Goethes Werke. Hamburger Ausgabe in 14 Bänden*, hg. von Erich Trunz, Band 3), S. 227.

[18]   Herbert Singer, *Helena und der Senator. Versuch einer mythologischen Deutung von Thomas Manns BUDDENBROOKS*, in: *Thomas Mann. Wege der Forschung*, Band CCCXXXV, hg. von Helmut Koopmann, Darmstadt 1975, S. 247–256, hier S. 254f. [Erstmals in: *Die Brücke zur Welt*, Sonntagsbeilage zur Stuttgarter Zeitung 87 (13.4.1963), S. 1].

Dem wird man grundsätzlich nicht widersprechen wollen – wenngleich die Frage der Zuordnung und der mythologischen Identifikation auch anders zu beantworten ist. Der Text selbst gibt Aufschluß: nicht Helena, sondern Venus ist erschienen, Venus Anadyomene, auf die schon zu Anfang des Romans aufmerksam gemacht worden war, obschon die figurale Zuordnung, der Bezug auf Madame Buddenbrook, die »würd'ge Gattin«,[19] dem Hohn spricht: da sind eher Philemon und Baucis präsent, aber nicht Venus und – im mythischen Schema – Vulcanus. Die wahre Venus erscheint später: als Gerda in ihrer »eleganten, fremdartigen, fesselnden und rätselhaften Schönheit« auftritt.[20] Eine Göttin – nicht zuletzt charakterisiert durch ihre »sonderbare Unberührtheit, der die Jahre nichts anhatten«.[21] Eine Zeitlos-Überirdische in ihrer temporären irdischen Erscheinungsform – aus Amsterdam kommend, im übertragenen Sinne gleichsam dem Schaum des Meeres entstiegen, und dorthin, in jene Stadt am Meer, in jenes Venedig des Nordens wird sie nach dem Tode ihres Mannes auch wieder zurückkehren.

Thomas Mann hat sich freilich nicht gescheut, einigen mythologischen Nebel um diese Gestalt der schönen Frau aufkommen zu lassen, wenn er den mythenkundigen Makler Gosch sie später im Roman gleich mit einer ganzen Fülle von Zuordnungen belegen läßt: »Here und Aphrodite, Brünnhilde und Melusine in einer Person«.[22] Macht das Sinn? Einigen sicherlich. Hera ist Mutter des Hephaistos, also des Vulcanus, Aphrodite eine Tochter des Zeus, mit Hephaistos, dem hinkenden Schmiedegott, vermählt – sie macht ihn mit Ares zum Hahnrei. Ist Aphrodite mit Vulcanus verheiratet, wenn Gerda sich mit Thomas verbindet? Zum Hahnrei wird er allerdings, wenn Leutnant von Throta erscheint, quasi als Ares. Aphrodite wird in ihrem Liebesabenteuer mit Ares von Hephaistos ertappt – Thomas Buddenbrook lauscht vor der Tür, hinter der Gerda und Leutnant von Throta beisammen sind. Thomas Buddenbrook ein Hephaistos? Vertrocknet ist er, zu früh gealtert, ohne Liebesfähigkeit. Gehen wir davon aus, daß eine zumindest untergründige Liebesbeziehung zwischen Gerda und von Throta besteht, zwischen Aphro-

[19] Thomas Mann, *Buddenbrooks* (s. Anm. 15), S. 35.
[20] Ebd., S. 292.
[21] Ebd., S. 646.
[22] Ebd., S. 295.

dite und Ares, dann ist Hephaistos derjenige, der die beiden ertappt, aber nicht in einem kunstreichen Netz festhält: es fehlt ihm an Mut und an Stärke. Hephaistos ist der mythischen Überlieferung nach von Geburt an so schwach, daß seine Mutter, also Hera, ihn vom Olymp hinunterwarf – auch Thomas Buddenbrook ist ein Schwächling. Hephaistos ist häßlich – Thomas Buddenbrook ist es in seinen besten Jahren sicherlich nicht, aber die schwinden allzu rasch, und er muß, je älter er wird, seiner Erscheinung gründlich nachhelfen, bis ins Lächerliche.

Eine gewisse Stimmigkeit kann man diesen Gleichungen schlecht absprechen. Aber natürlich bleibt ein Rest von Unschärfe. Melusine ist sie natürlich auch, jene Gerda Buddenbrook, wie Makler Gosch das richtig erkennt, Melusine als diejenige, die in ihr Element, das Meer, zurückkehrt, und hinter dem Melusinenschicksal ist das der Gerda Buddenbrook unschwer zu erkennen. Thomas Mann dürfte seine Melusine-Kenntnisse aus Goethes *Die neue Melusine* haben, zumal dort mit der Gestalt der Melusine die Absicht verbunden ist, daß »das Zwergengeschlecht wieder angefrischt und vom gänzlichen Verfall gerettet« werde.[23] Ja, so hätte es auch in den *Buddenbrooks* sein sollen – aber von der Rettung vor gänzlichem Verfall kann nicht die Rede sein, sondern nur vom Gegenteil. Brünnhilde schließlich: sie entstammt nicht der Mythologie, sondern Wagners Geschlecht, sie »rächt den Verrat an ihrer Liebe, an ihrer Existenz«[24] – ist damit die Buddenbrook-Welt gemeint? Oder ist die Mythologie hier spiegelverkehrt aufgetragen, durchschaut Thomas, daß Gerda, die neue Brünnhilde, sich anschickt, ihn zu betrügen, und sei es auch nur im Geiste, während in Wagners Musikdrama Brünnhilde durchschaut, daß Siegfried sie betrogen hat? Mit Brünnhilde beginnt die Götterdämmerung: »Fernhin am Horizont geht Walhall in Flammen auf«.[25] Das geschieht nicht im Buddenbrook-Haus, aber der Untergang ist gleichermaßen vorgegeben. Alles in allem: eine syn-

[23] Johann Wolfgang von Goethe, *Wilhelm Meisters Wanderjahre. Drittes Buch* [Sechstes Kapitel], in: Johann Wolfgang von Goethe, *Romane und Novellen III*, textkritisch durchgesehen und kommentiert von Erich Trunz, 13., durchgesehene Aufl., München 1994 (= *Goethes Werke. Hamburger Ausgabe in 14 Bänden*, hg. von Erich Trunz, Band 8), S. 368.

[24] *Richard-Wagner-Handbuch*, hg. von Ulrich Müller und Peter Wapnewski, Stuttgart 1986, S. 302.

[25] Ebd., S. 305.

kretistische Mischung aus Mythologemen unterschiedlichster Herkunft, altphilologische Assoziationen, mythische Urbilder, antike und germanische Mythologie in eins gemischt. Leugnen kann man diese Schicht kaum, und wer sich in der Mythologie so gut auskannte wie der junge Thomas Mann, von dem darf man annehmen, daß er nicht nur mythischen Schmuck in den Roman eingebracht hat, sondern mehr: Deutungsmöglichkeiten, Hintergründiges, Sinnstiftendes. Kurzum, das ist auch eine mythische Verfallsgeschichte, oder besser: da sind einige mythische Niedergangsberichte, die in dem Roman vom Verfall einer Familie unauffällig und doch höchst geschickt arrangiert zusammentreffen.

*

Auch *Professor Unrat* ist eine Verfalls- und Niedergangsgeschichte, der Absturz endgültig, der Weg ins Dunkle gleichsam ein Weg aus der Geschichte hinaus. Die Schilderung eines *Abwärts*[26] – hier zusammengedrängt auf einen kurzen Lebenslauf, nicht über vier Generationen hin ausgeweitet, ein Weltuntergang, schon vor dem eigentlichen Ende des Romans vorweggenommen, wenn Unrat flieht: »Er floh wie über einsinkende Dämme, unter Wolkenbrüchen, an speienden Vulkanen hin. Alles um ihn her fiel auseinander und riß ihn in Abgründe« (165). So etwas konnte mit den Absturzschilderungen von Thomas Mann durchaus mithalten. Vieles erscheint hier sogar radikalisiert: der Verfall eines Menschen, nicht der Verfall einer Familie, dieser nicht in Kontobüchern bilanziert oder in Erbfolgestreitigkeiten ausgeartet, der Absturz als Weg aus den besseren Wohnvierteln in die Hafengegend, aus der Stadt bis vor die Stadt, ein Abstieg in die Unterwelt. Ein verkommenes Dasein, das immer stärker ins Abseits und schließlich in die Ausweglosigkeit hineingerät, alles demonstriert am Beispiel eines einzelnen, der in seinem kleinen Reich nichts anderes als ein Weltenherrscher mit skurrilen Zügen war, ein Oberlehrer-Zeus – beschrieben wird, wie der Herrscher in den Abgrund stürzt, wie Aufruhr und Umsturz sich breitmachen, der Despot schließlich verfolgt, gejagt, zum Untergang gebracht wird. Aber es ist mehr als nur das Ende der »Macht«; hier wird eine andere Mythologie auf den Plan gerufen als in den *Buddenbrooks*. Das ist eher eine Blocksbergwelt als die Welt bürgerlicher Antiken-Kenntnisse, keine Götter-Bukolik, sondern eine heidnische

---

[26] So bekanntlich der ursprüngliche Titel der *Buddenbrooks*.

Landschaft, nicht zuletzt dort, wo dionysische Feste gefeiert werden wie in der verkommenen Villa vor dem Tor. Alles kulminiert in der Anbetung der Künstlerin Fröhlich, oder sagen wir besser: jener heidnischen Venus, die eine Verderberin ist, sobald sich ihr jemand naht. In Venus scheinen mythengeschichtlich ursprünglich magische Kräfte und Zauberei wirksam gewesen zu sein, früh wurde die italische Göttin aber auch zur Aphrodite.[27] Hier tritt sie gleichsam in ihrer verwilderten Form auf, als eine Wirtshausvenus. Um so grotesker die Selbststilisierung Unrats als Perikles, der Aspasia durch die Stadt führt; so wenig er jener ist, ist die Künstlerin Fröhlich die geistvolle Frau aus Athen; gemeinsam ist beiden allenfalls die freie Stellung in der Gesellschaft, die bei der historischen Aspasia zur Anklage wegen Gottlosigkeit und Kuppelei führt. Eines ist am auffälligsten: Unrats Angebetete hat rötliches Haar, wie Gerda Buddenbrook es hat – und spätestens hier wird deutlich, daß die Künstlerin Fröhlich eine lebende Kontrafaktur zu jener anderen Frau Venus ist, die im Hause der Buddenbrooks ihre rätselhafte Rolle spielt. Die Fröhlich ist keine stilisierte Göttin, aus einem Reich beschaulicher Antikenverehrung kommend, sondern »eine Herrscherin über Gut und Blut, eine angebetete Verderberin« (230). Sie verdirbt sie alle: nicht nur Unrat, sondern auch ihre jugendlichen Anbeter. Unrat als Faust auf der Suche nach der schönen Helena? Hier eher doch wohl Venus als dämonische Göttin, bei aller Barfußtänzerei eine Zerstörerin derer, die sich mit ihr eingelassen haben. Unrat, der selbsternannte Zeus mit seinen zugleich faunischen Zügen, ist ihr erstes und größtes Opfer.

Das ist das Reich einer »mythologischen Frau« anderen Zuschnitts in der lübischen Provinz, das ist eine dunkle Mythologie, nicht die des altphilologisch gebildeten jungen Mannes, der Nösselts Mythologie-Buch gelesen hat, das sind nicht Hera und Aphrodite in ihrer klassizistischen Ausstattung, das ist irrlichterndes Venusberggelände, aus dem alle guten Geister vertrieben sind, das Dämonische aber um so stärker angesiedelt ist. Unrats Weg durch die Stadt und durch seine letzten Jahre ist eine Katabasis, eine Unterweltsfahrt, die nichts mehr gemein hat mit den vorsichtigen Untergangsbeschreibungen seines Bruders Thomas. Dort war die Mythologie eine in sich stimmige Angelegenheit, Deutungsangebot, Polyperspektivismus, was die

---

[27] Vgl. *Lexikon der Alten Welt*, hg. von Carl Andresen u.a., Zürich/München 1990 [zuerst 1965], Band 3., Sp. 3203.

Oberflächen- und Tiefendimensionen anging. Heinrich Mann hat das mythologische Theater ganz anders inszeniert – die wilden, bacchanalischen Seiten der Götterwelt treten hier unverhüllt zutage.

Wie es um sie bestellt ist, erklärt sich aus einem Hinweis. Nicht nur, daß Unrat und Lohmann eines Nachts wie zufällig am »Heinedenkmal« der Stadt vorbeigehen (115) – Lohmann liest in Heines *Die Götter im Exil* (vgl. 85). Die Götter bei Heine als Vertriebene, ein unwürdiges Dasein führend, verjagt und in allerlei Verkleidung lebend, vermaledeite Existenzen – das liefert den mythologischen Hintergrund für Heinrich Manns Roman und gleichzeitig Munition für seinen Angriff auf den Roman des Bruders. Bei Heine die Himmelsgestalten als arme Emigranten, Apollo als Hirt, der auch für einen Vampir gehalten wird, Mars als Landsknecht, Bacchus als verkleideter Mönch, Jupiter als Greis auf einer Insel – das ist die Welt der *Götter im Exil*. Aber wenn sie auch Vertriebene sind – einige treffen sich zu einem Fest des Dionysos, zu einem Bacchanal. Dort wird »mit Spiel und Reigen« noch einmal ein fröhlicher Gottesdienst eigener Art begangen, man tanzt »den Freudentanz des Heidenthums, den Cancan der antiken Welt«, dort sind Faune und Satyrn, Mänaden und Korybanten, und gefeiert wird das Bacchanal »ganz ohne Dazwischenkunft der Sergents-de-ville einer spiritualistischen Moral, ganz mit dem ungebundenen Wahnsinn der alten Tage, jauchzend, tobend, jubelnd«.[28] So kann man das bei Heine in den *Göttern im Exil* lesen. Ist es das, was draußen vor den Toren der Stadt in Unrats Villa geschieht?

Unrats »späte Sinnlichkeit« ist erwacht, »diese einem vertrockneten Körper kraft langsamer unterirdischer Verführung entrungene Sinnlichkeit, die, gewaltsam und unnatürlich flackernd, sein Leben verändert« (166). Auch das sind Anspielungen auf die *Götter im Exil* und das dort gefeierte Bacchanal, und sie sind deutlich genug. Unrat einer der Götter im Exil, ein verkleideter, mag er nun ein Faun sein, Dionysos oder Jupiter? Die Erotik dieses Romans untergründig der Phallos-Kult, von dem bei Heine die Rede ist? Jupiter ist bei Heine ein Inselbewohner – wobei daran zu erinnern ist, daß auch Lübeck eine Insel ist.

---

[28] Heinrich Heine, *Elementargeister. Die Göttin Diana. Der Doktor Faust. Die Götter im Exil*, bearbeitet von Ariane Neuhaus-Koch, Hamburg 1987 (= Heinrich Heine, *Historisch-kritische Gesamtausgabe der Werke*, hg. von Manfred Windfuhr, Band 9), S. 130.

Heines Schrift liefert einen Schlüssel zum Verständnis des Romans oder doch zumindest seiner mythologischen Anspielungen. Noch einmal: das ist nicht die klassische antike Mythologie, die der Bruder schätzte, das ist die wilde Mythologie der Götter in der Verbannung, Heidentum in vielfältiger Form, das sind in der Tat »bedenkliche Sachlagen unter der Oberfläche« (95), da sind Mysterien, das ist der Aufruhr des Heidentums – und sein schließlicher Untergang. Vielleicht kannte Heinrich Mann auch Heines *Die Göttin Diana*, den Nachtrag zu den *Göttern im Exil* – der Plan zu einer Pantomime, die sich unmittelbar dem Sagenkreise der *Götter im Exil* anschließt. Das Vierte Tableau spielt im Venusberg, und auch da ist allerhand berühmtes Volk versammelt, von der schönen Helena von Sparta über die Königin von Saba bis Julius Caesar – und Wolfgang Goethe.[29] Dort erscheint auch Frau Venus mit ihrem Tannhäuser, und sie tanzen »in toller Lust«. Kannte Heinrich Mann ebenfalls Heines *Elementargeister?* Auch dort liegen die alten Götterbilder verborgen, ist von eigentümlichen Mysterien die Rede. Die Götter im Exil! Am Ende verschwinden sie »ins Dunkel«, und die »entgötterte Stadt« atmet auf (227), der Zauberspuk endet. Normalität kehrt wieder ein, die wie mit »Katastrophen« geladene Luft reinigt sich, und das letzte Wort hat Lohmann, der anfangs mit luziferischen Zügen Ausgestattete. Er bleibt übrig: ein »Parsifal«. Natürlich ist nicht jener mittelalterliche Held gemeint, sondern auch hier Wagner, sein Parsifal. Die Götterdämmerung endet; Parsifal, befreit aus dem zauberischen Reich des Bösen,[30] beschließt die dunkle Herrschaft. Parsifal, so weiß man, ist ein »Komplement des *Tannhäuser.* Es geht um das ungelöste, das vielleicht unlösbare Problem des Anspruchs der sinnlichen Liebe im Widerstreit zu dem Anspruch der moralischen Postulate, der religiösen Gesetze, der gesellschaftlichen Geltungen«.[31] Das grundiert auch Heinrich Manns Roman. Mit dem Stichwort Parsifal ist der Götterspuk um die wilde Venus beendet, und so, wie Wagner im Weihefestspiel »ein Reinigungs-Exerzitium« veranstaltet,[32] so deutet es Heinrich Mann in *Professor Unrat* wenigstens an.

---

[29] Vgl. ebd., S. 74.

[30] Vgl. *Richard-Wagner-Handbuch* (s. Anm. 24), S. 337f.

[31] Ebd., S. 342.

[32] Ebd., S. 344.

*

Ein Gegenentwurf zu *Buddenbrooks*, in vielem, auch auf der Ebene der Götter. Heinrich Manns Roman mag ein Zeitroman sein, ein Schulroman auch, aber er ist hintergründiger, als viele seiner Interpreten gemeint haben. Wie hatte Thomas Mann doch geschrieben? Eine »gottverlassene Art von Impressionismus«. Nein, die Götter waren präsent, wenn auch als Götter im Exil. Heinrich Manns Roman wendet sich nicht als »künstlerische Unterhaltungslektüre«, so Thomas Mann, an Leute, die amüsantes und leichtfertiges Zeug lesen wollen. Er setzt schlechterdings gebildete, auch mythologisch gebildete Leser voraus, so wie Heine das von seinen *Göttern im Exil* erwartete. Der schrieb dort:

> Doch, lieber Leser, ich vergesse, daß du ein sehr gebildeter und wohlunterrichteter Leser bist, der schon lange gemerkt hat, daß hier von einem Bacchanale die Rede ist, von einem Feste des Dionysus. Du hast oft genug auf alten Basreliefen oder Kupferstichen archäologischer Werke die Triumphzüge gesehen, die jenen Gott verherrlichen, und wahrlich bey deinem klassisch gebildeten Sinn würdest du nimmermehr erschrecken, wenn dir einmal plötzlich in der mitternächtlichen Abgeschiedenheit eines Waldes der schöne Spuk eines solchen Bacchuszuges nebst dem dazu gehörigen betrunkenen Personale leiblich vor Augen träte —[33]

Und wie, wenn das vor den Toren Lübecks geschähe? Heinrich Mann verdient ähnliche Leser, wie Heine sie adressiert.

---

[33]   Heine, *Die Götter im Exil* (s. Anm. 28), S. 130.

JÜRGEN EDER

»Eine reichlich peinliche Verwandtschaft« – Hans Castorp und Diederich Heßling im Doppelporträt

Im Herbst 2001 erschien im Rowohlt-Verlag ein Roman von Thorsten Becker, dessen Titel auf den ersten Blick lediglich spielerisch wirkt: *Der Untertan steigt auf den Zauberberg.* In der Kulisse einer psychiatrischen Anstalt spielt der Autor eine Versuchsanordnung durch, die für sich genommen einigermaßen hybrid erscheinen mag:

> Man könnte sich den *Untertan* und den *Zauberberg* durchaus als einen einzigen Roman vorstellen, ein Puzzle, kapitelweise ineinander verschränkt. Es ergäbe solcher Wechsel der Bühne das vollständige Bild des deutschen Bürgertums unter dem Kaiser, das Amok laufende und das im Luxus [...] verfaulende.[1]

Heiner Hesselmann und Tommy Zaustorp sind dann die Kunstfiguren, die aus solchem Puzzle entstehen und in einer Sanatoriumswelt agieren, die der des Berghofs in nichts nachsteht. Beckers literarisches Vexierspiel mag man vielleicht als postmoderne Kuriosität abtun – die Szene aus Heinrich Breloers Fernsehadaption *Die Manns*, in der aus dem kontroversen Dialog der Brüder über den Krieg und den *Untertan* die Lesung aus dem *Schnee*-Kapitel des *Zauberbergs* hervorgeht, scheint doch das Resultat einer grundsätzlicheren Überlegung von Regisseur und Drehbuchautor Breloer. Beide Romane werden solcherart jedenfalls in einen engen Zusammenhang gebracht, der über eine reine Oberflächenbeziehung hinauszugehen scheint.[2] Der Film sieht in diesem Schnitt eine ganz entscheidende Phase im persönlichen wie literarischen Beziehungsgeflecht der Brüder und will das durch diese Technik an-

---

[1]   Thorsten Becker, *Der Untertan steigt auf den Zauberberg. Roman*, Reinbek bei Hamburg 2001, S. 219. Übrigens imitiert Beckers Roman auch andere kompositionelle wie figurale Momente v.a. aus Thomas Manns Werk, so ist z.B. das *Vorwort des Herausgebers* im Stile Serenus Zeitbloms gehalten. Auch die Widmung »Dem Andenken Hans Mayers« darf als Hommage an den Thomas Mann-Forscher verstanden werden.

[2]   Vgl. Heinrich Breloer/Horst Königstein, *Die Manns. Ein Jahrhundertroman*, Frankfurt am Main 2001, S. 38ff.

schaulich machen. Wo Beckers Roman so etwas wie die Verschmelzung beider Texte vorzuschlagen scheint, da sieht Breloer *Untertan* und *Zauberberg* als Zeit-Romane, die über den biographischen Konflikt hinaus in Korrespondenz zueinander stehen. Der Kenner der brüderlichen Lebensgeschichte mag sich dann noch daran erinnern, daß im steinernen Saal von Palestrina ja nicht nur der Teufel zu Gast war und die *Buddenbrooks* ihren Anfang nahmen, sondern daß dort auch das grotesk-satirische Gemeinschaftswerk *Die soziale Ordnung* in Text und Bild entstand.[3] Wir wissen auch, daß v.a. Thomas Mann an einem solchen »Familien-Projekt« noch geraume Zeit später Interesse bekundete.[4] Durch diese im engeren Sinne nicht eben wissenschaftlich orientierten Hinweise und Fundstellen aufmerksam gemacht und auch die von Wysling, Koopmann u.v.a. immer wieder hervorgehobenen Wechselspiele und wiederholten Spiegelungen im literarischen Werk der beiden im Hinterkopf, kristallisierte sich zunehmend die Fragestellung heraus, ob nicht der *Zauberberg* auch ein fiktives Gespräch mit dem *Untertan* führt – immerhin war er der unmittelbare Vorgänger und gehört vor 1914 wie nach 1918 unbedingt in den Rezeptionshorizont Thomas Manns; für den Zeitraum der Wiederaufnahme des Romans kann dabei auf die Tagebücher von 1918 bis 1921 zurückgegriffen werden.

Die Forschung hat zwar die enge Wechselwirkung zwischen den Brüdern seit langem thematisiert, allein, sie hat dabei erstaunlicherweise diese spezifische Konstellation nicht aufgegriffen. Dabei konnte schon Peter de Mendelssohn, der solide Positivist unter den Thomas Mann-Forschern, darauf hinweisen, daß Thomas Mann 1914 gut Zweidrittel des *Untertan* gelesen hatte und ihn deshalb in das Koordinatensystem seiner *Zauberberg*-Welt durchaus schon in-

---

[3] Vgl. Thomas Mann, *Vom Beruf des deutschen Schriftstellers in unserer Zeit. Ansprache an den Bruder,* in: Thomas Mann, *Reden und Aufsätze 2,* Zweite, durchgesehene Aufl., Frankfurt am Main 1974 (= Thomas Mann, *Gesammelte Werke in dreizehn Bänden,* Band X), S. 306–315, hier S. 314f.

[4] Vgl. seinen Brief an Heinrich (11.11.1913): »In meinen besten Stunden träume ich seit Langem davon, noch einmal ein großes und getreues Lebensbuch zu schreiben, eine Fortsetzung von Buddenbrooks, die Geschichte von uns fünf Geschwistern. Wir sind es wert. Alle.« In: Thomas Mann/Heinrich Mann, *Briefwechsel 1900–1949,* hg. von Hans Wysling, Frankfurt am Main 1984, S. 128. Erwähnen sollte man, daß Thomas Mann zu dieser Zeit an der ersten Fassung des *Zauberbergs* arbeitet und Heinrich mit seinem *Untertan* kurz vor dem Abschluß steht.

tegrieren konnte; doch Mendelssohn verzichtet auf Folgerungen.[5] Hans Wißkirchen hat unter dem vielversprechenden Titel *Der Einfluß Heinrich Manns auf den ZAUBERBERG* in seinem Davoser Vortrag zwar eine »zunehmende Tiefendimension« des Themas diagnostiziert – er demonstriert dies dann aber durch den Verweis auf biographisches Material zu Heinrich Mann und Lübeck, das in den *Zauberberg*-Roman eingegangen sei, oder einige Beziehungen zu *Madame Legros*, auch *Geist und Tat* – doch kein Wort über den *Untertan*.[6] Selbst Hans Wysling, dem sicher das Verdienst gehört, als erster auf die Intensität und Dichte der brüderlichen Weltsicht hingewiesen zu haben, verweist in seiner Einleitung zum Briefwechsel zwar beispielsweise auf die Bedeutung der Märchenbücher für die literarische Sozialisation beider (Andersen, Grimm, Perrault); doch daß Märchen für den *Untertan* wie den *Zauberberg* strukturell wichtig sind, schließt er daraus nicht.[7] Auch will Hans Wysling erst in Heinrich Manns Roman *Der Kopf* von 1925 »die Nachwehen des Bruderzwistes« deutlich gemacht sehen[8] – man darf aber dagegenhalten, daß die *Wehen* durchaus schon im *Zauberberg* zu spüren sind. »Brüderlichkeit als Schicksal«,[9] das in den Büchern weitergeführte Briefgespräch sind Signifikanten für Wysling – und doch nimmt auch er eigentümlicherweise das »brüderliche« Gespräch zwischen Heßling und Castorp aus.

Ansonsten finden sich Affinitäten, Bruchstücke, Ansätze: Karl Lemke hat in seinem Band zum 75. Geburtstag Heinrich Manns vom »urdeutschen« Roman *Der Untertan* gesprochen, im gesamten *Kaiserreich*-Projekt gehe es doch um die »Deutung des Begriffs ›deutsch‹«.[10] So wollte ja Thomas Mann auch seinen Hans Castorp

---

[5] Vgl. Peter de Mendelssohn, *Der Zauberer. Das Leben des deutschen Schriftstellers Thomas Mann. Zweiter Teil. 1905 bis 1918*, überarbeitete und erweiterte Neuausgabe, Frankfurt am Main 1996 (= Peter de Mendelssohn, *Der Zauberer. Das Leben des deutschen Schriftstellers Thomas Mann. In drei Bänden*, Band 2), S. 1589. Vgl. ebd., S. 1595, wo eine weitere Andeutung dazu gemacht wird – aber eben nur ephemer.

[6] Hans Wißkirchen, *Der Einfluß Heinrich Manns auf den ZAUBERBERG*, in: *Auf dem Weg zum ZAUBERBERG. Die Davoser Literaturtage 1996*, hg. von Thomas Sprecher, Frankfurt am Main 1997 (= *Thomas-Mann-Studien*, Sechzehnter Band), S. 143–164, Zitat S. 144.

[7] Vgl. Thomas Mann/Heinrich Mann, *Briefwechsel* (s. Anm. 4), S. VIII.

[8] Ebd., S. LVf.

[9] Ebd., S. LXI.

[10] Karl Lemke, *Heinrich Mann zu seinem 75. Geburtstag*, Berlin 1946, S. 27.

verstanden haben, als etwas sehr Deutsches und Bürgerliches. Klaus Schröter verweist zwar auf die jeweiligen Romanschlüsse, auch auf den Begriff »Epochenroman«, ohne freilich *Untertan* und *Zauberberg* zusammenzuführen.[11] Georg Lukács verfolgt in seiner vergleichenden Studie *Der Antifaschismus von Heinrich und Thomas Mann* die Verbindungen von *Untertan* und *Tod in Venedig* – nur eine kleine Umdrehung weiter, und er hätte auch den *Zauberberg* in diese Betrachtungen ohne weiteres mit einschließen können.[12] Reizvoll, wenn noch weitergedacht, wäre auch Eberhard Hilschers Idee, daß es sich bei Castorp um einen »älteren Bruder« von Hans Hansen aus dem *Tonio Kröger* handeln könnte[13] – ließe sich nicht auch Diederich Heßling als eine wilhelminische »Steigerung« des Typus' Hans Hansen denken? Aus den Pferdebüchern wären dann die Regierungsblätter geworden, die Heßling als Ausdruck seines Aufstiegs verlegen darf. Noch aufschlußreicher ist in diesem Zusammenhang Reinhard Alters Studie über den *Untertan*, weil er dezidiert auf die Deformationen des Typus' Heßling zu sprechen kommt (er erwähnt dessen »Teufelsgestalt«), hinter denen Sehnsucht nach bürgerlicher ›Heimkehr‹ und ein »wesentlich vorkapitalistisches [...] Gesellschaftsideal« sichtbar würden.[14] In Alters Perspektive hätten wir es dann mit zwei »verirrten Bürgern« zu tun, also mit fragwürdigen Ausprägungen in der Geschichte von Bürgerlichkeit zwischen Wilhelminismus und Weimarer Republik. Dem entspricht dann auch die allgemein akzeptierte These, daß es sich im Falle beider Romane um Zeitromane, um Zeitanalysen handele. Ulrich Weisstein hat gezeigt und daran erinnert, daß *Der Untertan* ursprünglich nicht ausschließlich als Satire konzipiert wurde – und daß »in der Person seines Helden der Verfasser mit seiner eigenen Vergangenheit abrechnet, indem er fünfzehn Jahre vorher im Brustton der Überzeu-

---

[11]   Klaus Schröter, *Heinrich und Thomas Mann*, Hamburg 1993 (= *EVA Duographien*, Band 1), S. 36.

[12]   Vgl. Georg Lukács, *Der Antifaschismus von Heinrich und Thomas Mann*, in: Georg Lukács, *Thomas Mann*, Fünfte, vermehrte und verbesserte Aufl., Berlin 1957, S. 181–183, hier S.182.

[13]   Eberhard Hilscher, *Thomas Mann. Leben und Werk*, Berlin 1989 (= *Schriftsteller der Gegenwart*, Band 15), S. 68.

[14]   Reinhard Alter, *Die bereinigte Moderne. Heinrich Manns Untertan und politische Publizistik in der Kontinuität der deutschen Geschichte zwischen Kaiserreich und Drittem Reich*, Tübingen 1995 (= *Studien und Texte zur Sozialgeschichte der Literatur*, Band 49), S. 65 und S. 70.

gung geäußerte Ansichten satirisch anprangert«![15] Heinrich Mann hatte in seiner Frühzeit durchaus nationalistische, ja cäsaristische Dispositionen – nachzulesen etwa in seinen Beiträgen für die Zeitschrift *Das Zwanzigste Jahrhundert*. Und auch das Werk nach dem *Untertan* verhehlt doch nur schlecht die Faszination für die Herrscher-Attitüde – ob das Stresemann oder noch später Stalin und Churchill betrifft, manch Heßlingscher Zug kommt da zum Vorschein. Schon 1906 hatte er seine Verlobte Inés Schmied mit dem Bekenntnis schockiert, daß er vom »Scheusal« Unrat einiges in sich selbst habe.[16] Auch Hans Castorp ist natürlich solch ein Konstrukt, in dem Thomas Mann die eigene Genese reflektiert, ergo ein autobiographischer Roman. Die von Helmut Koopmann beim Vergleich vom *Zauberberg* und *Atem* aufgeworfene, gewissermaßen hier interesseleitende Frage, »wieweit Thomas Mann das Verhältnis zu seinem Bruder Heinrich in den *Zauberberg* hineingebracht, dort vielleicht sogar thematisiert habe, wird man sich stellen müssen, wenn man bedenkt, wie ausführlich es über den Zivilisationsliteraten in den *Betrachtungen eines Unpolitischen* herging«[17] – aber die Frage wird auch dort nicht beantwortet, sondern in eine andere, zeitversetzte Perzeption verfolgt. Eigentlich ist nur eine bedeutendere Ausnahme von der Regel der Nichtbeachtung festzustellen – und auch die läßt es bei Andeutungen mehr denn Ausführungen bewenden: Hans Mayers Aufsatz *Die Brüder* aus dem Jahr 1950. Dort wird festgehalten, Thomas Mann habe doch immer gewußt, daß seine Bürger (also auch ein Hans Castorp) nichts als »Sehnsuchtsbilder« seien und deren Welt »halb märchenhaft verklärt, jedenfalls aber iro-

---

[15] Vgl. Ulrich Weisstein, *Satire und Parodie in Heinrich Manns Roman* DER UNTERTAN, in: Ulrich Weisstein, *Links und links gesellt sich nicht. Gesammelte Aufsätze zum Werk Heinrich Manns und Bertolt Brechts*, New York/Bern/Frankfurt am Main 1986 (= *Germanic Studies in America*, No. 52), S. 105–133, hier S. 116 und S. 121f. Vgl. dazu auch Theo Stammen, *Politik und politische Kultur im wilhelminischen Reich*, in: Theo Stammen, *Literatur und Politik. Studien zu ihrem Verhältnis in Deutschland*, Würzburg 2001 (= *Spektrum Politikwissenschaft*, Band 20), S. 17, sowie Peter Stein, *Heinrich Mann*, Stuttgart/Weimar 2002 (= *Sammlung Metzler*, Band 340), S. 69.

[16] Heinrich Mann an Inés Schmied (25.7.1905), in: *Briefe einer Liebe. Heinrich Mann und Inés Schmied 1905 bis 1909*, hg. von Günter Berg, Anke Lindemann-Stark und Ariane Martin, *Teil I: 1905 bis 1906*, in: *Heinrich Mann-Jahrbuch* 17/1999, S. 145–231, hier S. 176.

[17] Helmut Koopmann, *Thomas Manns* ZAUBERBERG *und Heinrich Manns* DER ATEM: *eine späte Antwort?*, in: *Vom* ZAUBERBERG *zum* DOKTOR FAUSTUS. *Die Davoser Literaturtage 1998*, hg. von Thomas Sprecher, Frankfurt am Main 2000 (= *Thomas-Mann-Studien*, Dreiundzwanzigster Band), S. 105–127, hier S. 105.

nisch distanziert werden muß, um nicht unversehens mit Aspekten Heinrich Manns aufzutreten«.[18] Über die hinter solchen Verhüllungen immer noch sichtbaren Gemeinsamkeiten wird noch zu reden sein. An dieser Stelle soll, zur erweiterten Legitimation des Themas gewissermaßen, noch eine andere Perspektive eingebracht werden. Wenn in der Brüder-Forschung akzeptiert scheint, daß mit Heßling und Castorp Antipoden bürgerlicher Optionen nahezu idealtypisch formuliert worden seien, daß zwischen satirischer Sozialkritik im Stile eines George Grosz und dem ironisch gebrochenen Bildungsroman nach dem Muster *Wilhelm Meisters* keine Verbindung herzustellen sei – so sind die Ergebnisse der jüngeren historischen Forschung über diese Epoche einzubringen, die auf die Ambivalenz und Ambiguität von Modernismus und Antimodernismus hinweisen. Herf hat in diesem Kontext von »reaktionärem Modernismus« gesprochen,[19] und in seiner Konsequenz wäre dafür zu plädieren, Typenzuschreibungen wie die oben genannten differenzierter zu betrachten. Die Wege des Bürgertums und seiner kulturellen Manifestationen zwischen Wilhelminismus und Republik sind vielfältig und disparat, gelegentlich durchaus widersprüchlich. Man muß nur an Max Webers Freiburger Antrittsvorlesung von 1898 denken, an Ernst Troeltsch, auch an Spenglers *Untergang des Abendlandes* – dessen Lektüre fällt ja bei Thomas Mann in die unmittelbare Entstehungsgeschichte des *Zauberberg* – oder auch an Friedrich Meinecke. Auch dieser wird ja, wie Thomas Mann, zum kleinen und verlorenen Häufchen der »Vernunftrepublikaner« gerechnet, indem er als Haltung zum neuen Staat und System eine Art rationalisierten amor fati vertritt. In Meineckes fiktionalisiertem Rollen-Dialog *Ein Gespräch aus dem Herbste 1919* wird der brüderliche Riß beklagt, den Krieg und Nachkrieg in Deutschland verursacht hätten:

> *Reinhold*: Denn von allem Schweren, was wir erleben mußten, ist [...] das persönlich und unmittelbar schwerste das, daß wir es nicht in gemeinsamer Grundgesinnung zu ertragen verstehen. Verbittert, verärgert, verfeindet blicken wir aufeinander [...]. Ein Schwert ist durch unsere Seelen gegangen und hat den Freund vom Freunde getrennt.

---

[18] Hans Mayer, *Die Brüder*, in: Hans Mayer, *Thomas Mann*, Frankfurt am Main 1984, S. 58–76, hier S. 70f.

[19] Vgl. Jeffrey Herf, *Reactionary Modernism. Technology, Culture, and Politics in Weimar and the Third Reich*, Cambridge 1984, S. 17.

Meineckes Gespräch drückt die geistig-intellektuelle Not aus, die der Verfassungskompromiß von 1918/19 bedeutete; er mußte einen Heinrich Mann wie einen Thomas Mann genau so umfassen wie einen Diederich Heßling und Hans Castorp integrieren! Und Meinecke erinnert eben daran, daß beide aus dem »bisher gemeinsamen Deutschland« stammen.[20] Wolfgang Bialas sieht in solchen Konstellationen die Konsequenz einer historischen »Gemengelage« in dieser Übergangszeit, in der statt einfacher Links-rechts-Separation »Ambivalenz intellektueller Mentalitäten« und »Komplexität der Haltungen« unbedingt zu beachten seien.[21] Dies hat auch die Maxime zu sein, wenn es im folgenden darum geht, den *Zauberberg* im Verhältnis zum *Untertan* zu sehen; es soll zumindest ansatzweise auf zwei Ebenen gezeigt werden, daß beide Romane gewissermaßen als Doppel-Roman dieser Krisen- und Wendezeit zu lesen sind:

1. auf der intentional-kontextuellen, wo es um Entstehungsgeschichtliches, Absichten, allgemeine Voraussetzungen gehen wird;

2. auf der strukturellen, wo einzelne Motive, Szenen, Figuren aufeinander bezogen werden.

In der Verbindung dieser Komponenten soll Beckers literarisches Spiel gewissermaßen literaturwissenschaftlich »begrenzt« werden.

Hans Ulrich Wehler hat bei seiner Untersuchung der Gesellschaftsgeschichte zwischen 1849 und 1914 die Entwicklung des deutschen Bürgertums, die vor allem eine der Ausdifferenzierung ist, analysiert und dabei das Verhältnis von Wirtschafts- und Bildungsbürgertum durchleuchtet. Sowohl Hans Castorp als auch Diederich Heßling dürfen als Repräsentanten eines Wirtschaftsbürgertums verstanden werden, einmal von eher groß-, das andere Mal von eher kleinbürgerlichem Zuschnitt; während Castorp diesen vorgezeichneten Status verläßt und zum Bildungssucher wird, entwickelt sich Heßling

---

[20] Friedrich Meinecke, *Nach der Revolution. Geschichtliche Betrachtungen über unsere Lage*, München/Berlin 1919, S. 108f.

[21] Wolfgang Bialas, *Intellektuellengeschichtliche Facetten der Weimarer Republik*, in: *Intellektuelle in der Weimarer Republik*, hg. von Wolfgang Bialas und Georg G. Iggers, 2., durchgesehene Aufl., Frankfurt am Main u.a. 1997 (= *Schriften zur politischen Kultur der Weimarer Republik*, Band 1), S. 13–30, hier S. 16. Vgl. dazu auch den Forschungsbericht bei Andreas Wirsching, *Die Weimarer Republik. Politik und Gesellschaft* [Kapitel *Politische Kultur und »sozialmoralische Milieus«*], München 2000 (= *Enzyklopädie Deutscher Geschichte*, Band 58), S. 84–95.

zum Bourgeois im Sinne der Feudalisierung, wie ihn auch Max Weber wortgewaltig anprangerte. Bildung blieb zwar neben »Leistung«, »Arbeit«, »Lebensführung« etc. ideologisch als eine Art Ersatzreligion für alle bürgerlichen Schichten wertvorgebend, allein ihre reale Bedeutung verliert doch an Glanz. So sei es nach Wehler eine »unübersehbare Tatsache, daß damals die Deformierung zu jenem ›Berechtigungswesen‹ unaufhaltsam voranschritt, während die Selbstbildung der Persönlichkeit nur mehr als unverbindliches Postulat aus einer schemenhaften Vergangenheit weiterwirkte.«[22] Dies ist in beiden Romanen zu beobachten – und beide Protagonisten ziehen aus diesem Gültigkeitsverlust Konsequenzen, indem sie nach neuen Orientierungsmustern Ausschau halten. Man sollte sich diesen Hintergrund durchaus vergegenwärtigen, wenn man über beide Romane redet – es handelt sich um die literarische Umsetzung eines sozial- wie mentalitätsgeschichtlich gravierenden Prozesses. Im *Untertan* und im *Zauberberg* scheint die ursprüngliche Bildungsidee der Vergangenheit zugehörig, ob in der Verkörperung des alten Buck und seiner Welt oder in Settembrinis aus dem Geiste des 18. Jahrhunderts gespeisten Geist-Pathos. Darin finden Diederich wie Hans kein Genügen mehr, und deshalb erproben sie neue Konzeptionen, die die Zeit zur Verfügung stellt. »Placet experiri« ist durchaus auch das Motto des Netziger Aufsteigers, vom Antisemitismus, Imperialismus und Darwinismus bis zur allgemeinen Modernisierung erprobter Konzepte der Zeit. Beide bleiben in ihren Experimenten erfolglos, zumindest innerhalb der Perspektiven ihrer Erfinder. Doch richten wir nun den Fokus spezifischer auf den Entstehungsprozeß des *Zauberbergs*.

Im Notizbuch ist Ende 1914 folgender Gedanke fixiert: »Die inneren Dinge sind nicht einfach: Ich, der Bürger, bin im Geistigen mehr Zigeuner, als der geistige Politiker, und dieser aesthetizistischer, als ich, der Aesthet, – wie denn Heinrichs *Untertan* ein eminent aesthetizistisches Werk ist, wenn auch auf eine negative Art.«[23] In den Ne-

---

[22] Hans Ulrich Wehler, *Von der »Deutschen Doppelrevolution« bis zum Beginn des Ersten Weltkrieges. 1849–1914*, München 1995 (= *Deutsche Gesellschaftsgeschichte*, Band 3), S. 712ff. Vgl. zur Entwicklung nach 1914 den gerade erschienenen vierten Band: *Vom Beginn des Ersten Weltkriegs bis zur Gründung der beiden deutschen Staaten 1914–1949*, München 2003, v.a. S. 284–347.

[23] Thomas Mann, *Notizbücher 7–14*, hg. von Hans Wysling und Yvonne Schmidlin, Frankfurt am Main 1992 (= Thomas Mann, *Notizbücher. Edition in zwei Bänden*, hg. von Hans Wysling und Yvonne Schmidlin, Band 2), S. 238 [*Notizbuch 10*]. Nur weni-

gationen des *Untertan* findet Thomas Mann also zu einer Standortbestimmung seiner selbst – und unter etwas veränderten Auspizien wiederholt er diesen Gedanken in einem Brief an den Bruder, geschrieben am 7. August 1914: »Unterdessen versuche ich, zu arbeiten. Du kannst von Glück sagen, daß Du eben fertig bist. Ich muß zufrieden sein, daß auch meine Aufgabe den Geschehnissen wenigstens nicht ganz fremd ist.«[24] Das war sie in der Tat nicht: die morbide Vorkriegsgesellschaft auf dem Davoser Berg und die korrupte Netziger Kleinstadtwelt sind gleichermaßen Repräsentationsbilder einer moribunden Gesellschaft am Vorabend des Krieges. Beide Romane zitieren auch Lübecker Heimat – im *Untertan* das bekannte Hafenmilieu mit seinen engen Gassen, in denen »das Laster« zu Hause ist; gab es im *Professor Unrat* den »Blauen Engel«, so ist es in Netzig ein »Grüner Engel«, und der örtliche Ratskeller erinnert an den gleichnamigen im Lübecker Rathaus. Hans Castorps Heimatort ist zwar ausdrücklich Hamburg, aber doch nicht insofern, als er Lübecker Giebelhäuser und patrizische Straßenzüge zitiert. Auch auf dem Zauberberg selbst findet sich Lübecker Welt, am eindringlichsten wohl im Traum des *Schnee*-Kapitels, mit den Plattdeutsch sprechenden Hexen.

Im April 1919 schnürt Thomas Mann das alte Notizenkonvolut zum *Zauberberg* wieder auf und bemerkt dazu im Tagebuch: »Jedenfalls muß das Ganze als ›Geschichte aus der alten Zeit‹ stark gekennzeichnet werden; und wirklich steckt genug Satire auf die abgelaufene Epoche darin, – stärker, als im *Untertan*, wie mir scheint. Doch wird es auf ähnliche Art veraltet wirken, schon durch den pathologischen Grundzug«.[25] Das Pathologische ihrer Gesellschaftsporträts wird ebenso akzentuiert wie das Anachronistische der Projekte vor dem Horizont ihres Erscheinens. Thomas Mann irrte freilich – in beiden Fällen: das Krankheitsbild besserte sich nicht etwa, sondern führte vielmehr in den Paroxysmus von 1933.

---

ge Zeilen später notiert Thomas Mann dort einen Gedanken, der für den Autor des *Untertan* in der Tat zutrifft: »Mancher ›Politiker‹ ist im Grund ein verspäteter *un*politischer, vorbismärckischer Deutscher. Und so wäre [...] denn *ich* der Politiker und nicht jener?« (Ebd. – Herv. i. Orig.). Vgl. dazu Anm. 14.

[24]   Thomas Mann/Heinrich Mann, *Briefwechsel* (s. Anm. 4), S. 132.

[25]   Eintrag vom 12.4.1919, in: Thomas Mann, *Tagebücher 1918–1921*, hg. von Peter de Mendelssohn, Frankfurt am Main 1979, S. 194.

Ein heikles Thema war auch die »Sexualität«, die von Thomas wie Heinrich Mann zur Erklärung ihrer Gegensätze herangezogen wurde. Die jeweiligen erotischen Ausrichtungen galten gesellschaftlich als gleichermaßen fragwürdig: Heinrichs Vorliebe für »Schauspielerinnen« und andere Damen aus der Demimonde wie Thomas Manns Homosexualität. Die Spielarten des Sexus in beiden Romanen sind von reizvollem Beziehungsreichtum und bei ihrer Skizzierung werden die Brüder den jeweils anderen gewiß im Auge gehabt haben. Diederichs Verhältnis zu seinem Kaiser hat durchaus erotische Züge, und das Männer-Bündische seiner Neuteutonia geht in dieselbe Richtung. Hans Castorps Faible für »wurmstichige« Russinnen, aber viel mehr noch die erotischen Obsessionen eines Herrn Wehsal, mit seinen sadomasochistischen Chauchat-Fantasien, oder auch die derbe Sinnlichkeit eines Mynheer Peeperkorn… was ist Diederichs handgreifliche Erotik schließlich anderes? Jedenfalls aber sind die erotischen Dispositionen der Figuren wichtig für den jeweiligen Typus.

Überhaupt liefert uns Thomas Manns erhaltenes Tagebuch dieser Jahre eine ganze Fülle von Hinweisen, die auf den *Untertan* bezogen sind. Dabei ist gar nicht nur auf die expliziten Nennungen des Romans zu verweisen (z.B. Notate vom 29.11.1918, 23.12.1918, 29.6.1919 usw.), sondern auch auf Reflexionen, die implizit die Auseinandersetzung mit dem Bruder und seinem Werk spiegeln. Das Urteil über Wilhelm II., sein Kaisertum – es könnte die Lehre des *Untertan* durchaus sein: »Heute ist das Kaisertum ein romantisches Rudiment, das von Wilhelm II. auch in solchem Sinne dargestellt wurde, auf sehr nervöse, rauschhafte u. provozierende Art, und das sich praktisch wirklich erübrigt.«[26] Im Januar 1919 berichtet das Tagebuch von einem Gespräch, das Katia belauscht und den *Untertan* zum Thema hatte:

> Wirklich ein sehr empfehlenswertes Buch. Wenn es wahr ist, daß er es 1914 beendet hatte, so hat es wirklich etwas Hellseherisches. Wie er den Kaiser durchschaut hat! Sein Styl war sonst recht künstlich, und eigentlich mag ich den Anderen [Thomas Mann] lieber. Aber dies ist sehr glatt geschrieben.[27]

Dies wird ohne jeden Protest, ohne die üblichen Invektiven wie »Idiot«, »Dummkopf« oder »Lügner« verzeichnet. Überhaupt modifi-

---

[26] Eintrag vom 10.11.1918, in: ebd., S. 67.

[27] Eintrag vom 7.1.1919, in: ebd., S. 128.

ziert sich im Diarium der Ton, wenn vom Bruder die Rede ist; er wird zurückhaltender, neutraler, gelassener, wenn auch keineswegs durchweg. Über »Abschlachtung des Untertanen« durch einen Wohlgesinnten vermag er sich nicht mehr recht zu freuen, das mangelnde Niveau der Kritik sei ihm eher peinlich.[28] Mehr noch – dem Autor des Artikels wird die »Wert- und Rangfragestellung brieflich verwiesen«.[29]

Die Ankündigung des freundschaftlich verbundenen Philipp Witkop, er werde an der Freiburger Universität ein einstündiges Kolleg über Thomas und Heinrich Mann halten, wird im Tagebuch gelassen zur Kenntnis genommen.[30] Noch ist jede Versöhnung, auch nur Annäherung in weiter Ferne – aber die unmittelbare Schärfe aus Thomas Manns Ton ist doch herausgenommen; und noch die Szene am Sterbebett der Mutter, von Breloer stark aufgeladen, erscheint durchaus stimmig – inklusive der verweigerten Umarmung.[31] Der Roman vom *Untertan* kann jetzt sine ira et studio ins Gedächtnis gerufen und in der Neukonzeption des *Zauberbergs* mitgedacht werden.

Man mag es als müßige Spielerei abtun – freilich war insbesondere Thomas Mann ein wahrer Meister der Zahlensymbolik; die diversen Bedeutungen der »Sieben« in der *Zauberberg*-Welt sind von Rechenkünstlern der Branche längst erschöpfend enträtselt worden. Ohne sich solcher gelegentlich ins Alchimistische entgrenzten Mystik anzuschließen, ließe sich doch auf einige interessante Zahlenphänomene mit Blick auf beide Romane hinweisen. Heinrich Manns Roman spielt in der Zeit von 1890 bis 1897. Geschrieben wurde er im wesentlichen zwischen 1907 und 1914. Derselbe Zeitraum ist es dann auch, den Hans Castorps Abenteuer auf dem Venusberg in Anspruch nehmen. Und wenn man die Arbeitsphasen am *Zauberberg* genau summieren wollte – es ist durchaus anzunehmen, daß man auf sieben Jahre kommt!

Sieht man sich die Form und die Struktur der beiden Romane an, so wird man mit einigem Recht – neben Bestimmungen wie »Zeitromane«, »Gesellschaftsromane« usw. – von dekonstruierten Bildungsro-

---

[28] Eintrag vom 18.4.1919, in: ebd., S. 202.

[29] Eintrag vom 19.4.1919, in: ebd., S. 204.

[30] Vgl. Eintrag vom 8.5.1919, in: ebd., S. 230.

[31] Vgl. Anm. 2.

manen sprechen dürfen. Thomas Mann hat ja dezidiert und ironisch von seinem »Wilhelm Meisterchen«[32] gesprochen, einer »Meisteriade«.[33] Jüngst Michael Neumann,[34] aber auch schon zahlreiche Vorgänger haben dies herausgearbeitet, auch die Überkreuzungen zwischen Gesellschafts- und Bildungsroman. Hans Castorp ist ganz eindeutig der Held des Romans, andererseits, darauf weist der Erzähler selbst hin, ist er auch wieder mehr: Repräsentant. Im *Vorsatz* zum Roman lesen wir gewissermaßen die Ankündigung des »Bildungs«-Gedankens, wie er seit Goethe literarisch entfaltet und variiert wird: »Die Geschichte Hans Castorps, die wir erzählen wollen, – nicht um seinetwillen (denn der Leser wird einen einfachen, wenn auch ansprechenden jungen Menschen in ihm kennenlernen), sondern um der Geschichte willen, die uns in hohem Grade erzählenswert scheint [...].«[35] Natürlich verhält es sich im Falle Diederich Heßlings ganz genau so – darauf verweist schon der Titel des Romans. Seine Züge sind freilich stärker noch geschminkt, seine »Bildung« geschieht vor einem Hintergrund, der gelegentlich grell von Realität in Phantasmagorie wechselt. Doch wer wollte das nicht auch in gewissen Partien des *Zauberberg* feststellen? Peter-Paul Schneider hat in seinem Nachwort zur Studienausgabe des *Untertan* die kompliziert-komplexe Dekonstruktion des Bildungsromans herausgearbeitet und zu dem überzeugenden Urteil gefunden, daß in Heinrich Manns Roman die Negation des klassischen Bildungsromans in Szene gesetzt wird: »Hier entwickelt sich kein autonomer Charakter, keine Individualität, sondern gerade das Gegenteil, eine Larve, eine Maske, ja ein Popanz, der sich seine angebliche Individualität aus lauter Versatzstücken zusammenstehlen, sein Ich borgen muß.«[36]

---

[32] Thomas Mann an Ernst Bertram (25.12.1922), in: Thomas Mann, *Selbstkommentare: Der Zauberberg*, hg. von Hans Wysling unter Mitwirkung von Marianne Eich-Fischer, Frankfurt am Main 1993, S. 33.

[33] Thomas Mann an Arthur Schnitzler (4.9.1922), in: Thomas Mann, *Briefe I. 1889–1936*, hg. von Erika Mann, Frankfurt am Main 1979, S. 200.

[34] Vgl. Michael Neumann, *Thomas Mann. Romane*, Berlin 2001 (= *Klassiker Lektüren*, Band 7), S. 66–73.

[35] Thomas Mann, *Der Zauberberg*, Zweite, durchgesehene Aufl., Frankfurt am Main 1974 (= Thomas Mann, *Gesammelte Werke in dreizehn Bänden*, Band III), S. 9.

[36] Peter-Paul Schneider, *Nachwort*, in: Heinrich Mann, *Der Untertan*. Mit einem Nachwort und Materialienanhang von Peter-Paul Schneider, Frankfurt am Main 1991 (= Heinrich Mann, *Studienausgabe in Einzelbänden*, hg. von Peter-Paul Schneider, *Fischer Taschenbuch*, Band 10168), S. 479–498, hier S. 480.

Beide Romane verstehen sich darüber hinaus als Beiträge in politicis – ob man nun Golo Manns Urteil teilen mag oder nicht, der gesagt hatte, es handele sich im Falle des *Zauberbergs* um »feingeschnitztes Puppentheater gedanklicher und historischer Möglichkeiten« und Thomas wie Heinrich Mann würden »doch nur mit den Produkten ihres eigenen Geistes«[37] hantieren und an die Wirklichkeit kaum herankommen. Bei anderer Gelegenheit hat er sie »unwissende[...] Magier« genannt[38] – ein Urteil, das freilich von einem fragwürdigen und recht antiquierten »Politik«-Verständnis ausgeht. Immerhin sind in den zwei Romanen so gut wie sämtliche Klassen, Schichten und Gruppierungen Vorkriegsdeutschlands bzw. -europas vertreten, wobei der Fokus natürlich primär auf den bürgerlichen liegt. Thomas Mann hat insbesondere nach seinem öffentlichen Bekenntnis zum Republikgedanken (*Von deutscher Republik*, 1922) immer wieder eine politische Lesart des Romans proponiert (so in einem Interview mit dem Berliner *Börsen-Courier* 1925) und Hans Castorp als eine Art deutscher »Mitte«-Platzhalter geadelt.[39] Heinrich Mann hingegen zeigte sich spätestens seit 1922 skeptisch davon überzeugt, daß das Heßling-Porträt länger seine Wirkung tun würde.[40] Thomas Mann hat Castorpscher Bürgerlichkeit v.a. 1932, im Bilde Goethes, ins Gewissen geredet[41] – ebenso vergeblich, auch hier also brüderliches Welterlebnis. Von Anfang an, so jedenfalls beide Brüder in der Retrospektive, habe außerdem der Ausbruch des Krieges als kompositorisches »Muß«, aber auch als politische Logik des Gezeigten festgestanden. Heinrich Mann hat in seinem *Zola*-Essay von 1915 darauf

[37] Golo Mann, *Deutsche Geschichte 1919–1945*, Überarbeitete Ausgabe, Frankfurt am Main 1973, S. 51.

[38] Golo Mann, *Heinrich Mann. Ein Zeitalter wird besichtigt (1974)*, in: Golo Mann, *Zeiten und Figuren. Schriften aus vier Jahrzehnten*, Frankfurt am Main 1979, S. 354–366, hier S. 357.

[39] Vgl. Bernard Guillemin, *Gespräch mit Thomas Mann über den Zauberberg*, in: *Berliner Börsen-Courier* (30.10.1925). Zitiert nach *Frage und Antwort. Interviews mit Thomas Mann 1909–1955*, hg. von Volkmar Hansen und Gert Heine, Hamburg 1983, S. 75–81.

[40] Vgl. Heinrich Mann an Félix Bertaux (19.10.1922), in: Heinrich Mann/Félix Bertaux, *Briefwechsel 1922–1948*. Mit einer Einleitung von Pierre Bertaux. Im Anhang noch aufgenommen: Neue aufgefundene Briefe von Félix und Pierre Bertaux, Frankfurt am Main 2002 (= Heinrich Mann, *Gesammelte Werke in Einzelbänden*, hg. von Peter-Paul Schneider), S. 38.

[41] Vgl. Thomas Manns anläßlich des Goethe-Jahrs gehaltene Rede *Goethe als Repräsentant des bürgerlichen Zeitalters*, in: Thomas Mann, *Reden und Aufsätze 1*, Zweite, durchgesehene Aufl., Frankfurt am Main 1974 (= Thomas Mann, *Gesammelte Werke in dreizehn Bänden*, Band IX), S. 297–332.

ausgiebig verwiesen. Wenn es über Zola heißt, daß er »die Katastrophe, allen unbekannt«, vorweggenommen habe in »Plänen zu einem Romanwerk«, dann spricht Heinrich Mann natürlich von seinem Projekt der *Kaiserreich-Trilogie*, deren erster Band der *Untertan* ja war.[42] Zeitgenossen wie Kurt Wolff haben dies übrigens durchaus erkannt, wie aus seinem Brief von 1916 zu ersehen ist: »Das Deutschland der ersten Regierungsjahre Wilhelms II, gesehen als ein Zustand, der den Krieg von 1914 heraufbeschwören mußte.«[43] Thomas Mann sah sofort nach dem Kriegsausbruch, daß sein Roman eben diesen Krieg als Fluchtpunkt würde haben müssen. In einem Brief an seinen Verleger Samuel Fischer, der noch nichts weiß von der kommenden fünfjährigen Unterbrechung der Arbeit am Romanmanuskript, skizziert er die Problemlage:

> der Dualismus von Geist und Natur, der Widerstreit von civilen und dämonischen Tendenzen im Menschen, – im Kriege wird dieses Problem ja eklatant, und in die Verkommenheit meines *Zauberberges* soll der Krieg von 1914 als Lösung hereinbrechen, das stand fest von dem Augenblick an, wo es los ging [...].[44]

Die »civilen und dämonischen Tendenzen« auf dem *Zauberberg*, man denke an die Bildlichkeit des Schneetraums, sind im *Untertan* gewissermaßen »soziologisiert« in den Kontrast Buck vs. Heßling, altes uns neues Netzig usw. – wobei nie zu vergessen ist, daß auch Diederich, zumindest gelegentlich, zwei Seelen in seiner Brust schlagen und er hin und wieder »um der Güte und Liebe willen«[45] etwas anderes sein möchte denn reiner Macht-Mensch.

Damit ist der Vergleich auch schon auf der zweiten Ebene der Betrachtung angelangt, bei der auf Einzelmomente der Texte eingegangen werden soll. Dieser Vergleich bezieht sich gleichermaßen auf motivische wie figurale Aspekte, aber auch auf Korrespondenzen.

---

[42] Vgl. dazu Heinrich Mann, *Zola*, in: Heinrich Mann, *Macht und Mensch. Essays*. Mit einem Nachwort von Renate Werner und einem Materialienanhang, zusammengestellt von Peter-Paul Schneider, Frankfurt am Main 1989 (= Heinrich Mann, *Studienausgabe in Einzelbänden*, hg. von Peter-Paul Schneider, *Fischer Taschenbuch*, Band 5933), S. 43–128, hier S. 55.

[43] Kurt Wolff an Georg Heinrich Meyer (8.4.1916), in: *Materialien* zu Heinrich Mann, *Der Untertan* (s. Anm. 36), S. 590.

[44] Thomas Mann an Samuel Fischer (22.8.1914), in: Thomas Mann, *Selbstkommentare: DER ZAUBERBERG* (s. Anm. 32), S. 11.

[45] Thomas Mann, Der *Zauberberg* (s. Anm. 35), S. 686.

Diederich Heßling und Hans Castorp teilen wichtige Etappen ihrer Sozialisation zum jeweiligen Typus. Schon der Blick auf die Familien beider Protagonisten offenbart Verwandtschaft, die durchaus funktional zu verstehen ist. Diederichs Mutter ist mit ihrer merkwürdigen Art, »aus dem Herzen« zu beten,[46] eine ebenso groteske Gestalt wie die Hans Castorps, deren Tod als grelle Szene in Erinnerung gerufen wird: »sie lachte eben, im Bette sitzend, es sah so aus, als ob sie vor Lachen umfiele, und dennoch tat sie es nur, weil sie tot war.«[47] Nach dem Tod des Großvaters sehen den jungen Bürger Castorp seine Mitbürger »prüfend an, indem sie sich fragten, in welche öffentliche Rolle [er] wohl einmal hineinwachsen werde.«[48] Man vermutet, die Ähnlichkeit mit dem Großvater beobachtend, daß er kaum ins Lager der Demokraten gehören wird – obwohl dafür doch wieder seine Ausbildung zum Schiffsbaumeister, »ein[em] Mann des Weltverkehrs und der Technik«, sprechen könnte.[49] Hans Castorp freilich weiß es vorderhand selbst nicht, und erst am Ende des Romans scheint sich so etwas wie »Entscheidung« zu vollziehen. Auch Diederich Heßling wird gleich nach dem Ableben seines Vaters umworben: der alte Buck kondoliert persönlich, nicht ohne Versuch, den Erben für seine liberale Partei zu gewinnen: »Haben Sie immer Achtung vor den Rechten Ihrer Mitmenschen! Das gebietet Ihnen Ihre eigene Menschenwürde. Ich hoffe, wir werden hier in unserer Stadt noch zusammen für das Gemeinwohl arbeiten.«[50] Und ähnlich wie Castorp seine Ingenieur-Ausbildung absolviert Heßling sein Studium der Chemie nur linker Hand, beide haben ein eher distanziertes Verhältnis zu »durabler Arbeit«, wie es hanseatisch vornehm heißt.

Längst ist der Forschung bekannt, daß Heinrich Manns Untertan seine Befreiung vom Wehrdienst einer authentischen Erzählung des Bruders verdankt[51] – allerdings hat niemand bislang beachtet, daß Castorp ganz ähnlich vom Militär loskommt; es »mochte wohl sein,

---

[46] Heinrich Mann, *Der Untertan* (s. Anm. 36), S. 11.

[47] Thomas Mann, *Der Zauberberg* (s. Anm. 35), S. 32.

[48] Ebd., S. 54.

[49] Ebd.

[50] Heinrich Mann, *Der Untertan* (s. Anm. 36), S. 46.

[51] Vgl. dazu Thomas Mann an Heinrich Mann (27.4.1912), in: Thomas Mann/Heinrich Mann, *Briefwechsel* (s. Anm. 4), S. 120–123.

daß Stabsarzt Dr. Eberding [...] von Konsul Tienappel gesprächsweise gehört hatte, daß der junge Castorp in der Nötigung, sich zu bewaffnen, eine empfindliche Störung seiner soeben auswärts begonnenen Studien erblicken würde.«[52] Und auch die erotische Initiation beider vollzieht sich recht ähnlich: Diederichs Verbindung zu Agnes, die ja so etwas wie einen alternativen Weg im Roman introduziert – der auch nicht vollständig versperrt wird, wenn man etwa an Diederichs Empfindungen nach der Verführung seiner Schwester denkt oder seine Gefühle bei der Aufführung der *Heimlichen Gräfin* –, wird immer wieder im Bild der sich berührenden oder suchenden Hände gestaltet, die bei Agnes »die Weiße des Schnees« haben.[53] Auch Hans Castorps Begierde muß sich zunächst solcherart partial befriedigen – als er in Krokowskis Vortrag hinter Clawdia sitzt, wird er sofort abgelenkt durch ihre »beklemmend« nahe Hand vor Augen, »man mußte sie betrachten, ob man wollte oder nicht«, und »Hans Castorp träumte, den Blick auf Frau Chauchats Arm gerichtet«.[54]

Diese Beispiele stammen nahezu ausschließlich alle aus den frühen Partien der Romane, sind erste Knoten des dicht geknüpften Beziehungsnetzes. Bedeutender, weil auch im Verweisungszusammenhang intensiver, sind die beiden großen Musik-Kapitel. Beschränkt sich Heßlings wie Castorps Geschmack lange Zeit nur auf das Zakkig-Marschmäßige, so relativiert sich diese Naivität im weiteren Verlauf durchaus. Diederichs *Lohengrin*-Besuch endigt zwar in der Überzeugung vom nationalpolitischen Zweck solcher Musik – aber erstens zitiert er damit Nietzsches Kritik an einer Form von Wagner-Verehrung, der auch Thomas Mann andernorts zustimmte; zweitens jedoch hat er beim Hören dieser Musik auch andere Gedanken, Empfindungen. Sie wirkt aphrodisierend auf ihn, wenn er Ortrud sieht, und er beginnt zu träumen, so daß ihm der »Mund offen« steht.[55] In genau dieser Haltung finden wir Castorp im Kapitel *Fülle des Wohllauts* vor, wenn er hingegeben seinen Lieblingsplatten lauscht.[56] Doch auch im *Zauberberg* wird ja *ein* Musikstück zum politischen Programm: das Schubertsche *Lindenbaum*-Lied, dessen

---

[52]   Thomas Mann, *Der Zauberberg* (s. Anm. 35), S. 53.

[53]   Heinrich Mann, *Der Untertan* (s. Anm. 36), S. 20.

[54]   Thomas Mann, *Der Zauberberg* (s. Anm. 35), S. 181f.

[55]   Heinrich Mann, *Der Untertan* (s. Anm. 36), S. 349.

[56]   Vgl. Thomas Mann, *Der Zauberberg* (s. Anm. 35), S. 892.

Ambivalenz ähnlich ausgerichtet ist wie Heßlings *Lohengrin*-Deutung. Das zeigt sich im Falle Hans Castorps natürlich vor allem am Ende, wenn er sich auf dem Schlachtfeld der nationalen Idee opfert – warum auch immer er dort sein mag, welche Hoffnung seinen Autor umtreibt.

Beide »Zauberlehrlinge« stehen am Schluß in einer Szenerie des Krieges. Auch wenn bei Diederich Heßling das Gewitter-Szenario bei der Denkmalsenthüllung indirekter gestaltet ist als Castorps Weg durchs flandrische Schlachtfeld, so wird die Szene doch zum Tribunal:

> Über einem Knäul von Geschöpfen in jagendem Geisterlicht, schwefelgelb und blau, bäumten sich die Pferde der Paradekutschen und nahmen Reißaus [...] – indes Fahnentücher [...] schwarz-weiß-rot durch die Luft sausten, den Kämpfern um die Ohren. Dazu, hoffnungslos, wie die Dinge standen, spielte die Regimentsmusik immer weiter ›Heil dir im Siegerkranz‹, [...] spielte wie auf einem untergehenden Schiff dem Entsetzen auf und der Auflösung.[57]

Hans Castorp hat sein »Traum« in ganz ähnliche Gefilde verschlagen: »Dämmerung, Regen und Schmutz, Brandröte des trüben Himmels, der unaufhörlich von schwerem Donner brüllt, die nassen Lüfte erfüllt«[58] usw. Zwei Bildungsromane, die an scheinbar so verschiedenen Orten spielen, beide enden im »apokalyptische[n] Motiv«, wie das Gordon A. Craig für den Schluß des *Untertan* gesehen hat.[59]

Es ist hier leider nicht Raum genug, auch alle anderen Beziehungen dieses Geflechts in gleichem Maße zu würdigen – es sei aber doch zumindest angedeutet, was noch alles sich unter der Signatur von »Korrespondenzen« anbieten würde: Joachim Ziemßen, Thomas Manns vorbildlicher Soldat, hat doch einiges vom preußischen Militarismus, der die Untertanen-Welt prägt. Naphta, dieser Salon-Kommunist, steht dem Ursprung sozialistischer Ideen ungefähr so fern wie Napoleon Fischer, Heinrich Manns Schreckbild des sozialdemokratischen »Realpolitikers«; Peeperkorns Wucht und Wulckows Gewalt in der Erscheinung ließen sich ebenso parallelisieren wie Frau Stöhrs Bildungsschnitzer und Guste Daimchens kulturelle Agnostik.

---

[57]   Heinrich Mann, *Der Untertan* (s. Anm. 36), S. 472f.

[58]   Thomas Mann, *Der Zauberberg* (s. Anm. 35), S. 990.

[59]   Gordon A. Craig, *Deutsche Geschichte 1866–1945. Vom Norddeutschen Bund bis zum Ende des Dritten Reiches*, 59.–66. Tsd., München 1989, S. 203.

Die erotische Zauberwelt und sexuelle Libertinage im Schattenreich des *Zauberbergs* findet ihre Entsprechung im Netziger Milieu – was die Damen Käthchen Zillich und Guste Daimchen so an erotischer Perversion zu bieten haben, kommt zwar nicht so katzenhaft daher wie bei Clawdia Chauchat, zeigt freilich dennoch die Lust als eine Art extraterritoriale Sphäre. Die Überzeugungen des alten Buck würde Herr Settembrini gewiß so wenig verachten, wie Leo Naphtas Terrorphantasien durch die rücksichtslose Erschießung eines Menschen ähnlich angeregt würden wie die mancher Netziger Bürger...

Beide Romane wurden bei ihrem Erscheinen viel beachtet, auch gekauft – und im Falle des *Zauberbergs* wohl auch gelesen. Die über hunderttausend verkauften Exemplare des *Untertan* bedeuteten zwar den größten Auflagenerfolg, den Heinrich Mann je erleben sollte – allein, dieser vorgehaltene Spiegel gefiel einem Bürgertum nicht lange, das 1918 den Zusammenbruch zu verstehen suchte,[60] aber 1924 schon wieder im Zeichen »relativer Stabilisierung« lebte. Thomas Manns *Zauberberg* mag gelesen worden sein vor dem Hintergrund der Unzahl geistiger Möglichkeiten und Experimente, die das neue System bereitstellte – und die meisten mögen wohl auch die offene Frage des Schlusses für sich beantwortet haben, im Sinne von Ernst Tollers *Hoppla, wir leben!*[61] Auf jeden Fall läßt sich abermals eine Synchronität in der Rezeption feststellen, die schon seit der Entstehung der Castorpschen Lebensgeschichte anhängig ist und hier offensichtlicher, dort verborgener abzulesen ist. Als reiz-

---

[60] Vgl. dazu u.a. Peter Sprengel, *Vorschau im Rückblick – Epochenbewußtsein um 1918, dargestellt an der verzögerten Rezeption von Heinrich Manns* Der Untertan, *Sternheims ›1913‹, Hesses* Demian *und anderen Nachzüglern aus dem Kaiserreich in der Frühphase der Weimarer Republik*, in: *Literatur der Weimarer Republik. Kontinuität – Brüche*, hg. von Michael Klein, Sieglinde Klettenhammer und Elfriede Pöder, Innsbruck 2002 (= *Innsbrucker Beiträge zur Kulturwissenschaft. Germanistische Reihe*, Band 64), S. 29–44. Dort wird z.B. der Artikel von Siegfried Berberich (in: *Der Revolutionär*, Jg. 1 [1919]) zitiert, wo zu lesen war: »Diederich Heßling, der Held des Romans, kann reine Wirkung tun auf uns Geläuterte. Nicht als ob seine famose Charakterisierung uns nicht auch vor den Erlebnissen dieser letzten Jahre frappiert hätte! Aber, gar so lächerlich hätte sich Heßling vor uns doch nicht gemacht [...] als Mann von ›praktischem Erfolg‹. Wir hätten ihm seine Gemeinheit und seine Gemeinheiten verziehen, vielleicht weil er eine so famose Romanfigur abgegeben hat... [...] Wir waren ja, ach Gott, so ästhetisch! Heute kann es nur eine Partei geben, und die ist wider ihn und seine Art« (ebd., S. 31f.).

[61] Ernst Toller, *Hoppla, wir leben! Ein Vorspiel und fünf Akte*, in: Ernst Toller, *Politisches Theater und Dramen im Exil (1927–1939)*, hg. von John M. Spalek und Wolfgang Frühwald (= Ernst Toller, *Gesammelte Werke*, Band 3), München 1978, S. 7–117.

volles »Apropos« mag hier im Kontext der Rezeptionsgeschichte verzeichnet werden, daß über die Qualität des *Untertan* als Epochensignifikant ein kleiner »Historikerstreit« vom Zaum gebrochen wurde. Hans-Ulrich Wehler hatte in seiner Darstellung der Geschichte des Deutschen Kaiserreichs behauptet, daß »kein Historiker« das Versagen insbesondere der akademischen bürgerlichen Schichten »so eindringlich beschreiben« könne, »wie das Heinrich Mann im *Untertan* getan hat«.[62] Dem widersprach vehement Thomas Nipperdey, indem er das Bild von der »Untertanengesellschaft«, auf das man sich verständigt zu haben schien, allenfalls als »Teilwahrheit« anerkennen wollte.[63] Seine Forderung nach Differenzierung ist sowohl von Heinrich wie Thomas Manns Roman eingelöst worden – auch und gerade in ihren Zentralfiguren. Noch einmal Nipperdey: »Die bürgerliche Gesellschaft war vor 1914 gerade durch eine Entwicklung der Mitte, einen dritten Weg, eher charakterisiert als durch Untertanen und Revolutionäre«.[64] Thomas Mann hat dies in der Figur des Hans Castorp des *Zauberbergs* eindrücklich gezeigt, eine Weltsicht des Bürgertums, das zwischen Romantischem und Deutschnationalem schwankend die Mitte sucht – um zuletzt auch nicht viel mehr als eine Hoffnung zu präsentieren. Das Flachland, in das das »Sorgenkind des Lebens« zurückkehrt, scheint – noch? – nicht viel von den geistigen Abenteuern derer dort oben mitbekommen zu haben. Im Gegenteil: dort hat sich die Welt von *Ocean steamships* zur »Höllen«- und »Teufels«-Technik entfesselter Zerstörungsapparatur entwickelt. Fast könnte man meinen, daß Hans Castorp seinen Vetter Joachim Ziemßen repräsentiert, der sich so gewünscht hätte, auf dem Felde der Ehre zu bleiben – auf das Heßling ohne weiteres auch treten würde, freilich eher in der Etappe, an der Heimatfront. Der *Zauberberg* jedenfalls ist von seinem Verfasser gedacht als »Einblick in deutsche Stimmungen und seelische Zustände«[65] und bildet insofern nach *Buddenbrooks* und vor *Doktor Faustus* das Mittelstück einer deutschen Psychopathographie. Um Deformationen, ge-

---

[62] Hans-Ulrich Wehler, *Das Deutsche Kaiserreich 1871–1918*, 7. Aufl., Göttingen 1994 (= *Deutsche Geschichte*, Band 9), S. 93.

[63] Thomas Nipperdey, *War die Wilhelminische Gesellschaft eine Untertanen-Gesellschaft?*, in: Thomas Nipperdey, *Nachdenken über die deutsche Geschichte. Essays*, München 1986, S. 172–185, hier S. 175.

[64] Ebd., S. 184.

[65] So in einem Brief an Félix Bertaux (7.2.1927), in: Thomas Mann, *Selbstkommentare: DER ZAUBERBERG* (s. Anm. 32), S. 95.

fährliche Dispositionen, problematische Affinitäten ging es hier genauso wie im Falle des *Untertan*. Die spätere These Thomas Manns, daß die Hindenburg-Wahl nichts anderes sei als ein Resultat des *Lindenbaum*-Syndroms, folgt dem gleichen synthetisierenden Ansatz wie Heinrich Manns Stinnes-Figur Kobes, der ja als Allegorie nicht nur Diktatur der Gier ist, sondern eben auch idealistische Residuen von Reinheit, Askese und Pflicht in sich trägt. Diederich Heßling ist ein verirrter Bürger wie Hans Castorp – wenn man hinter die grelle Schminke des Typus', hinter die Phantasmagorie dieser Welt sieht, wird das ganz deutlich. Diederich ist zum Geist, der stets verneint, geworden, wobei aber permanent sichtbar bleiben soll, daß man zur Selbstkritik zurückzufinden habe, Perspektiven freilegen müsse, die das Bürgertum an den eigenen Maßstäben ausrichtet. Eigentlich hält Heinrich Mann im *Untertan* unbeirrt an einem idealen Bürgerverständnis fest, analog zum *Zauberberg*, der doch längst noch kein Roman »Von deutscher Republik« ist. Die spezifische Qualität der literarischen Texte gegenüber den publizistisch-strategischen auch in politischer und historischer Perspektivik wird abermals evident. Heinrich Mann hat später, 1929, im Vorwort zu einer Neuausgabe des Romans eine Art ›Struktur-Heßling‹ konstatiert, der unabhängig von Staats- und Regierungsformen ist; denn sein entscheidendes Defizit sei und bleibe der »Verzicht auf eigene Verantwortung«.[66] Zu der findet letztendlich auch Hans Castorp nicht, und so muß auch sein Verfasser offenlassen, ob aus dem Krieger Castorp einmal der Demokrat Castorp wird... der Roman endet ja bekanntlich mit einem Fragezeichen. Heßling wie Castorp sind Epochen-Typen; wie bei der Typenbildung üblich, wird eine »Ära auf ihr Charakteristisches, Essentielles, Dominierendes und Repräsentatives reduziert«[67] – aber es gilt, hinter diesen Masken die Ambivalenzen der Figuren und deren Funktion im Auge zu behalten, zwischen Realismus und Überrealismus zu unterscheiden. Dann wird man feststellen, daß in Diederich wie Hans, im *Untertan* wie im *Zauberberg* gelungene Darstellungen der Sehnsüchte und Ängste einer Ge-

---

[66] Heinrich Mann, *Vorwort zur neuen Ausgabe* (Februar 1929), in: *Materialien* zu Heinrich Mann, *Der Untertan* (s. Anm. 36), S. 617–619, hier S. 618.

[67] Vgl. dazu die anregende Studie von Paul Michael Lützeler, *Kaiserreich-Romane der Zwischenkriegszeit: Heinrich Mann und Hermann Broch*, in: Paul Michael Lützeler, *Zeitgeschichte in Geschichten der Zeit. Deutschsprachige Romane im 20. Jahrhundert*, Bonn 1986 (= *Studien zur Literatur der Moderne*, Band 15), S. 78–108, hier S. 89.

neration, die Innen- und Außenansicht einer Epoche, Körper und Seele einer Ära zu besichtigen sind.

Thomas Mann hat 1939 in seinem Essay *Bruder Hitler* den umstrittenen Versuch unternommen, den Diktator aus der Psychologie des Künstlers zu verstehen. Hitler wird als Dilettant, als entflohener Künstler begriffen, dem man eine »gewisse angewiderte Bewunderung« durchaus entgegenbringe. »Märchenzüge« seien darin sichtbar, wenn auch verkürzt. Und dann kommt es zu der immerhin erstaunlichen Wendung vom »Bruder«: »Ein etwas unangenehmer und beschämender Bruder; er geht einem auf die Nerven, es ist eine reichlich peinliche Verwandtschaft.«[68] Man könnte nun lange darüber nachdenken, warum hier der Begriff des »Bruders« gewählt wird – anstatt, z.B., der des »Doppelgängers«. Aber es geht hier nur um die Wendung von der »peinlichen Verwandtschaft«; denn was charakterisiert die hier vorgeschlagene Lesart der Romane, ihrer Hauptfiguren besser? Hans Castorp und Diederich Heßling sind gewissermaßen Brüder: nicht nur, weil sie Schöpfungen brüderlicher Autoren sind, sondern auch, weil sie die Janusgestalt eines vorgestellten Bürgertums sind. Die Porträts gehen ineinander über, je genauer man hinsieht. Eigentlich hat über die Dialektik dieses Doppelporträts eine andere Thomas Mann-Figur schon alles gesagt: Thomas Buddenbrook. Im großen Streitgespräch mit Bruder Christian legt der Leistungsethiker sein Geständnis ab: »Ich bin geworden, wie ich bin [...], [...] weil ich nicht werden wollte wie du. Wenn ich dich innerlich gemieden habe, so geschah es, weil ich mich vor dir hüten muß, weil dein Sein und Wesen eine Gefahr für mich ist... ich spreche die Wahrheit.«[69] Nur gemeinsam eignen sich beide Figuren für ein differenziertes Epochenbild, und es ist an der Zeit, auch hier die vielbeschworene repräsentative Gegensätzlichkeit zugunsten detaillierter Gemeinsamkeit in den Hintergrund treten zu lassen. Thorsten Beckers freizügiges Spiel ist die Verdichtung von Befunden, die zu zeigen und zu bewerten waren – ob Diederich Heßling jemals im Sanatorium »Berghof« angekommen ist, wie Becker behauptet, kann trotzdem offenbleiben.

---

[68] Thomas Mann, *Bruder Hitler*, in: Thomas Mann, *Reden und Aufsätze 4*, Zweite, durchgesehene Aufl., Frankfurt am Main 1974 (= Thomas Mann, *Gesammelte Werke in dreizehn Bänden*, Band XII), S. 845–852, hier S. 847 und S. 849.

[69] Thomas Mann, *Buddenbrooks*, Zweite, durchgesehene Aufl., Frankfurt am Main 1974 (= Thomas Mann, *Gesammelte Werke in dreizehn Bänden*, Band I), S. 580.

ANDREA BARTL

»Ich bin weder das eine, noch das andere.«[1]
Frank Wedekinds Lulu-Dramen im Kontext des Androgynie-Themas in der deutschen Literatur um 1900

Lulu, »das ist das Weib, das männermordende, zerstörende, ewig reizende Geschlecht« (Band III/2, S. 1109f.) – so beschrieb 1896 Hans Pauli in seiner Rezension für die *Neue Deutsche Rundschau* die Protagonistin in Frank Wedekinds *Der Erdgeist,* und einem derartigen Versuch, das Zentrum der Lulu-Dramen zu benennen, folgten viele ähnliche. Ein Kritiker der *Gesellschaft* empfahl gar anlässlich einer *Erdgeist*-Inszenierung am Münchner Schauspielhaus im Oktober 1898: »Der ganze Erdgeist dürfte eher ein Beweis für die traurige, ohnmächtige Schwäche der Männer, denn für die Stärke des Weibes sein. So etwas zertritt man eben und dann ist man wieder stark und gesund!« (Band III/2, S. 1116) Lulu wurde – bis in unsere Tage, wenn auch in unterschiedlichen Akzentuierungen – als Symbol der »ungehorsamen Frau[...]« und des »Geschlechterkrieg[s]« gedeutet, und damit als die »berühmteste[...] Femme fatale der deutschen Literatur«.[2] Einige wenige, allerdings bemerkenswerte Studien der vergangenen Jahre arbeiteten zudem das Poetologische in *Erdgeist* und

---

[1]   Alle Zitate aus Frank Wedekinds Werk werden nach diesen Ausgaben nachgewiesen: Frank Wedekind, *Les Puces. Die Flöhe oder Der Schmerzenstanz. Der Mückenprinz. Die Kaiserin von Neufundland. Bethel. Die Büchse der Pandora* (1894). *Der Erdgeist (1895). Erdgeist (1913). Die Büchse der Pandora (1903, 1913). Kabarettbearbeitungen. Dramatische Fragmente und Entwürfe,* hg. von Hartmut Vinçon, Darmstadt 1996, und *Kommentar,* hg. von Hartmut Vinçon, Darmstadt 1996 (= Frank Wedekind, *Werke. Kritische Studienausgabe in acht Bänden mit drei Doppelbänden,* hg. von Elke Austermühl, Rolf Kieser und Hartmut Vinçon, Darmstadt 1994ff., Band III/1 und Band III/2), hier Band III/1, S. 379 [im Folgenden werden die Band- und Seitenzahlen dazu im Text in Klammern angegeben]; Frank Wedekind, *Die Tagebücher. Ein erotisches Leben,* hg. von Gerhard Hay, Frankfurt am Main 1986.

[2]   Ruth Florack, *Frank Wedekind: LULU,* in: *Interpretationen. Dramen des 20. Jahrhunderts,* Band 1, Stuttgart 1996, S. 7–24, hier S. 7. Vgl. auch Ruth Florack, *Wedekinds LULU. Zerrbild der Sinnlichkeit,* Tübingen 1995 (= *Untersuchungen zur deutschen Literaturgeschichte,* Band 76). Zur Femme fatale und weiteren Frauentypen in der Literatur der Jahrhundertwende vgl. Carola Hilmes, *Die Femme fatale. Ein Weiblichkeitstypus in der nachromantischen Literatur,* Stuttgart 1990; Ortrud Gutjahr, *Lulu als Prinzip. Verführte und Verführerin in der Literatur um 1900,* in: *Lulu, Lilith, Mona Lisa... Frauenbilder der Jahrhundertwende,* hg. von Irmgard Roebling, Pfaffenweiler 1989 (= *Frauen in Geschichte und Gesellschaft,* Band 14), S. 45–76.

Die Büchse der Pandora oder Wedekinds Abrechnung mit Strömungen der zeitgenössischen Literatur heraus, wobei jedoch mitunter jeder ›erotische Gehalt‹ zurückgewiesen wurde.[3] Trotz dieser unterschiedlichen Kontextualisierungsversuche wurde ein Thema[4] bisher übersehen, das zu den zentralen der Lulu-Dramen wie der Literatur um 1900 generell gehört und das zudem die Frage der Geschlechterdichotomie mit poetologischen Argumenten zu verbinden weiß: die Androgynie.

In der Literatur zu Frank Wedekinds Lulu finden sich nur an einer einzigen Stelle Hinweise auf das Androgyne: Der umfangreiche Kommentar Hartmut Vinçons zur *Kritischen Studienausgabe* nennt den einen oder anderen Aspekt, der sich gleichermaßen auf den Bereich des Männlichen wie des Weiblichen beziehen kann. Diesen Spuren wurde bislang nicht nachgegangen, außerdem lassen sie sich um ein Vielfaches ergänzen. Immerhin ist Vinçons detaillierter Recherche zu verdanken, dass bereits der Name der Hauptfigur ein Indiz für Androgynie sein könnte. Die Lautkombination »Lulu« hat mehrere mögliche Quellen und Erklärungsmodelle. Bedenkt man jedoch, dass die erste Konzeption der Figur in Wedekinds Pariser Zeit fällt und von französischen Vorbildern bestimmt wird, erhält Vinçons These besonderes Gewicht: Er weist an mehreren Beispie-

---

[3] Vgl. den gewinnbringenden Beitrag von Hauke Stroszeck, »*Ein Bild, vor dem die Kunst verzweifeln muß*«. *Zur Gestaltung der Allegorie in Frank Wedekinds Lulu-Tragödie*, in: *Literatur und Theater im Wilhelminischen Zeitalter*, hg. von Hans-Peter Bayerdörfer u.a., Tübingen 1978, S. 217–237, hier S. 219.

[4] In der Germanistik hat die Zweiteilung von Stoff- und Motivgeschichte Tradition. Vgl. Elisabeth Frenzel, *Motive der Weltliteratur. Ein Lexikon dichtungsgeschichtlicher Längsschnitte*, 5., überarbeitete und ergänzte Aufl., Stuttgart 1999 (= *Kröners Taschenausgabe*, Band 301); Elisabeth Frenzel, *Stoffe der Weltliteratur. Ein Lexikon dichtungsgeschichtlicher Längsschnitte*, 7., verbesserte und erweiterte Aufl., Stuttgart 1988 (= *Kröners Taschenausgabe*, Band 300). Zwar wurde jüngst der Vorstoß unternommen, diese ›Biarchie‹ durch die Doppelung von Motiv- und Themengeschichte zu ersetzen (Horst S. Daemmrich/Ingrid G. Daemmrich, *Themen und Motive in der Literatur. Ein Handbuch*, Zweite, überarbeitete und erweiterte Aufl., Tübingen/Basel 1995 [= *UTB für Wissenschaft. Uni-Taschenbücher*, Band 8034, *Große Reihe*]), aber es fehlt noch immer ein umfassendes wissenschaftliches Plädoyer (insbesondere in Anlehnung an romanistische Überlegungen zur Thematologie) für die Relevanz der Dreiheit von Stoff, Motiv und Thema in der deutschen Literaturgeschichtsschreibung. Das kann im Folgenden natürlich nicht geleistet werden, dennoch mag diese kurze Bemerkung als Erklärung für die Verwendung der Terminologie (Stoff, Motiv *und* Thema) genügen. Vgl. dazu auch Manfred Beller, *Stoff, Motiv, Thema*, in: *Literaturwissenschaft. Ein Grundkurs*, hg. von Helmut Brackert und Jörn Stückrath, Reinbek bei Hamburg 1992 (= *Rowohlts Enzyklopädie*, Band 523), S. 30–39.

len aus der Literatur und Geschichte nach, dass im Französischen des 19. Jahrhunderts Lulu sowohl als männlicher als auch als weiblicher Vor- und Kosename gebräuchlich war.[5] Ist Lulu, die mit gleicher Anziehungskraft auf Männer wie Frauen wirkt, also weniger die »Personifikation des weiblichen Geschlechtstriebes«[6] als vielmehr ein mannweibliches ›Zwitterwesen‹? Bevor Wedekinds *Erdgeist* und *Die Büchse der Pandora* unter dem Aspekt der Androgynie untersucht werden können, ist das Phänomen selbst zu definieren und in den Kontext der Literatur von 1892 bis 1913, der Entstehungsphase der beiden Dramen, zu stellen.

Zwischen Pathologisierung und Apotheose: das Androgyne um 1900

Die Androgynie zählt seit der Antike, seit der Aristophanes-Rede in Platons *Symposion* oder der Erzählung von der Verschmelzung des Hermaphroditus und der Salmacis in Ovids *Metamorphosen,* zu den wichtigen Themen der europäischen Literatur. Es kommt durchaus zu auffälligen Häufungen in Phasen, in denen das Verhältnis der Geschlechter neu definiert, eine binäre Organisation von Wissen relativiert oder die Vorstellung androgyner Einheit als Gegenkonzept zu einer verstärkt dem eigenen Zeitalter zugeschriebenen, krisenhaften Heterogenität entworfen wird. Das Androgyne ist dabei zumeist mit poetologischen Fragestellungen verknüpft.

Die Verwendung des Androgynie-Themas kulminiert in der europäischen Literatur und bildenden Kunst vor allem während der Renaissance (Botticellis *Fortitudo,* Peruzzis *Musenreigen mit Apollo,* Peruginos *Heilige Magdalena,* Raffaels *Heiliger Sebastian,* Leonardo da Vincis *Heiliger Johannes der Täufer,* Christus-Darstellungen Mabu-

---

5   Lulus Name lässt durch seine Lautfolge eine prärationale, frühkindliche Äußerungsweise und damit das Archaisch-Mythische, Unschuldige und Zivilisationsfremde der Figur assoziieren. Als mögliche Vorbilder für den Namen dienten Zolas Nana oder auch der »Roman clownesque« bzw. die dem vorausgehende Pantomime von Félicien Champsaur mit dem Titel *Lulu.* Wedekinds Tagebuch nennt aber auch eine mannweibliche Prostituierte in Paris mit diesem Namen. Weitere Spuren der Androgynie laufen zu dem Sohn Napoleons III. (Eugène-Louis-Jean-Joseph wurde Lulu genannt), dem männlichen Titelhelden in Liebeskinds Feenmärchen *Lulu* sowie dem zeitgenössischen Luftakrobaten »Mademoiselle Lulu« (vgl. Band III/2, S. 1045ff.).

6   Artur Kutscher, *Frank Wedekind. Sein Leben und seine Werke,* 3 Bände, München 1922ff., hier Band 1, S. 363.

ses, Dürers *Bildnis eines Mädchens oder Knaben*,[7] in der Literatur bei Ariost, Aretin, Tasso, Héroet) und zur Zeit der Klassik bzw. Frühromantik. Als Beispiele aus dem deutschsprachigen Raum sind hier Werke Goethes (*Gingo biloba, Wilhelm Meisters Lehrjahre*), Schillers (*Die Geschlechter, Die Jungfrau von Orleans*), Novalis' (*Heinrich von Ofterdingen*) oder Friedrich Schlegels (*Lucinde*) zu nennen. Wie in keiner anderen Phase greifen hingegen die Literarisierungen des Androgynen zum Ende des 19. und Beginn des 20. Jahrhunderts um sich, wenn die Mannweiblichkeit quer durch alle fiktionalen Gattungen zum Gegenstand wird. Sie findet sich in Werken Heinrich wie Thomas Manns, Georges, Rilkes, Hofmannsthals, Herzmanovsky-Orlandos, Lasker-Schülers und anderer.

Die Bedeutung der Androgynie-Thematik für die europäische Literatur lässt eine Vielzahl philologischer Studien dazu erwarten, allerdings: das Gegenteil ist der Fall. Die Menge literaturwissenschaftlicher Arbeiten, die sich mit der Frage nach dem ›dritten Geschlecht‹ beschäftigen, ist überraschend gering. An umfassenderen Darstellungen sind, aus motivgeschichtlicher Sicht, hauptsächlich die Abhandlungen von Achim Aurnhammer[8] und Richard Exner[9] anzuführen. Hinzu kommen Studien mit biographischem Interesse,

---

[7]   Vgl. zur Androgynie in der bildenden Kunst: Karin Orchard, *Annäherungen der Geschlechter. Androgynie in der Kunst des Cinquecento*, Münster/Hamburg 1992 (= *Kunstgeschichte*, Band 10); *Androgyn. Sehnsucht nach Vollkommenheit* [hg. vom Neuen Berliner Kunstverein, bearbeitet von Ursula Prinz], Berlin 1986; Andrea Raehs, *Zur Ikonographie des Hermaphroditen. Begriff und Problem von Hermaphroditismus und Androgynie in der Kunst*, Frankfurt am Main u.a. 1990 (= *Europäische Hochschulschriften*, Reihe XXVIII: *Kunstgeschichte*, Band 113).

[8]   Achim Aurnhammer, *Androgynie. Studien zu einem Motiv in der europäischen Literatur*, Köln/Wien 1986 (= *Literatur und Leben*, Neue Folge, Band 30); Achim Aurnhammer, *Die eins waren, eins sind oder eins sein möchten*, in: *Androgyn. »Jeder Mensch in sich ein Paar!?« Androgynie als Ideal geschlechtlicher Identität* [...], hg. von Hartmut Meesmann und Bernhard Sill, Weinheim 1994, S. 171–184.

[9]   Richard Exner, *Das berückend Menschliche oder Androgynie in der Literatur [Thomas Mann]*, in: *Neue Deutsche Hefte*, Jg. 31 (1984), S. 254–276; Richard Exner, *Androgynie und preußischer Staat. Themen, Probleme und das Beispiel Heinrich von Kleist*, in: *Aurora. Jahrbuch der Eichendorff-Gesellschaft*, Jg. 39 (1979), S. 51–78; Richard Exner, *Die Heldin als Held und der Held als Heldin. Androgynie als Umgehung oder Lösung eines Konfliktes*, in: *Die Frau als Heldin und Autorin. Neue kritische Ansätze zur deutschen Literatur*, hg. von Wolfgang Paulsen, Bern/München 1979 (= *Zehntes Amherster Kolloquium zur deutschen Literatur*), S. 17–54. Vgl. außerdem Jin-Tae Ahn, *Östliche Weisheit, Tiefenpsychologie und Androgynie in deutscher Dichtung*, Frankfurt am Main u.a. 1991 (= *Europäische Hochschulschriften*, Reihe I: *Deutsche Sprache und Literatur*, Band 1225).

das beispielsweise Thomas Manns Faszination für das Androgyne als Sublimierung homoerotischer Neigungen versteht.[10] Ein weiterer Schwerpunkt liegt auf dem Terrain feministischer Literaturwissenschaft, oft kombiniert mit Zugängen aus der Soziologie und Gender-Forschung; hier seien stellvertretend Inge Stephan, Dorothee Alfermann und Ulla Bock genannt.[11] Gerade eine kulturgeschichtlich ausgerichtete Untersuchung[12] jenseits ausschließlich feministischer, motivgeschichtlicher oder biographischer Ansätze verspricht jedoch für das literarhistorisch gewichtige Thema der Androgynie gewinnbringend zu sein; die vorliegende Analyse von Wedekinds *Lulu* will dazu Anstöße geben.

Androgynie in der Literatur liegt dann vor, wenn der jeweilige Text einen Prozess oder Zustand zum Thema hat, in dem zwei komplementäre Hälften eins sind, waren oder sein werden; die Dichotomien müssen dabei eindeutig auf die Bereiche des Männlichen und Weiblichen bezogen sein. Häufig verlaufen die beschriebenen Vor-

---

[10] Klaus Peter Luft, *Erscheinungsformen des Androgynen bei Thomas Mann*, New York u.a. 1998 (= *Studies on Themes and Motifs in Literature*, Band 30); Barbara Wedekind-Schwertner, *»Daß ich eins und doppelt bin«. Studien zur Idee der Androgynie unter besonderer Berücksichtigung Thomas Manns*, Frankfurt am Main u.a. 1984 (= *Europäische Hochschulschriften*, Reihe I: *Deutsche Sprache und Literatur*, Band 785); Karl Werner Böhm, *Zwischen Selbstzucht und Verlangen. Thomas Mann und das Stigma Homosexualität. Untersuchungen zu Frühwerk und Jugend*, Würzburg 1991 (= *Studien zur Literatur- und Kulturgeschichte*, Band 2); Gerhard Härle, *Männerweiblichkeit. Zur Homosexualität bei Klaus und Thomas Mann*, Frankfurt am Main u.a. 1988.

[11] Inge Stephan, *Mignon und Penthesilea. Androgynie und erotischer Diskurs bei Goethe und Kleist*, in: *Annäherungsversuche. Zur Geschichte und Ästhetik des Erotischen in der Literatur*, hg. von Horst Albert Glaser, Bern/Stuttgart/Wien 1993 (= *Facetten der Literatur. St. Galler Studien*, Band 4), S. 183–208; Dorothee Bierhoff-Alfermann, *Androgynie. Möglichkeiten und Grenzen der Geschlechterrollen*, Opladen 1989; Ulla Bock, *Androgynie und Feminismus. Frauenbewegung zwischen Institution und Utopie*, Weinheim/Basel 1988 (= *Ergebnisse der Frauenforschung*, Band 16); *Androgynie. Vielfalt der Möglichkeiten*, hg. von Ulla Bock und Dorothee Alfermann, Stuttgart/Weimar 1999 (= *Querelles. Jahrbuch für Frauenforschung*, Jg. 4 [1999]).

[12] Interdisziplinarität bzw. das Verständnis der »Literaturanalyse als Interdiskursanalyse« (Jürgen Link/Ursula Link-Heer, *Diskurs/Interdiskurs und Literaturanalyse*, in: *Philologische Grundbegriffe*, hg. von Helmut Kreuzer, Göttingen 1990 [= *LiLi. Zeitschrift für Literaturwissenschaft und Linguistik*, Jg. 20, Heft 77 (1990)], S. 88–99, hier S. 91) ist dabei eine notwendige Voraussetzung, denn die deutschsprachige Literatur zu diesem Thema interagiert ständig mit weiteren Texten, die die Figur des Androgynen konstruieren. Hier sind (in einem engeren Verständnis von Text) poetische Werke der europäischen, insbesondere englischen und französischen Literatur relevant. Ein erweiterter, kultursemiotisch ausgerichteter Textbegriff, der Kultur selbst als Interaktionsprozess von Texten, als »selbstgesponnene[s] Bedeutungsgewebe« definiert (Clifford Geertz, *Dichte Beschreibung. Beiträge zum Verstehen kultureller Systeme*,

gänge in einem Dreischritt aus Ganzheit, Chiasma, Rekurs,[13] und sie machen einen erotischen Machtdiskurs sichtbar.[14] Eine Verbindung des Männlichen und Weiblichen findet in Weiterführung antiker Traditionen durch erotische Vereinigung statt oder (im Gegenzug dazu) durch die Annäherung an ein Ideal jungfräulicher Knaben- bzw. Mädchenhaftigkeit. Dieses aktualisiert performativ die entkörperlichte Einheit *vor* jeder Geschlechterdifferenz, vor dem Eintritt in die symbolische Ordnung (Lacan). Beispielsweise in Hofmannsthals *Andreas*-Fragment findet sich das Prä-Geschlechtliche des »Kind[es], [...] welches Mensch, nicht Mann noch Frau, sondern beides in ei-

---

übersetzt von Brigitte Luchesi und Rolf Bindemann, Frankfurt am Main 1983 [= *Theorie*], S. 9), macht eine Einbeziehung von bildender Kunst, Musik, Film, Psychologie, Philosophie, Naturwissenschaften, Mode und Alltagskultur unumgänglich. – Ansätze einer interdisziplinär-kulturgeschichtlichen Analyse des Androgynie-Themas finden sich in der fächerübergreifenden Anlage des interessanten Sammelbandes: *Androgyn. »Jeder Mensch in sich ein Paar!?«* (s. Anm. 8). – Vgl. zur Kultur als Text-Debatte weiterhin: Volker Gottowik, *Konstruktionen des Anderen*, Berlin 1997, hier S. 235ff.; *Kultur als Text. Die anthropologische Wende in der Literaturwissenschaft* [...], hg. von Doris Bachmann-Medick, Frankfurt am Main 1996 (= *Fischer-Taschenbücher*, Band 12781, *Kultur & Medien*) [Dort insbesondere die grundlegende Einleitung von Doris Bachmann-Medick: ebd., S. 7–64]; *Kultur, soziale Praxis, Text. Die Krise der ethnographischen Repräsentation*, hg. von Eberhard Berg und Martin Fuchs, Frankfurt am Main 1993 (= *Suhrkamp Taschenbuch Wissenschaft*, Band 1051). Vgl. aus kulturgeschichtlicher Sicht die Einführung von Ute Daniel, *Sprache/Narrativität*, in: Ute Daniel, *Kompendium Kulturgeschichte. Theorien, Praxis, Schlüsselwörter*, Frankfurt am Main 2001 (= *Suhrkamp Taschenbuch Wissenschaft*, Band 1523), S. 430–443; Terry Eagleton, *The Idea of Culture*, Oxford/Malden (Massachusetts) 2000. – Zum Begriff des Diskurses vgl. Heinz-Ulrich Nennen, *Diskurs. Begriff und Realisierung*, Würzburg 2000; *Diskurstheorien und Literaturwissenschaft*, hg. von Jürgen Fohrmann und Harro Müller, Frankfurt am Main 1988 (= *Suhrkamp Taschenbuch Materialien*, Band 2091).

[13] Um der Gefahr inhaltlicher Unschärfe zu begegnen, legt Achim Aurnhammer eine exakte strukturelle Schablone an: Den Aufbau etlicher Texte zur Androgynie bestimme eine zyklische Ordnung, ein »symbolontisches Curriculum«. Dieses gehe von einer Ganzheit aus, die in zwei Hälften zerfalle und schließlich wieder rekursiv in ihrer Unteilbarkeit aufscheine. Aurnhammer, *Androgynie* (s. Anm. 8), S. 3. Oder wie es Hugo von Hofmannsthal formuliert: »als ob zwei Hälften [...]eines Wesens die auseinandergerissen waren, wieder in eins zusammengingen«. Hugo von Hofmannsthal, *Andreas*, in: Hugo von Hofmannsthal, *Andreas. Der Herzog von Reichstadt. Philipp II. und Don Juan d'Austria*, aus dem Nachlaß hg. von Manfred Pape, Frankfurt am Main 1982 (= Hugo von Hofmannsthal, *Sämtliche Werke. Kritische Ausgabe*, veranstaltet vom Freien Deutschen Hochstift [...], Band 30), S. 5–218, hier S. 21.

[14] Vgl. die Definitionsvorschläge der feministischen Literaturwissenschaft. Die Geschlechterdifferenz wird als »kulturelle Setzung« (Bock, *Androgynie und Feminismus* [s. Anm. 11], S. 121), die daraus resultierende soziale Stigmatisierung als Akt der Gewalt, als »Zwangsordnung« zurückgewiesen. Judith Butler, *Das Unbehagen der Geschlechter*, aus dem Amerikanischen von Kathrina Menke, Frankfurt am Main 1991

nem« sei.[15] Das Thema der Androgynie kristallisiert in topischen Motiven (Pierrot, Lilie, Orchidee etc.), insbesondere in Bildern der Schwelle, Grenze oder Dämmerung, und in transtextuellen Bezügen (zu den »Hypotexten«[16] Platons, Ovids, Goethes u.a.) aus. Katachrese und Synästhesie, Paradoxon und Oxymoron sind Stilmittel, die mit der Mannweiblichkeit existenziell verbunden sind. Sie korrespondiert daneben häufig mit Textformen, die die Gattungsgrenzen bewusst überschreiten oder mit Konzeptionen eines Gesamtkunstwerks einhergehen. Narrative und nicht-narrative Darstellungsstrukturen mischen sich ebenso wie Literatur und Elemente aus Film, Musik, bildender Kunst, Cabaret etc. Eine (dem Thema inhärente) Grenzüberschreitung findet auch im Formalen statt.[17]

(= *Gender Studies. Vom Unterschied der Geschlechter*. Edition Suhrkamp, Band 1722, Neue Folge, Band 722), S. 22 [1990 im englischen Original erschienen unter dem Titel *Gender Trouble*]. – Stephan liest (am Beispiel von Goethes *Wilhelm Meisters Lehrjahre* und Kleists *Penthesilea*) die Androgynie als den von männlicher Position aus geführten »erotischen Machtdiskurs« im Sinne einer Funktionalisierung und Abtötung des weiblichen Körpers sowie der Überführung von »körperliche[m] Begehren in Kunstpraxis«. In der spezifischen Darstellung der Mannweiblichkeit wird damit eine Spielart des unlösbaren Verhältnisses von »Eros und Gewalt« ersichtlich. Stephan, *Mignon und Penthesilea* (s. Anm. 11), S. 193, S. 200 und S. 205. – Allgemein wird in der feministischen Literaturwissenschaft und in der Gender-Forschung das androgyne »dritte Geschlecht« als Ausweg aus der Gewaltspirale, die aus der polaren Geschlechterdifferenz resultiert, propagiert. Mit Judith Butlers Kritik an einer als präkulturell angenommenen Geschlechter-Identität und der daraus folgenden Forderung, die Konstruktionsmechanismen und Modifikationsmöglichkeiten des kulturellen Geschlechts (»gender«) offen zu legen, richtet sich in den 1990er Jahren das Augenmerk verstärkt auf androgyne Mischformen der »heterosexuellen Matrix«, auf »gender crossing«. Butler, *Das Unbehagen der Geschlechter* (s. Anm. 14), S. 63. Vgl. auch *Third sex, third gender. Beyond sexual dimorphism in culture and history*, hg. von Gilbert Herdt, New York 1994; *Crossover. Cultural hybridity in ethnicity, gender, ethics*, hg. von Therese Steffen, Tübingen 2000 (= *Stauffenburg discussion*, Band 14).

[15]   Hofmannsthal, *Andreas* (s. Anm. 13), S. 99.

[16]   Terminologie nach Gérard Genette, *Palimpseste. Die Literatur auf zweiter Stufe*, aus dem Französischen von Wolfram Bayer und Dieter Hornig, Frankfurt am Main 1993 (= *Aesthetica*. Edition Suhrkamp, Band 1683, Neue Folge, Band 683).

[17]   Diese Bemerkungen passen nicht nur auf Wedekinds *Lulu*, sondern auch auf Alban Bergs Oper, die die Grenzüberschreitung mehrfach musikalisch umsetzt: in der Verbindung von Film (ein Stummfilm trägt das Geschehen zwischen den *Erdgeist*- und den *Pandora*-Akten nach), Schauspiel und Oper; im Kontinuum von Sprechen und Singen (in allen Formen des Sprechens, rhythmischen Sprechens und des Belcanto); im Übergang von Bühnengeschehen und Musik (bis hin zu den berühmten Schüssen, die rhythmisch eingesetzt werden). Was das Androgyne im engeren Sinne betrifft, setzt die Mezzosopran-Stimmlage der Geschwitz ebenso interessante Akzente wie die Mehrfachbesetzungen, die die Geschlechtergrenzen fließend werden lassen: So teilen sich Hugenberg, die Garderobiere und der Groom eine Alt-Stimme.

Diese Definitionsmerkmale treffen auf eine Fülle von Texten zu, die im Fin de siècle entstanden, an einer Jahrhundertwende, die eine intensive Diskussion des Androgynen auf vielen Ebenen mit sich führt; das Thema bestimmt fast alle repräsentativen Diskurse der Zeit. Es gehört zum einen zu den dominanten Themen in der bildenden Kunst, vor allem im Jugendstil und Symbolismus (Aubrey Beardsley, Simeon Solomon, Gustave Moreau, Odilon Redon, Jean Delville und Fernand Khnopff greifen es ebenso auf wie selbst Gauguin in seinen Maori-Darstellungen) mit deutlichem Rückbezug auf Präraffaeliten wie Dante Gabriel Rossetti oder Edward Burne-Jones. Zum anderen sind in der Literatur Autoren zu nennen wie Else Lasker-Schüler (mehrere Gedichte, etwa *Mein Drama, Chaos*), Stefan George (Texte aus *Algabal* und *Der Stern des Bundes*), Rainer Maria Rilke (einige der Engelsfiguren), Thomas Mann (*Wälsungenblut*; fast alle Werke Thomas Manns thematisieren das Androgyne), Heinrich Mann (*Das Wunderbare*), Hugo von Hofmannsthal (*Andreas, Lucidor / Arabella, Der Rosenkavalier;* in Strauss' Vertonung wird das Spiel mit androgynen Elementen teilweise unterstrichen, teilweise stark vereindeutigt), Stanislaw Przybyszewski (*Androgyne*) oder später viele Expressionisten. Auf sie wirken insbesondere französische Vorbilder wie Théophile Gautier (*Mademoiselle de Maupin,* 1835), Honoré de Balzac (*Séraphîta,* 1835),[18] Joséphin Péladan (*L'Androgyne, La gynandre,* beide 1891), Joris Karl Huysmans (*A rebours,* 1884), Marguerite Eymery / Rachilde (*Monsieur Vénus,* 1884), Stéphane Mallarmé (*Les Fleurs* und andere Gedichte, *Hérodiade*), Charles Baudelaire (mehrere Sonette zur Androgynie) und englischsprachige Einflüsse (Oscar Wilde, Edgar Allan Poe). Figuren wie der Dandy oder die Femme fatale bringen die Effemination des Mannes und die Virilisierung der Frau auch in die deutsche Literatur. Hinzu kommt die Romantik- und Renaissance-Rezeption; sie vermittelt Autoren der Jahrhundertwende nachweislich Vorstel-

---

[18]   Hier ist Mircea Eliade zu widersprechen, der Balzacs *Séraphîta* als bislang letzten Text der europäischen Literatur bewertet, der eine adäquate und ›gelungene‹ Umsetzung der Androgynie-Thematik leiste. Mircea Eliade, *Méphistophélès et l'androgyne,* [Paris] 1962 [deutsche Fassung: Mircea Eliade, *Mephistopheles und der Androgyn. Das Mysterium der Einheit,* aus dem Französischen von Ferdinand Leopold, Frankfurt am Main/Leipzig 1999].

lungsbereiche der Androgynie: Sowohl Weininger und Freud[19] als auch die Brüder Mann oder Oscar Wilde beziehen sich in ihren Äußerungen zur Mannweiblichkeit auf Walter Paters *Studies in the history of the renaissance*, Jacob Burckhardts *Die Kultur der Renaissance in Italien* oder Ricarda Huchs *Blütezeit der Romantik* (1899), wo beispielsweise die angebliche Androgynie Goethes und der Romantiker der einseitigen Männlichkeit Schillers gegenübergestellt wird.[20]

Die Zeit der Entstehung und Überarbeitung von Wedekinds Lulu-Dramen von der ersten Konzeption 1892 bis hin zur Ausgabe letzter Hand 1913 ist eine Phase, in der auch die Autoren und Autorinnen selbst (Oscar Wilde, Joséphin Péladan, Else Lasker-Schüler und weitere) die eigene Künstlerexistenz in provokanten Rollen inszenieren, die bewusst die Grenze der Geschlechter überschreiten oder ein Selbstbild des Androgynen entwerfen. In der Bohème-Kultur der Großstädte, in der sich Frank Wedekind bewegt, finden sich zahlreiche provozierende Inszenierungen des androgynen Körpers. Die Lust an der die Rollen verkehrenden Verkleidung fördern beispielsweise die legendären Schwabinger Künstlerfeste und Maskenbälle. Dort sind, wie Wedekinds Tagebücher gelegentlich verzeichnen, Kostümierungen à la »Hermaphrodit als Backfisch«[21] anzutreffen. Schwabing bietet eine willkommene Bühne für Persönlichkeiten wie den sich in Kleidung, Habitus und Schminke zwischen den Geschlechtern situierenden Tänzer Alexander Sacharoff. Er avanciert zum beliebten Modell einiger Schwabinger Maler, etwa der künstlerischen Wohngemeinschaft von Marianne von Werefkin, Alexej von Jawlensky und anderen in der Giselastraße 23.[22] Auch auf den Varie-

---

[19] Vgl. insbesondere Freuds *Drei Abhandlungen zur Sexualtheorie* (1905) und *Eine Kindheitserinnerung des Leonardo da Vinci* (1910), in: Sigmund Freud, *Sexualleben* und *Bildende Kunst und Literatur* (= Sigmund Freud, *Studienausgabe*, hg. von Alexander Mitscherlich u.a., 11., korrigierte Aufl., Frankfurt am Main 1989, Band V und Band X), S. 37–145 und S. 87–159. Vgl. auch Sigmund Freud, *Briefe an Wilhelm Fliess 1887–1904. Ungekürzte Ausgabe*, hg. von Jeffrey Moussaieff Masson [...], Frankfurt am Main 1986.

[20] Vgl. Ricarda Huch, *Die Romantik. Ausbreitung, Blütezeit und Verfall*, Tübingen 1951, S. 185ff. [einzeln erschienen als *Blütezeit der Romantik* sowie *Ausbreitung und Verfall der Romantik* 1899 bzw. 1902, im Verbund als *Die Romantik* 1908].

[21] Wedekind, *Die Tagebücher* (s. Anm. 1), S. 119 (24. August 1889).

[22] Vgl. *Schwabing. Kunst und Leben um 1900*, hg. von Helmut Bauer, München 1998, S. 244ff.

tébühnen und in den Zirkusmanegen dieser Zeit gehören Nummern mit Artisten und Artistinnen en travesti zum festen Repertoire.[23] Eine sich erstmals formierende Homosexuellenbewegung[24] und die in Bezug auf Bildung, Berufstätigkeit und Familienschutz vehement gestellte Frauenfrage[25] lösen zudem breite öffentliche Diskussionen um die Verweiblichung des Mannes bzw. die Vermännlichung der Frau aus. Wir befinden uns darüber hinaus in einer Phase, in der zahlreiche naturwissenschaftliche, kulturhistorische und philosophische[26] Arbeiten das Verhältnis der Geschlechter reflektieren, den Anspruch auf die Alleingültigkeit zeitgenössischer Konventionen untergraben und Männliches wie Weibliches – mitunter in expliziter Diskussion des Androgynen – neu bestimmen. Selbst Bachofen[27]

---

[23] Vgl. Christine Schmitt, *Artistenkostüme. Zur Entwicklung der Zirkus- und Varietégarderobe im 19. Jahrhundert*, Tübingen 1993 (= *Theatron. Studien zur Geschichte und Theorie der dramatischen Künste*, Band 8). – Das gilt für die beiden ›Geburtsstädte‹ der Lulu, München wie Paris, gleichermaßen, so lobpreist Wedekind: »Es ist unglaublich, wie erfinderisch diese Pariser Kunsttempel darin sind, um sich selbst und ihre Konkurrenten in Kostümen zu überbieten. Ich habe diese Art von Kultur von jeher sehr hoch zu schätzen gewußt, ich habe auch in München nichts versäumt, was in Kostümkunde zu profitieren war und fühle mich demgemäß hier [in Paris] gewissermaßen an der hohen Schule.« Zitiert nach Kutscher, *Frank Wedekind* (s. Anm. 6), hier Band 1, S. 263f.

[24] Vgl. neben dem Engagement Carl Heinrich Ulrichs, den zahlreichen Diskussionen um §175 RStGB (ab 1897 und später im Zuge der Strafrechtsreform 1909ff.) sowie der Arbeit Magnus Hirschfelds mit seinem *Jahrbuch für sexuelle Zwischenstufen*, Wissenschaftlich-humanitären Comitée und Institut für Sexualwissenschaft (s. Anm. 30) auch die spektakulären Prozesse um die Frage der Homosexualität. Vgl. aus juristischer Sicht Karsten Hecht, *Die Harden-Prozesse. Strafverfahren, Öffentlichkeit und Politik im Kaiserreich*, München 1997 [Dissertation].

[25] Vgl. *Europäische Wirtschafts- und Sozialgeschichte von der Mitte des 19. Jahrhunderts bis zum Ersten Weltkrieg*, hg. von Wolfram Fischer, Stuttgart 1985 (= *Handbuch der europäischen Wirtschafts- und Sozialgeschichte*, Band 5), S. 381–390; *20. Jahrhundert*, hg. von Françoise Thébaud, Frankfurt am Main u.a. 1995 (= *Geschichte der Frauen*, Band 5); *19. Jahrhundert*, hg. von Geneviève Fraisse und Michelle Perrot, Frankfurt am Main u.a. 1994 (= *Geschichte der Frauen*, Band 4); Ute Frevert, *Frauen-Geschichte. Zwischen Bürgerlicher Verbesserung und Neuer Weiblichkeit*, Frankfurt am Main 1986 (= *Neue Historische Bibliothek. Edition Suhrkamp*, Band 1284, Neue Folge, Band 284); *Stieftöchter der Alma mater? 90 Jahre Frauenstudium in Bayern – am Beispiel der Universität München. Katalog zur Ausstellung*, hg. von Hadumod Bußmann, München 1993.

[26] Vgl. zur Androgynie-Thematik bei Nietzsche unter anderem Barbara Neymeyr, *Das Genie als Hermaphrodit? Schopenhauers ästhetische Fertilitätsmetaphorik und ihr Verhältnis zu Nietzsche*, in: *Zeitschrift für Ästhetik und allgemeine Kunstwissenschaft*, Jg. 40/1 (1995), S. 199–217.

[27] Johann Jakob Bachofen, *Das Mutterrecht*, 2 Bände, [...] hg. von Karl Meuli, 3. Aufl., Basel 1948.

und Weininger leisten dem Vorschub, obwohl bei beiden androgyne Mischformen dem Weiblichen bzw. Männlichen untergeordnet sind. Sie machen das Verhältnis der Geschlechter als veränderbare historische Phänomene bzw. als individuellen Standort zwischen den beiden Polen absoluter Männlichkeit und absoluter Weiblichkeit, als jeweiliges »*Mischungsverhältnis*[…]«[28] maskuliner und femininer Anteile sichtbar. Weininger geißelt seine Zeit übrigens in einigen Passagen von *Geschlecht und Charakter* als androgyne – mit einer Vielzahl »männliche[r] Weiber« und »weibliche[r] Männer«,[29] einem die Androgynie unterstreichenden Schönheitsideal und der Vermännlichung der Frau in deren Emanzipationsbestrebungen. Androgynie wird, so verstanden, zum Symptom des Kulturverfalls, dem durch asketische Enthaltsamkeit (vor allem des Mannes) zu begegnen sei. Als weitere prominente Studien aus der zeitgenössischen Sexualpsychologie sind die Arbeiten von Magnus Hirschfeld[30] oder auch Wilhelm Fließ zu nennen, deren These von der prinzipiellen »Doppelgeschlechtigkeit aller Organismen«[31] breite Rezeption findet. Beide setzen sich kritisch mit der Pathologisierung des Androgynen auseinander, wie sie noch Krafft-Ebing vornimmt. Fließ selbst überträgt seine These – beispielsweise in der Vortragssammlung *Vom Leben und vom Tod* – auf den Künstler, der grundsätzlich im »Zwischenreich«[32] der Androgynie angesiedelt sei. Die Paarung von Androgynität und Künstlertum ist repräsentativ für viele Werke der sexualpsychologischen wie der fiktionalen Literatur um 1900. Für einige

[28] Otto Weininger, *Geschlecht und Charakter. Eine prinzipielle Untersuchung.* Einundzwanzigste, unveränderte Aufl., Wien/Leipzig 1920, S. 63.

[29] Ebd., S. 87.

[30] Magnus Hirschfeld, *Die Homosexualität des Mannes und des Weibes.* Nachdruck der Erstauflage von 1914 mit einer kommentierenden Einleitung von E.J. Haeberle, Berlin/New York 1984; *Jahrbuch für sexuelle Zwischenstufen. Auswahl aus den Jahrgängen 1899–1923*, im Namen des wissenschaftlich-humanitären Comitées hg. von Magnus Hirschfeld, 2 Bände, neu ediert von Wolfgang Johann Schmidt, Frankfurt am Main/Paris 1983f.; Magnus Hirschfeld, *Berlins Drittes Geschlecht. Mit einem Anhang: Paul Näcke. Ein Besuch bei den Homosexuellen in Berlin*, hg. und mit einem Nachwort versehen von Manfred Herzer, Berlin 1991 (= *Bibliothek rosa Winkel*, Band 1); Magnus Hirschfeld, *Geschlechtsanomalien und Perversionen. Ein Studienbuch für Ärzte, Juristen, Seelsorger und Pädagogen*, aus dem Nachlaß ergänzt und geordnet von seinen Schülern, Villefranche-Nice o.J.

[31] Wilhelm Fließ, *Vom Leben und vom Tod. Biologische Vorträge*, Jena 1916, S. 105. Vgl. auch Wilhelm Fliess, *Von den Gesetzen des Lebens*, Frankfurt am Main/New York 1985.

[32] Fließ, *Vom Leben und vom Tod* (s. Anm. 31), S. 69.

Autoren, die in dieser Phase ihre künstlerische Prägung erfahren, bleibt die Vorstellung des mannweiblichen Künstlers gar ein Lebensthema. In dem Zusammenhang ist neben Else Lasker-Schüler oder Stefan George natürlich Thomas Mann zu nennen, dessen Künstlerfiguren bis ins Spätwerk hinein androgyne Züge aufweisen. So beschreibt er noch 1938 anhand der zweigeschlechtigen Symbolik des Mondes die Mittelstellung der Kunst und der Ironie, die wiederum die Kunst zu einer prinzipiell androgynen Erscheinung mache:

> Genau dies denn also ist die Stellung der Kunst zwischen Geist und Leben. Androgyn wie der Mond, weiblich im Verhältnis zum Geiste, aber männlich zeugend im Leben, [...] ist ihr Wesen das eines mondhaft-zauberischen Mittlertums zwischen den beiden Regionen. Dies Mittlertum ist die Quelle ihrer Ironie.[33]

Mit der zwitterhaften Mittelstellung der Kunst wird um 1900 eine Erlösungssehnsucht verbunden, die die unaufhörliche Dissoziation des modernen Ich zu überwinden sucht. Hier finden sich Figuren, die Züge von androgyn gestalteten Madonnen, Engeln oder Christus tragen. Anders als in thematisch vergleichbaren Texten der Antike (Platon, Ovid) oder der Romantik, etwa Friedrich Schlegels *Lucinde*, Novalis' *Heinrich von Ofterdingen* etc., bleibt die androgyne Verschmelzung in einigen um 1900 entstandenen Werken jedoch ephemer. Der Kreis schließt sich nicht mehr zur mythischen Ewigkeit. Hieraus resultiert neben anderem die Beifügung von Androgynität und Tod bzw. Krankheit, die sich ebenfalls als roter Faden durch die Literatur dieser Phase zieht und beispielsweise in neoromantischen Variationen des Liebestodes ausprägt. Weitere Aspekte in dem Paradigma des Androgynie-Themas um 1900 sind die Verzahnung von bildender Kunst und Literatur sowie, damit zusammenhängend, die Sprachlosigkeit und die präverbale Vollkommenheit des Androgynen, der Selbstbezüglichkeit und des Antidialogischen schlechthin.

Geradezu idealtypisch lassen sich diese Beobachtungen an einem Text Heinrich Manns exemplifizieren, dessen spärliche Interpretationen bislang die ausgeprägte Bildlichkeit androgyner Vereinigung

---

[33] Thomas Mann, *Schopenhauer*, in: Thomas Mann, *Reden und Aufsätze 1*, Zweite, durchgesehene Aufl., Frankfurt am Main 1974 (= Thomas Mann, *Gesammelte Werke in dreizehn Bänden*, Band IX), S. 528–580, hier S. 535.

übersahen: Die Rede ist von der 1894 entstandenen Novelle *Das Wunderbare*. Obwohl mit Heinrich Manns Femme fragile Lydia auf den ersten Blick ein Gegentypus zu Lulu die literarische Bühne betritt, ergeben sich bei beiden Parallelen in der Gestaltung des Androgynie-Themas. Der Protagonist der Novelle, Siegmund Rohde, erzählt von einem Erlebnis seiner Jugend, in dem er »das Wunderbare« kennen lernte, und dieses Wunderbare ist bis zu einem gewissen Grade beschreibbar als androgyne Entgrenzungsphantasie des dekadenten Ästheten, eingebettet in eine Welt der Kunst wie der deutlich markierten Künstlichkeit.[34] In einer neoromantisch gestalteten Landschaft mit »verwitterte[n] Marmorbilder[n]«,[35] verzaubert wirkenden Lichtungen und weißen Blüten, die an die Ornamentik des Jugendstils erinnern, begegnet Rohde Lydia, der sowohl Engels- und Marien- als auch Christus-Motive in ihren jeweils über den Geschlechtern stehenden Ausprägungen beigefügt werden. So setzt Rohde Lydia mit Madonnen des Fra Angelico und anderer Künstler der italienischen Renaissance in eins (Heinrich Mann bezieht sich wohl unter anderem auf Fra Angelicos *Verkündigung* im Kloster San Marco zu Florenz) und impliziert damit nicht nur Lydias entkörperlichte Sakralisierung, sondern auch deren androgyne Züge. Lydia werden im Verlauf der Novelle immer wieder Eigenschaften zugeschrieben, die die Ganzheit ihrer Welt jenseits der Dichotomien und ihre vorsprachliche Selbstgenügsamkeit betonen. Rohde, ohnehin schon durch Krankheit effeminiert,[36] beginnt sich der todkranken Lydia mehr und mehr anzugleichen und entwirft eine androgyne Verschmelzungsvision, die den Topos des romantischen Liebestodes aufgreift:

---

[34] Rohde kommt in eine »Welt von Kunst«, die noch dazu als seine eigene Projektion offen gelegt wird: »Hatte ich doch, ohne es recht zu wissen, meinen Blütentraum fortgesponnen und See und Garten und Haus belebt, mit allem, was ich wünschen mochte, mit allem, was wir ahnen von Huld und Glück.« Heinrich Mann, *Das Wunderbare*, in: Heinrich Mann, *Haltlos. Sämtliche Erzählungen*, Band 1, Frankfurt am Main 1995 (= Heinrich Mann, *Gesammelte Werke in Einzelbänden*, hg. von Peter-Paul Schneider), S. 224–256, hier S. 230 und S. 235.

[35] Ebd., S. 232.

[36] In zahlreichen Texten der Jahrhundertwende wirkt die Krankheit der männlichen Figuren effeminierend: Die gängigen Attribute von Männlichkeit (körperliche Kraft, ein reger Bezug zur Außenwelt, die vita activa) werden zugunsten von Innerlichkeit, der vita contemplativa und körperlichen Transzendierung zum Seelischen, also zugunsten von traditionell ›weiblichen‹ Charakteristika geschwächt. Diese Tendenz stellt eine Schattierung von und zugleich Abgrenzung zu der um 1900 verbreiteten Pathologisierung des Androgynen dar.

Lebte ich doch nur von ihrer Seele und ganz eingeschlossen in den Rätseln ihres Wesens, die für mich keine waren. Ich kannte sie, weil ich mit ihr eins war. Wie hätten die getrennten Körper in der letzten Stunde unserer Vereinigung lösen können. [...] Und während unsere Augen sich trafen und lange, lange ineinander vertieft blieben, erfuhr ich, daß endlich, dennoch, die Trennung unserer Körper besiegt sei, daß sie nun ganz mein Traum geworden und ich der ihre [...].[37]

Nun haben jedoch Lulu, eine der erotischsten Figuren der Weltliteratur, und jene entkörperlichte Femme fragile Lydia auf den ersten Blick gar nichts gemein, außer man richtet das Augenmerk auf die für beide Werke bedeutende Thematik des Androgynen. Wie lassen sich Wedekinds Lulu-Dramen in diesen Kontext integrieren? Oder, anders gefragt, was verbindet die angebliche Femme fatale[38] Lulu mit dem Komplex der Androgynie? Lulu ist, ähnlich wie Heinrich Manns Lydia, der Mittelpunkt eines dichten Gewebes aus Zitaten, Motiven und Stoffelementen, die auf eine lange Tradition der Androgynie in der Kunst verweisen.

---

[37] Heinrich Mann, *Das Wunderbare* (s. Anm. 34), S. 248 und S. 252. – Jedoch: Rohde überlebt, die androgyne Verschmelzung bleibt eine nur momenthafte. Heinrich Manns Text geht noch einen Schritt weiter als viele der Beispiele, von denen im Folgenden die Rede sein wird. Die Rahmenerzählung skizziert, unter welchen Bedingungen es gelingen kann – oder auch nicht –, das Wunderbare in den gesellschaftlichen Alltag zu integrieren. Rohde ist viele Jahre später Kommunalpolitiker in einer Kleinstadt, ein Bürger, der durchaus etwas Speck angesetzt und eine »angenehm[e]«, allerdings nicht »besonders fesselnd[e]« Frau geheiratet hat. Das Dingsymbol der Novelle, das als Konzentrat des Wunderbaren fungiert, erscheint auch in der Rahmenerzählung: Rohde baut in seinem Garten jene weiße Winde an, die für Lydias Welt der androgynen Künstlichkeit so charakteristisch war, aber eine etwas robustere Art. Rohde hat in seiner Tätigkeit als Stadtverordneter zu sozialer Verantwortung gefunden (er baut Kanäle etc.), ohne das Wunderbare vergessen zu haben, jedoch auch ohne es »zum Alltäglichen machen zu können«; ebd., S. 226 und S. 228.

[38] Das Klischee der Femme fatale Lulu ist durchaus mit dem Bild einer androgynen Lulu vereinbar; Attribute der Femme fatale, die Lulu mitunter (fälschlicherweise oder zumindest mit fragwürdigem Ausschließlichkeitsanspruch) zugeschrieben wurden, sind der Androgynität wesenhaft zu Eigen: die Inkommensurabilität und Singularität, das aus dem Alltäglichen weit Herausragende, die erotische Anziehungskraft und keusche Ursprünglichkeit, die Provokation bürgerlicher Geschlechterbilder, der Traum von der Überwindung existenzieller Gegensätze und Dissoziationen, die Sehnsucht nach dem Ursprungs- und Zielpunkt etc.

Pierrot, Hermaphrodit und Kugelmensch:
Lulu und die ›Inkarnationen‹ des Androgynen

Es gibt eine Figur, die in der Literatur und bildenden Kunst um 1900 an wichtiger Stelle steht und die zugleich aufs Engste mit dem Thema der Androgynie zusammengedacht werden muss. Diese Figur wird von der ersten bis zur letzten Szene mit Lulu assoziiert: der Pierrot.[39] Lulu erscheint zum ersten Mal im Stück als Pierrot gekleidet, nicht als Pierrette, sondern in deren ›männlicher‹ Ausprägung, soweit man beim Pierrot überhaupt von einer dezidierten Geschlechterunterscheidung ausgehen kann. Sie trägt ein weißes Pierrot-Kostüm mit Hosen und steht damit derart »in Einklang«, »als wäre [ihr Körper] darin zur Welt gekommen« (Band III/1, S. 323). Es ist also von einer Entsprechung zwischen Lulu und dem Pierrot und seiner sexuellen Ambivalenz auszugehen. Der Pierrot entzieht sich einer geschlechtlichen Festlegung; in diesem Gewand wird Lulu als solches Zwitterwesen auch wahrgenommen: als Pierrot sei Lulu mit märchenhaftem Zauber als Mann kostümiert, heißt es einmal, und Schön lehnt das Kostüm aufgrund seiner androgynen Wirkung entschieden ab (vgl. Band III/1, S. 462). Diesem angedeuteten Kleidertausch folgen weitere Szenen, in denen Lulu davon erzählt, als Herr und als Knappe verkleidet auf Kostümbällen gewesen zu sein, oder in denen Lulu die Kleidung ihres Dieners trägt. Der Pierrot verkörpert das Changieren zwischen den Geschlechtern wie keine andere Figur der Comédie italienne.

In Wedekinds Lulu-Dramen, Heinrich Manns Novelle *Das Wunderbare* wie in weiteren Texten, die sich mit dem Thema Androgynie beschäftigen, dominiert die unbunte Farbe Weiß. Lulu wird nicht nur als Pierrot mit dem Weißen konnotiert, sondern trägt alle Szenen hindurch weiße Kleider – mit Ausnahme zweier Auftritte: bei der Entlassung aus dem Gefängnis zu Beginn der *Büchse der Pandora* und bei der Ermordung durch Jack the Ripper am Ende des Stücks. Weiß symbolisiert natürlich eine ursprüngliche Unschuld, damit einhergehend jedoch, wie es bei Heinrich Mann heißt, die

---

[39]   Vgl. dazu Naomi Ritter, *The Portrait of Lulu as Pierrot*, in: *Frank Wedekind Yearbook*, Jg. 1991, S. 127–137, zur Androgynie besonders S. 130f.; Erhard Weidl, *Lulu's Pierrot-Kostüm und die Lüftung eines zentralen Kunstgeheimnisses*, in: *Editio. Internationales Jahrbuch für Editionswissenschaft* [...], Jg. 2 (1988), S. 90–110.

Gesamtheit aller Farben.[40] Diese Vorstellung der Reinheit und Einheit wird bei Wedekind ergänzt durch Assoziationen des Künstlichen, Kalten (Lulus Haut ist so weiß wie die einer Puppe oder wie »Schnee auf Eis«, Band III/1, S. 413) und – im Bild des Still-Lebens – mit Assoziationen des Todes. Auch in dieser Hinsicht sind eine androgyne Ganzheit und Ursprünglichkeit auf für die Literatur um 1900 repräsentative Weise mit Künstlichkeit und Tod verkettet.

Der Rückbezug auf traditionelle Motive der Androgynie erschöpft sich nicht in der Figur des Pierrot und der Farbsymbolik. Wie in anderen Texten dieser Thematik und dieser Epoche wird das Bild der Mannweiblichkeit durch Zitate[41] aufgerufen, in denen sich Wedekinds *Lulu* und eine weitere Kulminationsphase des Androgynen berühren: die Klassik und Romantik. Wedekinds *Erdgeist* und *Die Büchse der Pandora* verweisen mehrmals auf Goethe und die Frühromantik. Was die Androgynie angeht, sind vor allem folgende Parallelen interessant: Dr. Schön, der neben der Geschwitz am engsten mit Lulu verbunden ist und dessen Beziehung zu ihr immer wieder mit Androgynie-Bildern beschrieben wird, nennt seine spätere Ehefrau Mignon und spielt auf Goethes androgyne Gestalt des »wunderbare[n] Kind[es]«[42] im Umkreis der wandernden Theatergesellschaft in *Wilhelm Meisters Lehrjahre* an. Schön weist besonders darauf hin, dass Erscheinungsbild und Herkunft Lulu zur Mignon machen (vgl. Band III/1, S. 356). Nicht nur Wilhelm kann »nicht mit sich einig werden, ob er sie [Mignon] für einen Knaben oder für ein Mädchen erklären sollte«.[43] In der *Theatralischen Sendung* wie in den *Lehrjahren* führt die Androgynie Mignons bis ins Grammatikali-

---

[40] Heinrich Mann, *Das Wunderbare* (s. Anm. 34), S. 229: »deren Weiß einen Hauch aller Farben in sich trägt«. Vgl. auch Johann Wolfgang von Goethe, *Zur Farbenlehre. Didaktischer Teil*, in: Johann Wolfgang von Goethe, *Naturwissenschaftliche Schriften I*, textkritisch durchgesehen und kommentiert von Dorothea Kuhn und Rike Wankmüller, 11., durchgesehene Aufl., München 1994 (= *Goethes Werke. Hamburger Ausgabe in 14 Bänden*, hg. von Erich Trunz, Band 13), S. 314–536, hier S. 332: »das Weiße, als Stellvertreter des Lichts«.

[41] Vgl. zur Figur des Zitats generell: Sibylle Benninghoff-Lühl, *»Figuren des Zitats«. Eine Untersuchung zur Funktionsweise übertragener Rede*, Stuttgart/Weimar 1998.

[42] Johann Wolfgang von Goethe, *Wilhelm Meisters Lehrjahre*, in: Johann Wolfgang von Goethe, *Romane und Novellen II*, textkritisch durchgesehen und kommentiert von Erich Trunz, 13., durchgesehene Aufl., München 1994 (= *Goethes Werke. Hamburger Ausgabe in 14 Bänden*, hg. von Erich Trunz, Band 7), S. 98. Auch Alwa nennt Lulu Mignon, was zeigt, dass es sich hier nicht nur um eine willkürliche Bedeutungszuschreibung unter mehreren handelt.

[43] Ebd., S. 91.

sche hinein: Der Erzähler wechselt zwischen den Personalpronomina »er«, »sie« und schließlich »es«, wenn er Mignon beschreibt. Mignon wie Lulu teilen die Wortarmut und die weiße Kleidung geschlechtlicher Mischwesen; beide verkörpern das Kostbare, das Faszinierende, das Rätselhafte wie auch (im Motiv der Schuld und der archaischen Bestrafung) das Monströse und das Abstoßende des Androgyns. Übrigens werden Lulu und Mignon kurz vor ihrem Tod dazu bewogen, ihre Position in der Mitte zwischen den Geschlechtern aufzugeben und sich auf die Seite des ausschließlich Weiblichen zu verlagern, was mit Bildern der Zerstörung und Misshandlung einhergeht und den Tod der jeweiligen Figur vorwegnimmt.

Auch das Symbol der Lilie teilen Mignon und Lulu. Beide tragen diese Blüten in den Händen. Mignons im Inzest[44] ihrer Eltern gezeugte Androgynität wird sogar expressis verbis damit verglichen. Die Lilie ist ein traditionelles Symbol androgyner Verschmelzung, und im Sinne einer botanischen Beglaubigung des Mannweiblichen in der monözischen Bisexualität der Lilie verwendet es auch Goethes Harfner: »Seht die Lilien an: entspringt nicht Gatte und Gattin auf *einem* Stengel? Verbindet beide nicht die Blume, die beide gebar, und ist die Lilie nicht das Bild der Unschuld, und ist ihre geschwisterliche Vereinigung nicht fruchtbar?«[45] Diese Vorstellung findet sich nicht nur

---

[44] Lulus wie Mignons Herkunft ist von Inzest überschattet: Mignon ist das Kind der (androgynen) Geschwisterliebe zwischen Sperata und Augustin, bei Lulu hingegen werden die Affären mit ihren Ziehvätern Schigolch und Schön als Inzest-Beziehungen inszeniert. Beide Figuren kommen aus dem Nichts; ihre Abstammung und frühe Jugend ist mit Geheimnis überzogen, das erst nach und nach und nie vollständig gelüftet wird.

[45] Johann Wolfgang von Goethe, *Wilhelm Meisters Lehrjahre* (s. Anm. 42), S. 584 (Herv. i. Orig.). – Die Beglaubigung androgyner Einheit durch Übertragungen aus der Flora und Fauna hat eine lange Tradition in der Literatur zu diesem Thema: Goethe, Schiller, Friedrich Schlegel, Novalis, Kleist und andere nutzen Bilder aus der Tier- und Pflanzenwelt, um den Zustand jener ursprünglichen Einheit darzustellen. Einige Werke, beispielsweise Kleists *Penthesilea*, situieren ihn vor den Sündenfall des Verstandes, in ein prärationales Stadium der tierischen Existenz, das in Penthesileas ›Liebesakt‹ mit Achill auf grotesk-gewaltsame Art (vergeblich) zurückzugewinnen versucht wird. Auch Lulu wird als das »*wahre* Tier, das *wilde, schöne* Tier« (Band III/1, S. 404 – Herv. i. Orig.) beschrieben, als die »unbeseelte Kreatur« (Band III/1, S. 403), jenseits der bürgerlichen Geschlechtergrenzen und klassischer Rollenverteilung, jenseits einer zergliedernden, verfratzten Ratio. Lulus Präsentation als Kreatur geschieht im Prolog des *Erdgeist*, in der Zirkusmanege, und die Verbindung des Androgynie-Themas mit der Welt des Zirkus und Tingeltangel ist erneut mehrfach motiviert: Neben historisch eruierbaren Vorbildern aus dieser Sphäre (s. Anm. 5) sind es vor allem literarische Figuren, die hier zu nennen sind, etwa die androgyne Akrobatin Urania im 9. Kapitel von Huysmans' *A rebours* (*Gegen den Strich*).

bei Goethe oder bei Friedrich Schlegel, Novalis und anderen Früh-
romantikern. Sie ist auch auf die Blumensymbolik bei Wedekind an-
wendbar: Im *Erdgeist* erhält Lulu ein Gebinde Lilien und weiße Or-
chideen, das mehrmals zum Gegenstand des Gespräches und auf
Lulu bezogen wird. Lilie *und* Orchidee werden häufig als Sinnbild
für die androgyne Einheit der Geschlechter verwendet, wobei die
Lilie eher den Bereich spirituell-sakraler, die Orchidee den Bereich
erotischer Androgynie evoziert.[46] Lulus Gesteck aus Lilien und Or-
chideen vereint beides.

Im Symbol der Lilie gehen das Androgynie-Thema und die Roman-
tikrezeption der Jahrhundertwende Hand in Hand. Die Fäden lassen
sich auch von dort zur Renaissance (wie in der eingangs besproche-
nen Novelle Heinrich Manns) und zu Androgynie-Texten der Antike
spinnen. Dieser Aspekt, das palimpsestartige Überschreiben antiker
Texte, kann ein weiterer Beleg für die Dominanz des Themas in
Wedekinds Lulu-Dramen sein. Die engste Bindung hat Lulu an
Schön (»Der einzige, den ich geliebt!«, »Ich habe keinen Menschen
auf der Welt geliebt als *ihn*«, Band III/1, S. 475f. – Herv. i. Orig.),
wohingegen sie selbst am meisten von der Geschwitz begehrt wird.
Diese Beziehungen werden mit Elementen einer an Platon erinnern-
den Androgyniekonzeption beschrieben: Schön verkörpert für Lulu
nach eigenen Aussagen die *eine* Hälfte, die zu suchen die ewige
Sehnsucht des halbierten Kugelmenschen ausmacht. Auch Schön
verwirft – unter Beziehung auf die erotische Bildlichkeit des *Sympo-
sions* – die Möglichkeit einer Trennung von Lulu: »Läßt man sich
scheiden, wenn die Menschen ineinander hineingewachsen und der
halbe Mensch mitgeht?« (Band III/1, S. 475) Lulus mehr und mehr
einsetzende Promiskuität, die sie im letzten Akt der *Büchse der Pandora* als Prostituierte mit wechselnden Freiern, jedoch nicht unbedingt gegen Geld auslebt, ist desgleichen als logische Konsequenz
der Platonischen Androgynie-Konzeption anzusehen. Der Verweis
auf Platon zeigt die ironische Brechung, die das Androgynie-Thema
in seiner modernen Variation erfährt. Dass in Wedekinds Stück mehr
als zwei Hälften im Spiel sind und diese des Weiteren relativ frei
kombiniert werden können (so verheiratet Schön Lulu mehrmals,

---

[46] Vgl. zu diesen Symbolen in anderem Kontext: Dirk Kocks, *Les Fleurs du Bien –
Les Fleurs du Mal. Lilie und Orchidee in Literatur, Malerei und Kunstgewerbe des
Symbolismus*, in: *Bildwelten des Symbolismus. Irmgard Feldhaus zum 65. Geburtstag*,
hg. von der Stadt Neuss und dem Verein der Freunde und Förderer des Clemens-Sels-
Museums, Neuss 1985, S. 69–76.

Lulu wiederum stiftet eine Liebesnacht der Geschwitz mit dem Artisten Rodrigo Quast), deutet bereits an, dass das Bild der Androgynie um 1900 ein komplexes und gebrochenes ist.

Neben Platon wird die Androgynie-Vorstellung aus Ovids *Metamorphosen* zitiert und ebenfalls radikalisiert sowie entidealisiert. Der Heirat Lulus mit Schön geht eine Szene voraus, die in ihrer Rollenverteilung und Ausgestaltung an den erotischen Machtkampf der Nymphe Salmacis mit Hermaphroditus erinnert. Lulu umschlingt Schön in einem Akt der Gewalt. Schön wehrt sich heftig, erliegt jedoch schließlich seinem Begehren und ihrer Verführung. Danach setzen im Text jene beschädigten Äußerungen der androgynen Verschmelzung zwischen Lulu und Schön ein.

Damit ist die Zusammenstellung traditioneller Androgynie-Bilder noch nicht zu Ende. Das Verhältnis Lulus zu Schöns Sohn Alwa, in dem sie von Kindertagen an ihren Bruder erkennt, variiert das Motiv des Geschwisterinzests, wie es – teilweise in Anlehnung an Isis und Osiris – von Autoren wie Thomas Mann, später auch Robert Musil und anderen verwendet wird. Lulu und Alwa nennen sich Bruder und Schwester; sie erinnern sich – in erotischen Szenen – an die zwillingshaft verbrachte Jugend im Hause Schöns. Die Christus-Implikationen oder die Hinweise auf eine paradiesische Einheit Adams und Evas *vor* dem Sündenfall[47] sind ebenfalls zu nennen. Lulu vereint – auch dies eine traditionelle ›Eigenschaft‹ des Androgyns – existenzielle Gegensätze in sich: Sie ist »Engel« und »Teufel« (Band III/1, S. 458), »körperlos« und »animalisch«, »das Kindliche« und »das Weibliche« (Band III/1, S. 454).

All die aus der Androgynie-Tradition zitierten Symbole und Figurenkonstellationen weisen, für sich betrachtet, natürlich noch andere Deutungsmöglichkeiten auf. In der Häufigkeit ihres Zusammentreffens jedoch ergibt sich ein Netz der Bezüge, die das Thema der Androgynie zu einem zentralen des Textes machen. Ohne eine Schematisierung oder gar allegorische Deutung der Dramen anstreben zu wollen, fällt dennoch auf, dass die Motivik des Androgynen vor allem auf Lulu und die von ihr eingegangenen Beziehungen zu Schön und der Geschwitz gerichtet ist. Stehen im ersten Drama Lulus androgyne Wirkung und ihre Verbindung mit Schön im Vorder-

---

[47] Vgl. zur adamitischen Androgynie Ernst Benz, *Adam. Der Mythus vom Urmenschen*, München 1955 (= *Dokumente religiöser Erfahrung*).

grund, verschiebt sich im zweiten die Gewichtung stärker zugunsten der in Kleidung, Auftreten und sexueller Orientierung mann-weiblichen Gräfin Geschwitz.[48]

Für Lulu führt der Weg also vom androgynen Erdgeist zur eindeutig weiblichen Büchse der Pandora. Ihr androgynes Potential verliert die Figur während dieser Entwicklung, Teile davon scheinen auf eine andere Figur überzugehen. Der Wechsel hat sich im Gefängnis, gleichsam in der Leerstelle zwischen beiden Dramen, ereignet. Dort nähern sich die Geschwitz und Lulu einander an,[49] bis sie schließlich wie Zwillinge wirken und die Rollen tauschen. Anders als bei Lulus Beziehung zu Schön im *Erdgeist* findet nun die Vereinigung der beiden ›Hälften‹ nicht mehr bzw. nur bedingt im Erotischen statt: Lulu und die Geschwitz tragen dasselbe Unterkleid, das von einer Cholera-Kranken stammt. Der Akt sexueller Verschmelzung wird durch eine gemeinsame, allerdings erotisch konnotierte Infektion ersetzt, die zu Lulus Schwächung und Niedergang beiträgt. Hierin ist eine provokante Stellungnahme des Textes zur Verknüpfung von Androgynie und Krankheit in der Literatur um 1900 zu sehen.

Wie Lulu gewinnt und verliert die Geschwitz durch die androgyne Vereinigung gleichermaßen. Nach Wedekinds eigenen Aussagen ist auch nicht mehr Lulu die »tragische Hauptfigur« der *Büchse der Pandora* (Band III/1, S. 544), sondern die Gräfin. Sie übernimmt am Ende in manchem den Part, den Lulu zu Beginn innehatte. Lulu bemerkt das und macht die Geschwitz aggressiv auf diesen Zuwachs an Androgynität aufmerksam: »Du bist im Leib deiner Mutter nicht fertig geworden, weder als Weib noch als Mann. [...] Für einen Mann war der Stoff nicht ausreichend und zum Weib hast du zu viel Hirn in deinen Schädel bekommen« (Band III/1, S. 581). Lulu geißelt das

---

[48] Neben der Geschwitz und Lulu gibt es noch eine Nebenfigur, die androgyne Züge trägt: der junge Hugenberg, der Lulu verfällt, ihr nach der Ermordung Schöns helfen will und sich schließlich umbringt, als er glaubt, Lulu sei gestorben. Diese männliche Figur, einer der wenigen Vertreter positiver Werte im Stück, wird in den dramatis personae ausdrücklich als Rolle für ein Mädchen ausgewiesen. Zudem symbolisiert er als Knabe ohne erotische Erfahrung jenes Ideal androgyner Einheit und Unschuld, wie es beispielsweise Hermaphroditus vor dem ersten Kontakt mit Salmacis verkörpert.

[49] Geschwitz: »Ich hatte ihr meine Frisur gemacht und ahmte in jedem Laut ihre Stimme nach« (Band III/1, S. 557). Lulu: »die Geschwitz bot vom ersten Tag an alle ihre Künste auf, um unsere Gesichter einander so ähnlich wie möglich zu machen« (Band III/1, S. 568).

verlorene und in der Geschwitz neu entstehende Zwittertum somit zwar als ein defizitäres ›Weder-Noch‹, zugleich wird aber deutlich, dass sie die Geschwitz um das in ihr angelegte androgyne Potential beneidet: »Du hast dich nicht zu beklagen. Wenn du glücklich wirst, dann bist du hundert und tausendmal glücklicher, als es einer von uns gewöhnlichen Sterblichen jemals wird« (Band III/1, S. 590). Schließlich wird die Geschwitz ebenso das Opfer des Rippers, der ihre Leiche allerdings explizit wegen ihrer Mannweiblichkeit unversehrt lässt: »Dies Ungeheuer ist ganz sicher vor mir!« (Band III/1, S. 613) Sie figuriert – wie Lulu – das Paradiesisch-Vollkommene und das Grotesk-Hybride des Androgyns. Lulu besitzt zum einen immense Anziehungskraft, die sich natürlich aus ihrer erotischen Wirkung speist (und diese ist übrigens seit Jahrtausenden auch dem Androgynen zu Eigen). Zum anderen erzeugen Lulu wie die Geschwitz bei allen Figuren des Stückes Reaktionen des Abgestoßen-Seins, des Grauens, des Zurückschreckens vor dem Monströsen. Damit zeigen Lulu zu Beginn des *Erdgeists* und die Geschwitz am Ende der *Büchse der Pandora* zwei Variationen des Inkommensurablen, Ambivalenten und Faszinierenden, das der Androgynität seit der Antike eingeschrieben ist.

Um jenen Dreischritt von Einheit, Zerfall in Teile und erneute Einheit, wie er vielen Texten über die Androgynie zugrunde liegt, zu komplettieren, ist nun die motivgeschichtliche Detailbetrachtung erneut in ein ›größeres Ganzes‹, eine umfassendere Deutung der Lulu-Dramen zu integrieren. Wie lässt sich der spezifische Umgang mit dieser Motivik beschreiben, und welche repräsentativen Züge werden daraus für die Androgynie in der deutschen Literatur um 1900 ersichtlich?

Weder Pathologisierung noch Apotheose: Frank Wedekinds Lulu-Dramen und das Androgyne

Frank Wedekinds *Erdgeist* und *Die Büchse der Pandora* setzen sich mit zeitgenössischen wie überlieferten Thesen zur Androgynie auseinander. Die Lulu-Dramen präsentieren eine Reihe möglicher Auskristallisationen des Androgynen sowie eine Mehrzahl von Versuchen, die Verschmelzung zweier getrennter Hälften zu erreichen. Besonderes Augenmerk liegt dabei auf Lulus Verbindung mit Dr. Schön und mit der Gräfin Geschwitz. Das Gewicht verlagert sich von der ersten zur zweiten Tragödie: Zunächst wird Lulu mit Attributen des Androgyns belegt, später die Geschwitz. Jener ekstatische Moment, wie ihn Heinrich Mann in *Das Wunderbare* beschreibt, das »Ich kannte sie, weil ich mit ihr eins war«, kommt in dieser Form jedoch weder im *Erdgeist* noch in der *Büchse der Pandora* zustande. Eine momentane, geschweige denn eine dauerhafte Ergänzung zweier heterogener Bereiche wie des Männlichen und Weiblichen wird nicht oder nur bedingt aufgezeigt. Ergibt sich eine Verknüpfung dieser Art, wie zwischen Lulu und Schön bzw. Lulu und der Geschwitz, bekommt der Zuschauer ein spannungsreiches Verhältnis gegenseitiger Anziehung und Abstoßung vor Augen geführt, mit wachsendem Innen- wie auch Außendruck, sodass eine Explosion oder Implosion als logische Konsequenz erfolgen muss. Der paradiesische *Zustand* oder der *Moment* von Sättigung und Ruhe in der androgynen Verschmelzung ist bei Wedekind einer Phase der Dynamik und permanenten Gefährdung gewichen.[50]

Das wird ebenfalls in einer Kombination deutlich, die für die Verwendung des Androgynie-Themas in der Literatur der Jahrhundertwende wichtig ist: Seit Ovid sind die Metamorphosen von Hermaphroditus und Narcissus als Parallelerzählungen aneinander gekoppelt. Die exzessive Spiegelmetaphorik – in fast allen Kulissen sind Spiegel vorgesehen, in denen sich Lulu betrachtet – stellt auch Wedekinds Variation des Androgynie-Themas dem Narziss an die Seite. Am (im wahrsten Sinne des Wortes) augenscheinlichsten wird dieser Konnex, wenn Schwarz Lulu befiehlt »Sieh mir in die Augen!« und Lulu darauf antwortet: »Ich sehe mich als Pierrot darin« (Band III/1, S. 423).

In der Literatur der Zeit verschiebt sich das Bild androgyner Verschmelzung zweier verschiedengeschlechtlicher Einzelwesen hin zu einer narzisstischen Selbstbespiegelung und autistischen Vervollkommnung des Künstlers.[51] In diesem Sinne wird der Spiegel immer wieder in Stefan Georges frühen Gedichten verwendet, etwa wenn

---

[50] So wird auch die Kreisform, die für viele Texte mit Androgynie-Thematik üblich ist, bei Wedekind anzitiert und prompt negiert. Die Geschwitz wird am Ende, wie Lulu zu Beginn, als Tier präsentiert, Lulu geht in der letzten Szene wieder wie in ihrer Kindheit barfuß, sie lebt in einem Raum, in dem es »dunkel« ist »wie im Mutterleib« (Band III/1, S. 605) etc. Eine neue Verwirklichung der androgynen Einheit ist allerdings weder für Lulu noch für die Geschwitz möglich, die Lulu ja in manchem in ihrer Androgynität ›beerbt‹. Der Zirkel ist zerbrochen, die Hälften lassen sich nicht vereinen.

[51] Vgl. Aurnhammer, *Androgynie* (s. Anm. 8), S. 218ff. Das beweist auch eine weitere Äußerung Lulus: »Als ich mich im Spiegel sah, hätte ich ein Mann sein wollen... [...] mein Mann!« (Band III/1, S. 469).

sich Algabal aus dem Leben seines »Volkes« in die hermetische Kunstwelt seines »Unterreichs« zurückzieht:

Dann schloss ich hinter aller schar die riegel ·
Ich ruhte ohne wunsch und mild und licht
Und beinah einer schwester angesicht
Erwiderte dem schauenden ein spiegel.[52]

Am deutlichsten begleitet Narcissus Hermaphroditus freilich im Werk Thomas Manns; ein kurzer, exemplarischer Verweis mag hier aufgrund der Fülle literaturwissenschaftlicher Studien dazu genügen. Die Novelle *Wälsungenblut* thematisiert bekanntlich den Geschwisterinzest von Siegmund und Sieglind, der als ein an Isis und Osiris angelehnter Akt androgyner Verschmelzung präsentiert wird. Er vollzieht jedoch zugleich den autistischen Kreisschluss des Narziss um sich selbst. In Sieglind verbindet sich Siegmund – schon die ähnlichen Namen werfen neben der Wagner-Parallele das Spiegelmotiv auf – mit »sein[em] kostbar geschmückte[n], dunkel liebliche[n] Ebenbild«.[53] Das Ergebnis dieser Vereinigung ist eine hermetische, egozentrische Weltverweigerung.[54] Statt androgyner Glücksversprechen realisiert der Geschwisterinzest des Textes erneut die narzisstische Isolation. Von der allumfassenden Einheit im erotischen Akt beispielsweise zwischen den ›Seelen-Geschwistern‹ Julius und Lucinde in Friedrich Schlegels Roman ist einhundert Jahre später wenig übrig geblieben. Obwohl Thomas Mann den von ihm immer wieder variierten androgynen Figuren durchaus großes Identifikationspotential, erotische Faszinationskraft und idealtypische Züge beilegt, bleibt deren unerfüllbare Sehnsucht nach der Verbundenheit mit dem anderen.[55] Die androgyne Verschmelzung in

---

[52] Stefan George, *Algabal*, in: Stefan George, *Hymnen. Pilgerfahrten. Algabal*, Stuttgart 1987 (= Stefan George, *Sämtliche Werke in 18 Bänden*, Band II), S. 55–85, hier S. 71.

[53] Thomas Mann, *Wälsungenblut*, in: Thomas Mann, *Erzählungen. Fiorenza. Dichtungen*, Zweite, durchgesehene Aufl., Frankfurt am Main 1974 (= Thomas Mann, *Gesammelte Werke in dreizehn Bänden*, Band VIII), S. 380–410, hier S. 393.

[54] Vgl. Aurnhammer, *Androgynie* (s. Anm. 8), S. 265f.

[55] Siegmund stilisiert in dieser Hinsicht Wagners Werk zu einem Spiegel seines Selbstbildes: »Und dann sang Siegmund das Schmerzlichste: seinen Drang zu den Menschen, seine Sehnsucht und seine unendliche Einsamkeit.« Thomas Mann, *Wälsungenblut* (s. Anm. 53), S. 400. – Wagners Siegmund ist in der *Walküre* allerdings durch seine Herkunft zum Außenseiter bestimmt, Thomas Manns Dandy hingegen durch die eigene Selbstinszenierung. – Vgl. zur Androgynie bei Richard Wagner: Jean-Jacques Nattiez, *Wagner androgyne. A study in interpretation*, translated by Stewart Spencer, Princeton/N.J. 1993 (= *Princeton studies in opera*).

Wälsungenblut gerinnt darüber hinaus zur bewussten Inszenierung. Das Allumfassende daran ist nur mehr deren Geltungsbezirk: In einer Vielzahl an Details erfährt der Leser, wie sehr sämtliche Bereiche von Siegmunds Leben von dieser Inszenierung erfasst sind. Er kleidet sich nach »der florentinischen Mode von Fünfzehnhundert«[56] und stilisiert sich auch sonst zu dem Renaissance-Ideal des knabenhaften Androgyns. In den Ankleideszenen wird deutlich, welch harte Arbeit[57] hinter dem kosmetisch vervollkommneten Bild steckt. Siegmund gleicht übrigens in vielen Einzelheiten einer Fallstudie des Androgyns, wie sie Krafft-Ebing in seiner *Psychopathia sexualis* liefert.[58]

Wälsungenblut radikalisiert demnach das hermetische In-sich-Ruhen des Androgyns zum leidvollen Autismus, zur wehmütig eingenommenen Pose. Die Figur Siegmund macht offensichtlich, wie inszeniert das Modell knabenhafter Jungfräulichkeit und dandyartiger Mannweiblichkeit ist und zugleich welche ständige Bedrohung dieser Inszenierung innewohnt. Ein Idealbild, das sich auf eine ur-

---

[56]   Thomas Mann, *Wälsungenblut* (s. Anm. 53), S. 381. – Diese ästhetizistische Inszenierung wird jedoch von der Natur oder einem unbändigen Trieb zum Leben durchkreuzt: Siegmund leidet unter einem starken Haarwuchs und versucht diesen einzudämmen, indem er sich mehrmals pro Tag rasiert, die zusammengewachsenen Augenbrauen modelliert, seinen »zottig von schwarzem Haar« (ebd., S. 394) überwucherten Körper verbirgt oder das Kopfhaar gewaltsam scheitelt.

[57]   Vgl. ebd., S. 391.

[58]   Thomas Mann und auch Frank Wedekind kannten nachweislich Krafft-Ebings *Psychopathia sexualis*. Vgl. Thomas Mann, *Betrachtungen eines Unpolitischen*, in: Thomas Mann, *Reden und Aufsätze 4*, Zweite, durchgesehene Aufl., Frankfurt am Main 1974 (= Thomas Mann, *Gesammelte Werke in dreizehn Bänden*, Band XII), S. 7–589, hier S. 334; Wedekind, *Die Tagebücher* (s. Anm. 1), S. 108 (8.8.1889). – Krafft-Ebing untersucht das Phänomen des Androgynen und schildert den Fall des »Herr[n] v. H., 30 Jahre, ledigen Standes,« über den es heißt: »Auch die Beschäftigung und Denkweise des v. H. ist eine entschieden weibliche. Er hat sein Boudoir, seinen wohlassortierten Toilettetisch, an dem er stundenlang mit allen möglichen Verschönerungskünsten die Zeit vertändelt«. Weitere Folgeerscheinungen des androgynen ›Krankheitsbildes‹ kommen hinzu, die sich wie ein Kommentar zu Thomas Manns dilettierendem Maler Siegmund (vgl. Thomas Mann, *Wälsungenblut* [s. Anm. 53], S. 391) lesen: »Ebenso wenig fähig wie zu einer vernünftigen Geldwirtschaft erschien Patient zur Erringung einer sozialen Existenz, ja nur zur Einsicht in deren Bedeutung und Wert. Er lernte nichts ordentliches, verbrachte seine Zeit mit Toilette und künstlerischen Tändeleien, namentlich mit Malen, wozu er eine gewisse Befähigung zeigte, aber auch hierin leistete er nichts, da es ihm an Ausdauer fehlte.« Krafft-Ebings Gutachten lautet: »Herr v. H. ist nach allem Beobachteten und Berichteten eine geistig abnorme, defekte Persönlichkeit, und zwar ab origine. [...] Dieser Zustand [...] ist keiner Heilung zugänglich.« Richard von Krafft-Ebing, *Psychopathia sexualis*, München 1984, S. 294–296.

sprüngliche Natürlichkeit bezieht, wandelt sich in der Literatur um 1900 zur artistischen Kunstfigur. Und auch dieses Verfahren, dass nämlich eine als artifizielle Inszenierung ausgewiesene Erscheinung mit der Vorstellung einer ursprünglichen Natürlichkeit belegt (und dass diese Bedeutungsbelegung erneut zum Thema gemacht) wird, verbindet ausgewählte Androgynie-Texte der Jahrhundertwende mit Wedekinds *Lulu*. Lulu sieht in Schwarz' Augen in der Tat nur sich selbst, und zwar gekleidet als Pierrot: als Symbol androgyner Geschlechterindifferenz und als eine der artifiziellsten Figuren in der Kunst des Fin de siècle.[59] Von Keuschheit und Ursprünglichkeit führt der Weg in sterile Künstlichkeit.

In *Erdgeist* und *Die Büchse der Pandora* wird den Zuschauern die kunstgerechte Konstruktion, die Brüchigkeit und Übertragbarkeit sowie schließlich die Zerteilung eines ganzheitlichen Ideals vorgeführt. Der erste Aufzug des *Erdgeists* zeigt in der Szene, in der Lulus Porträt als Pierrot von allen anwesenden Figuren ›gemalt‹ wird, programmatisch die handwerkliche Errichtung und Künstlichkeit jener mit der Androgynie assoziierten Ideale. Das Gemälde begleitet zwar Lulus »fortschreitenden Verfall« (Band III/1, S. 604) und vollzieht ihn zum Teil auch nach, indem das Bild zunehmend beschmutzt und beschädigt wird, aber es speichert Relikte dieses Ideals. In der brutalen Gegenüberstellung von Lulu, die als trinkende Prostituierte all ihre Faszination eingebüßt hat, und ihrem zwar verstaubten, aber noch immer recht wirkmächtigen Bild verliert die Figur: »der frische Tau, der die Haut bedeckt, der duftige Hauch vor den Lippen, das strahlende Licht, das sich von der weißen Stirne aus verbreitet« (Band III/1, S. 603), sind Attribute des Bildes, und diese hat die eigentlich Porträtierte verloren. Das impliziert natürlich mimetisch-kunsttheoretische Fragestellungen, interessanter für diesen Zusammenhang ist jedoch der Konnex mit dem Androgynie-Thema. Das Moderne des Textes macht gerade aus, dass er das ›Hand-Werkliche‹ dieses Sich-ein-Bild-Machens offen legt. Er entlarvt jene immer wieder von den Figuren beschworenen Ideale als individuelle Bedeutungszuschreibungen. Sämtliche Verehrer Lulus und auch Lulu selbst kreieren ihr Bild. Sie gestalten mit Hilfe des Malers die weiße Leinwand, um eine jeweils gültige Imago dessen zu produzieren, was sie in Lulu zu sehen glauben – genauso, wie Lulu später ver-

---

[59] Vgl. zum Pierrot in der Kunst des Fin de siècle generell Jean de Palacio, *Pierrot fin-de-siècle ou Les métamorphoses d'un masque*, Paris 1990.

schiedene Namen und Kostüme tragen wird. Sie verfertigen ein Bild von Lulu im Pierrot-Kostüm, das dem erotischen wie geistigen Ideal des Androgyns eigentlicher entspricht, als das die Hauptfigur selbst je gekonnt hätte. Lulus weißer Körper, ihre weiße Kleidung sowie das weiße Porträt fungieren als Oberfläche, die in den gezeigten Diskursen immer mehr beschrieben,[60] oder anders formuliert, von einer Vielzahl von Bildern überzogen wird. Durch Überlagerung dieser Beschriftungen wird jedoch zugleich die Lesbarkeit der Figur erschwert. Lulu trägt folgerichtig in den letzten Szenen schwarze Kleidung, ihr Bild ist mit einer dunklen Staubschicht bedeckt. Lulu ist anwesend und abwesend zugleich, ein Platzhalter, der mit Bedeutung belegt wird, ohne diese repräsentieren zu können.

Die immer wieder an Lulu gekoppelte Idealvorstellung der Androgynie ist eine mühsam und artifiziell konstruierte. Das geschieht durch die Figuren auf der Bühne wie – auf der Kompositionsebene – durch die häufigen Zitate. Das Konstrukt bricht mehr und mehr in sich zusammen, bis Lulu am Ende sogar zerstückelt und von Jack auf ihre Weiblichkeit reduziert wird. Dieser führt in erneuter Betonung des Handwerklichen (»Das war ein Stück Arbeit!«, Band III/1, S. 612) zu Ende, was vorher Gang der Handlung war: Ein Standbild androgyner Selbstvervollkommnung bröckelt zugunsten zunehmender Fragmentierung und Heteronomie, was von Wedekind übrigens unter anderem auch mit sozialkritischen Implikationen vorgebracht wird. Ganz konkret zeigt sich das in den Anspielungen auf einen Aktienskandal aus dem Jahr 1894 und eine Attentatswelle anarchistischer Gruppen in Paris von 1892 bis 1894. Die Dramen halten in dieser Hinsicht einer Spekulanten-Gesellschaft den Spiegel vor, deren Ideale nur mehr in der Verfratzung existieren. Wenn der Bankier Puntschu sich in päderastischen Phantasien ergeht, und zwar Mädchen wie Knaben betreffend, oder wenn der Hochstapler Casti-Piani die Halbwelt-Dame Ludmilla Steinherz fragt: »Darf ich um die Ehre bitten, Halbpart mit Ihnen zu spielen?« (Band III/1, S. 573) und damit das Glücksspiel Bakkarat meint, ist der Verlust all dessen, was einstmals an Hochzielen mit dem Platonischen Bild der Androgynie verbunden wurde, satirisch entlarvt.

[60] Vgl. Peter Utz, *Was steckt in Lulus Kleid? Eine oberflächliche Lektüre von Wedekinds Schauerdrama*, in: *»Verbergendes Enthüllen«. Zu Theorie und Kunst dichterischen Verkleidens. Festschrift für Martin Stern*, hg. von Wolfram Malte Fues und Wolfram Mauser, Würzburg 1995, S. 265–276.

Lulus Ende in den Händen Jack the Rippers ist wohl das drastischste Bild, das je ein Autor für die Zerstückelung einer ehedem androgynen Ganzheit gefunden hat. Dass sich Wedekind diese Rolle auf den Leib geschrieben und beispielsweise in der von Karl Kraus veranstalteten Aufführung 1905 auch selbst gespielt hat, ist zum einen natürlich ein Dokument von Wedekinds Eigenstilisierung zum Provokateur und Bürgerschreck. Darin wird zum anderen aber auch sichtbar, welche Rolle seiner Literatur im Allgemeinen und den Lulu-Stücken im Besonderen zugedacht wird: die lustvolle Exekution bürgerlich-wilhelminischer Projektionen und zeitgenössischer Kunstkonzepte, verbunden mit der wehmütigen Vergegenwärtigung eines Prinzips, das in der Eigendynamik moderner Diskurse überlagert und zerstört wird.

Zwischenzonen, Mischformen und Hybriden gehören zu den Schlüsselphänomenen wie zu den Epochenkennzeichen der Moderne, insbesondere des Fin de siècle. Die Kunst wendet um 1900 zusehends den Blick von bipolaren Entscheidungsstrukturen, von einem ›Entweder-Oder‹ weg und visiert das ›Zwischen‹ bzw. die Unterscheidung selbst. Zu den Dichotomien a versus b tritt c als Faktor der Differenz, der zum Signum wird »für die Paradoxieanfälligkeit binärer Ordnungen, für Probleme der Grenzziehung, des Übergangs und der Vermischung zwischen opponierenden Bedeutungsfeldern.«[61] In dieser Hinsicht ist das Androgyne nicht länger als höhere Einheit existenzieller Gegensätze und damit als ideologisiertes Ideal zahlreicher, auf binären Unterscheidungen basierender Systemtheorien zu verstehen, sondern kann gerade zu Beginn des 20. Jahrhunderts als subversives Element gelesen werden, das die Ordnung statischer Dichotomien unterläuft und deren inhärente Irritationen äußert. Der Androgyn stellt nicht mehr die Restituierung einer verlorenen Ganzheit oder gar einer höheren Ordnung dar, sondern entzieht sich jeder binären Codierung, ja wirkt dieser entgegen. Der Dreischritt Einheit / Zerfall / erneute Einheit ist demnach keineswegs mit Ordnung / Unordnung / Ordnung oder Statik / Dynamik / Statik gleichzusetzen; er stellt einen multiplen operativen Prozess dar, der sich jeder Normierbarkeit und zweipoligen Kategorisierung verweigert. Das Hybride unterminiert die binär organi-

---

[61] Das Zitat entstammt dem Forschungsprogramm des viel versprechenden Konstanzer Graduiertenkollegs *Die Figur des Dritten*: www.uni-konstanz.de/figur3/Lang.htm (20. Mai 2003).

sierten Ordnungssysteme und richtet das Augenmerk des Lesers auf die irritierenden Zwischenbereiche – im Hinblick auf geschlechtliche, soziale bzw. politische und künstlerische Fragen. Auf diese Weise wirkt auch das Androgyne in Frank Wedekinds Dramen. Es beglaubigt einmal mehr das hohe Potential an Provokation, die Sprengkraft sowie den experimentellen Avantgardismus seiner Texte.

Frank Wedekinds *Erdgeist* und *Die Büchse der Pandora* handeln also von einem Traum, wie er in der Literatur um 1900 des Öfteren geträumt wird: einer ganzheitlichen, die Dichotomie der Geschlechter vereinenden Vollkommenheit. Dieses Idealbild wird jedoch gerade als handwerkliche Konstruktion, als artistische Inszenierung offen gelegt – vielfach gebrochen, permutiert und am Ende in präziser Logik exekutiert. Dennoch wird es in Wedekinds Lulu-Dramen nicht heruntergespielt oder gar verworfen, vielmehr lassen *Erdgeist* und *Die Büchse der Pandora* gerade in einer modernen Ästhetik des Bruchs, der Verfratzung und der Künstlichkeit Reste davon aufscheinen.

JOHANNES ROSKOTHEN

Mit Bruder Kleist gegen Bruder Heinrich?
Heinrich von Kleist als Eideshelfer in Thomas Manns
Betrachtungen eines Unpolitischen

> Ich beargwöhne die steif ablehnende Kälte einer ›Vergeisti-
> gung‹, die sich zu vornehm dünkte, den Traum eines Vol-
> kes von Heimsuchung und notgeborener Tat einen Tag
> auch nur, eine Stunde lang mitzuträumen und sich den in
> aller Geschichte unerhörten, auch von sehenden Feinden
> als beispiellos bestaunten Leistungen dieses Volkes hä-
> misch-hartnäckig verschließt [...]. (Thomas Mann)[1]

1. 1914–1918: Krieg, Künstlerkrieg, Bruderkrieg

Krieg: Manifestation eines kollektiven Äußeren, die auch Literaten
und bildende Künstler erreicht, irritiert, inspiriert. Mobilisierung und
das Leben, Kämpfen, Sterben »im Felde« sind ergiebige Sujets; Wort-
künstlern bieten sie unerschöpflichen Stoff. Ein anderes sind jene
Papierkriege, die als publizistische Einmischung in politische und
kulturelle Debatten geführt werden. Schriftsteller, deren Sache der
lange epische Atem, das Drama oder das lyrische Wort ist, verfassen
nach Kriegsausbruch im Spätsommer 1914 Essays, tagespolitische
Einlassungen, Polemiken und Pamphlete, die als Beiträge in Zeitungen und Zeitschriften publiziert werden.

In ihren Wahrnehmungen und Deutungen des Ersten Weltkriegs gehen diese Beiträge fast immer von ästhetischen und kulturellen Kri-
terien aus. Diplomatische, militärische und ökonomische Aspekte
spielen keine Rolle. Ein Großteil der literarisch Produktiven war
eher an einer Ästhetisierung des Krieges denn an dessen alltäglich
erfahrbarer Realität interessiert. Auffällig ist auch die Trennung von
innerer und äußerer Welt; reales militärisches Geschehen wird zur
Ausbruchsgestalt eines im Grunde *geistigen* Konflikts. An die Stelle
politischer Analyse treten Bestandsaufnahmen von Kunst und Gesellschaft in Deutschland und den ›feindlichen‹ Nationen, die meist

---

[1]   Thomas Mann, *Betrachtungen eines Unpolitischen*, in: Thomas Mann, *Reden und
Aufsätze 4*, Zweite, durchgesehene Aufl., Frankfurt am Main 1974 (= Thomas Mann,
Gesammelte Werke in dreizehn Bänden, Band XII), S. 7–589, hier S. 158 [im Folgen-
den im Text mit Seitenangaben in Klammern].

auf eine Hypostasierung deutscher Kultur und Wesensart hinauslaufen; entsprechend werden die westlichen Kulturen und Gesellschaften als dekadent und reif für den Untergang gezeichnet: Der Krieg befördere den Heilsweg der deutschen Nation und möge den Feinden zukommen lassen, was ihnen gebührt.

Im doppelten Sinn kreisen die politischen Interventionen der Literaten um deren künstlerisches Selbstverständnis. Einerseits steht die Klärung der weltanschaulichen und kunsttheoretischen Grundlagen eigenen Schreibens an, andererseits artikuliert sich der Wunsch nach einem befriedigenden Status als *Bürger*, mithin als integriertes und angesehenes, im besten Fall repräsentatives Mitglied der Gesellschaft. Im August und September 1914 hoffen Künstler auf Gehör und auf Anerkennung für ihre Visionen und Leitbilder.[2] Der Krieg eröffnet die Möglichkeit nationaler und sozialer Integration.

Dem Kriegsgeschick folgend, weicht der nationale Überschwang bereits im zweiten Kriegsjahr. Im Lauf des Jahres 1915 setzen die publizistischen Einwürfe aus. Gelegentlich treten an ihre Stelle Appelle zum *Durchhalten;* Aufrufe zur Disziplin an der Heimatfront lösen die Kriegseuphorie ab.

Dem politisch-ideologischen *mainstream* des späten Kaiserreiches folgte auch Thomas Mann relativ unreflektiert. Von der Sphäre der Politik ist er im August 1914 denkbar weit entfernt. Mit dem Kriegsausbruch reiht aber auch er sich in die patriotische Front fast aller Literaten und Künstler ein, verfasst für die Tagespresse zahlreiche polemische Traktate.[3] Abweichend und singulär verläuft seine wei-

---

[2] Helmut Fries unterzog Lyrik und publizistische Texte deutscher Autoren vom Sommer und Herbst 1914 einer präzisen Analyse. Fries verweist auf die antiquierte Vorstellung, die etwa Rilke, Hugo von Hofmannsthal oder Rudolf Borchardt vom Krieg hegen. Vgl. Helmut Fries, *Deutsche Schriftsteller im Ersten Weltkrieg*, in: *Der Erste Weltkrieg. Wirkung, Wahrnehmung, Analyse*, hg. von Wolfgang Michalka, München 1994, S. 825–848. Ertragreich auch Andreas Schumanns Untersuchung: *»Der Künstler an die Krieger«. Zur Kriegsliteratur kanonisierter Autoren*, in: *Kultur und Krieg: Die Rolle der Intellektuellen, Künstler und Schriftsteller im Ersten Weltkrieg*, hg. von Wolfgang J. Mommsen, München 1996, S. 221–233. Eine systematische und epochenübergreifende Analyse der literarischen Kommunikation zu Kriegszeiten steht aus.

[3] Genannt seien Thomas Manns pointierteste Stellungnahmen aus den Jahren 1914 und 1915:
Thomas Mann, *Gedanken im Kriege*, in: Thomas Mann, *Frühlingssturm. 1893–1918*, hg. von Hermann Kurzke und Stephan Stachorski, Frankfurt am Main 1993 (= Thomas Mann, *Essays*, Band 1), S. 188–205.

tere Positionierung zum Zeitgeschehen: Vom Herbst 1915 bis zum deutschen Zusammenbruch 1918 verfasst er die *Betrachtungen eines Unpolitischen*. In diesem seinem »Schmerzensbuch« markiert die Antithese von ›Kultur‹ und ›Zivilisation‹ eine völlige Andersartigkeit französischer Lebensart, die an die Stelle deutscher Gemütstiefe intellektualistische Mache setzt. Gleichwohl: Kalter Artifizialität war auch Thomas Mann vor 1914 beschuldigt worden. Insofern hat er in den *Betrachtungen* eine »Selbstverteidigung des eigenen Künstlertums gegen das demokratische Literaturprogramm des Zivilisationsliteraten«[4] zu leisten und sieht sich mit vielfältigen Widersprüchen konfrontiert. In den *Betrachtungen* verfährt Thomas Mann denn auch »differenzierter, vorsichtiger, vorbehaltvoller«[5] als in den tagespolitischen Stellungnahmen. Die Einsinnigkeit der Pamphlete von 1914 ist gebrochen, die Polyvalenz seines Schreibens wiederhergestellt.

Unter Qualen entstanden, befreien die *Betrachtungen* ihren Autor aus einer seit ca. 1910 andauernden künstlerischen und psychischen Krise, von der ein Brief an Bruder Heinrich vom November 1913 zeugt:

> Ich bin oft recht gemütskrank und zerquält. [...] [D]ie immer drohende Erschöpfung, Skrupel, Müdigkeit, Zweifel, eine Wundheit und Schwäche, daß mich jeder Angriff bis auf den Grund erschüttert; dazu die Unfähigkeit, mich geistig und politisch eigentlich zu orientieren, wie Du es gekonnt hast [...]. Ich bin ausgedient, glaube ich, und hätte wahrscheinlich nie Schriftsteller werden dürfen.[6]

Thomas Mann, *Gute Feldpost*, in: ebd., S. 206–209.

Thomas Mann, *Gedanken zum Kriege*, in: ebd., S. 278–282.

Thomas Mann, *Brief an die Zeitung* Svenska Dagbladet, *Stockholm*, in: ebd., S. 269–277.

[4] Eckart Koester, ›*Kultur‹ versus ›Zivilisation‹: Thomas Manns Kriegspublizistik als weltanschaulich-ästhetische Standortsuche*, in: *Kultur und Krieg* (s. Anm. 2), S. 249–258, hier S. 256.

[5] Jürgen Eder, *Die Geburt des Zauberbergs aus dem Geist der Verwirrung. Thomas Mann und der Erste Weltkrieg*, in: *Krieg der Geister. Erster Weltkrieg und literarische Moderne*, hg. von Uwe Schneider und Andreas Schumann, Würzburg 2000, S. 171–187, hier S. 178.

[6] Thomas Mann an Heinrich Mann (8.11.1913), in: Thomas Mann/Heinrich Mann, *Briefwechsel 1900–1949*, hg. von Hans Wysling, Frankfurt am Main 1984, S. 127f. Dieser Brief verdeutlicht, warum Thomas Mann zutiefst beleidigt und erzürnt auf den zweiten Satz von Heinrich Manns Zola-Essay reagierte, der überdeutlich auf den jüngeren Bruder gemünzt war: »Sache derer, die früh vertrocknen sollen, ist es, schon zu

Der Kriegsausbruch bietet den Durchbruch »in eine Wagniswelt neuen Gefühls«, in eine »Kunst mit der Menschheit auf du und du«, öffnet »endlich ein[en] Weg, der ›Eiseskälte‹ im Verhältnis zum Allgemeinen zu entkommen«.[7] Die von (fast) allen Ideokraten des späten Kaiserreichs erhoffte kathartische Wirkung des Krieges, die Erlösung vom faulen Frieden der spätwilhelminischen Gesellschaft sehnt auch Thomas Mann herbei; die frühen Stellungnahmen[8] künden davon. Was ihn indes von anderen Autoren unterscheidet: Seine Überlegungen zu Krieg, Deutschtum, Kultur und Ästhetik sind »von Anfang an brüderlich geprägt, Auseinandersetzungen mit Heinrich.«[9] Einsetzend in Lübecker Schülertagen und sich erstreckend bis zum Tode Heinrichs, konstituieren sich Thomas Manns Künstlertum, seine Lebensentwürfe, die Konfigurationen politischer Zeitgenossenschaft am Maßstab des älteren Bruders, der als Vorbild, Konkurrenz, Bedrohung und Gegenbild wahrgenommen wird; dies alles nicht in strikter chronologischer Abfolge, sondern in vielfältigen Überlagerungen. In diesem brüderlichen Koordinatensystem stehen auch die *Betrachtungen eines Unpolitischen*. Mit dieser voluminösen Abhandlung, die »die Hemmungslosigkeit privat-brieflicher Mitteilung« übertrifft (S. 18), führt Thomas Mann Bruder-Krieg und unterzieht sich zugleich einer Selbstanalyse, die zu den psychologischen und ästhetischen Wurzeln seiner psychischen Konstitution und seiner Autorschaft vorstößt. Hinter der Maske des Bruders »verstecken die *Betrachtungen* alles Widrige, Feindselige und quälend Unverstandene«;[10] Thomas Mann kämpft gegen Dispositionen an, die er an sich selbst zu entdecken glaubt.

Anfang ihrer zwanzig Jahre bewußt und weltgerecht hinzutreten« (Heinrich Mann, *Zola*, in: Heinrich Mann, *Macht und Mensch. Essays*. Mit einem Nachwort von Renate Werner und einem Materialienanhang, zusammengestellt von Peter-Paul Schneider, Frankfurt am Main 1989 [= Heinrich Mann, *Studienausgabe in Einzelbänden*, hg. von Peter-Paul Schneider, *Fischer Taschenbuch*, Band 5933], S. 43–128, hier S. 43).

[7]   Eder, *Die Geburt des Zauberbergs* (s. Anm. 5), S. 175.

[8]   S. Anm. 3. Jürgen Eder bemerkt, Thomas Manns Verhalten im Herbst 1914 habe »etwas bewußt regressives, als gewollter Rückgriff in kindliche Einheitsphantasien« (Eder, *Die Geburt des Zauberbergs* [s. Anm. 5], S. 171).

[9]   Ebd., S. 174.

[10]   Hermann Kurzke, *Thomas Mann. Das Leben als Kunstwerk*, München 1999, S. 253.

In diesen äußerlich kriegsbewegten, psychisch prekären Jahren[11] rekrutiert Thomas Mann einen nicht blutsverwandten, einen *neuen* Bruder: Jenen Heinrich von Kleist der Jahre 1808/1809, der unter dem Eindruck napoleonischer Besatzung und nationaler Entzweiung eine intensive publizistische Tätigkeit entfaltet hatte. Dass dieser selbstgewählte *Bruder auf Zeit* sein vaterländisches Engagement gleichfalls nur als Episode und mit publizistischen Mitteln betreibt, dass hinter seinen politischen Texten die Konstellation eines vom Scheitern bedrohten (und tatsächlich scheiternden) Künstlers mit Sehnsucht nach bürgerlicher Anerkennung aufscheint, legitimiert ihn zum pseudo-brüderlichen Weggefährten auf Zeit (dass Kleist ebenfalls den Vornamen *Heinrich* trägt, ist Zufall – aber was für einer). Wie so oft bei Thomas Mann, spiegelt sich eine aktuelle Debatte in historischen, literarischen und biographischen Mustern: gut hundert Jahre nach seinem Tod spricht der nach Habitus und Lebenslauf geradezu konträre Heinrich von Kleist in Thomas Manns psychische, ästhetische und politische Verwirrung hinein. Die Liaison eines Lebenden mit den politischen Schriften eines vor einem Jahrhundert Verstorbenen wirft ein bezeichnendes Licht auf Thomas Manns Selbstbild als Künstler und *homo politicus*.

Die folgenden Überlegungen werden diesen zeitlich eng eingegrenzten Bruderbund in seinen politischen, kunsttheoretischen und autorpsychologischen Bezügen rekonstruieren.

2. »Ja – dieser hysterische Junker«!

> ... unter dem ganz Ausgefallenen, ja Krassen,
> tut dieser Dichter es nicht. (Thomas Mann)[12]

Über ein halbes Jahrhundert erstreckt sich Thomas Manns Beschäftigung mit Kleists Werk und Person. Einen ersten öffentlichen Höhepunkt seiner Kleist-Exegese markiert der von Bewunderung für Au-

---

[11] Die Erinnerungsbücher von Klaus Mann (*Der Wendepunkt*, 1942, dt.1952) und Golo Manns *Erinnerungen und Gedanken. Eine Jugend in Deutschland* (1986) schildern einen reizbaren und unnahbaren Vater, der im permanenten Streit mit der Welt und sich selbst liegt.

[12] Thomas Mann, *Heinrich von Kleist und seine Erzählungen*, in: Thomas Mann, *Reden und Aufsätze 1*, Zweite, durchgesehene Aufl., Frankfurt am Main 1974 (= Thomas Mann, *Gesammelte Werke in dreizehn Bänden*, Band IX), S. 823–842, hier S. 833.

tor und Œuvre getragene *Amphitryon*-Vortrag von 1927.[13] In seinem letzten Lebensjahr hält Thomas Mann in der Eidgenössischen Technischen Hochschule Zürich einen Vortrag über *Heinrich von Kleist und seine Erzählungen*.[14] Bevor er zur poetologischen Sache kommt, erfolgt jene ambivalente Einschätzung Kleists, der das Motto dieses Abschnitts entnommen ist. Das Lob eines der »größten, kühnsten, höchstgreifenden Dichter deutscher Sprache, ein Dramatiker sondergleichen«,[15] erschallt in superlativischer Emphase, der gleichwohl keine ungebrochene Sympathie zur Person Kleists entspricht. Nur mühsam hinter einer dünnen Schicht von Mitleid versteckt, gesellt sich zur Bewunderung für den *Dichter* ein eher kühler Blick auf dessen Charakter:

> Heinrich von Kleist, ein Sproß der märkischen Junker- und Offiziersfamilie derer von Kleist, war ein junger Mann mit einem Kindergesicht und von sonderbarem, wenig einnehmendem Gebaren. Melancholisch, finster, einsilbig, freier Rede unfähig, zum Teil wohl eines Fehlers wegen im Sprachorgan, der, wenn er sich einmal in geistige Gespräche mischte, seinen Äußerungen eine unangenehme Härte verlieh, wurde er sehr leicht von Verlegenheit befallen, stotterte, errötete und zeigte in Gesellschaft fast stets ein unnatürlich verzerrtes, peinlich gezwungenes Wesen.[16]

Mag die Beschreibung von Kleists Habitus sich auf zeitgenössische Schilderungen und Gemälde stützen und dem vor Erfindung der Photographie verstorbenen Dichter zu einer gewissen Anschaulichkeit verhelfen, so wohnt Thomas Manns biographischem Psychologisieren eine klare Grenzziehung inne. Sie zielt auf einen, der »die Sozietät befremdet«.[17] Kleist erscheint als psychopathischer Außenseiter, der den denkbar schärfsten Kontrast zu Thomas Manns protestantischem Arbeitsethos bildet, der sein Œuvre »in einander drän-

---

[13] Thomas Mann, *Kleists Amphitryon. Eine Wiedereroberung*, in: ebd., S. 187–228. Thomas Mann hielt den Vortrag am 10.10.1927 anlässlich einer Kleist-Feier im Münchner Schauspielhaus.

[14] S. Anm. 12. Den Züricher Kleist-Vortrag (gehalten am 30.11.1954) hatte Thomas Mann kurz zuvor als Einleitung für eine amerikanische Ausgabe von Kleists Erzählungen konzipiert.

[15] Thomas Mann, *Heinrich von Kleist und seine Erzählungen* (s. Anm. 12), S. 823.

[16] Ebd.

[17] Ebd.

genden Eruptionen«[18] herausschleudert. Zur vulkanischen Metapher gesellen sich Begriffe und Attribute, die es an Deutlichkeit nicht fehlen lassen; so sei Kleists Werk von einer »das Extreme suchenden, beängstigenden Vehemenz«;[19] Kleist sei »radikal in der Hingabe an seine exzentrischen Stoffe«.[20] »[Q]uälend hypochondrisch, unverträglich mit dem Leben, krankhaft radikal«,[21] habe er die Ablehnung Goethes provoziert und verdient:

> Die abweisende Antipathie Goethe's gegen dies wilde Phänomen, ein Genie, zu elementar, um sich je an ein Gesetzlich-Überliefertes in Bildung und Kunst zu binden, – wie begreife ich, wie *teile* ich sie![22]

Zwischen dem Lob der Kleist'schen Anekdoten und dem Bedauern, er vermisse »das lyrische Gedicht«,[23] erwähnt Thomas Mann Kleists politische Schriften in der Gestalt »einiger aufrufartiger Journalistik, die ebenso heftigen, ja frenetischen Charakters ist wie sein ganzes Schaffen.«[24] Keine Rede davon, dass Thomas Mann ebenjene *frenetischen* Kleist-Texte ca. vierzig Jahre vor dem altersweisen Zürcher Vortrag aus ihrer relativen Vergessenheit geholt und ihren Verfasser als Gewährsmann im Kampf gegen den Bruder aktiviert hatte!

Zum Verständnis von Thomas Manns Kleist-Bezug ist eine kurze Vorstellung von Kleists patriotischen Texten der Jahre 1808/09 unabdingbar; diese Texte wurden und werden recht selten rezipiert und nehmen in Kleists Gesamtwerk einen verschwindend geringen Platz ein.

3. Totaler Krieg, ideales Deutschland. Polemische Strategien und poetische Utopien in Kleists *Germania*-Projekt

Unter dem Eindruck napoleonischer Bedrohung oder Besatzung setzte nach 1806 die Suche nach einem Leitbild für die Befreiung und Einigung Deutschlands ein. Erwogen wurde die Zukunft eines territorial und politisch zerstückelten Gebildes, das allenfalls durch

---

[18] Ebd., S. 824.

[19] Ebd.

[20] Ebd., S. 823.

[21] Ebd., S. 830.

[22] Ebd. (Herv. i. Orig.).

[23] Ebd., S. 824.

[24] Ebd.

die Klammer gemeinsamer Sprache und Kultur zusammengehalten wurde. Zwischen Ende 1808 und Anfang 1810 finden wir auch Heinrich von Kleist als Vordenker nationaler Erhebung und preußisch-deutscher Selbstvergewisserung. In diesen Kontext gehört zweifellos das berühmte (und nicht weniger berüchtigte) Drama *Die Hermannsschlacht.* Im Folgenden soll jedoch von den patriotischen Beiträgen für die Zeitschrift *Germania* die Rede sein. Nach 1945 aus nachvollziehbaren Gründen »weitgehend vernachlässigt«,[25] standen sie »niemals wirksam im Zentrum der Kleist-Philologie«.[26] Erschienen ist *Germania* niemals; die für die Zeitschrift verfassten Texte wurden zögerlich in den Gesamtausgaben publiziert. In ihre Gegenwart hineingesprochen, blieb ihnen nachhaltige Wirkung versagt. Selbst Kleists durchaus singbare patriotische Verse fanden keinen Eingang in das Liedgut deutscher Gesang- und Schützenvereine.[27]

In ihrer thematischen, stilistischen und medialen Vielfalt stehen die wenigen *Germania*-Beiträge in der anti-napoleonischen Publizistik und Literatur einzigartig da. Auffällig ist die Vielzahl der verwendeten Textsorten. In der Wahl seiner Gattungen und stilistischen Mittel verfährt Kleist wesentlich differenzierter als die wirkungsvolleren und populäreren Autoren Ernst Moritz Arndt oder Theodor Körner (und auch als Fichte mit seinen *Reden an die Deutsche Nation*).[28] Kleist verfasst Memoranden und Aufrufe, fiktive Briefe, ein hochpolemisches *Lehrbuch der französischen Journalistik*, schließlich einen *Katechismus der Deutschen*, der dem tradierten Muster religiöser Didaxe verpflichtet ist.

---

[25] So lautet die Einschätzung von Hermann F. Weiss, *Heinrich von Kleists* WAS GILT ES IN DIESEM KRIEGE? *Eine Interpretation,* in: *Zeitschrift für deutsche Philologie,* Band 101 (1982), S. 161–172, hier S. 161.

[26] Rudolf Berg, *Intention und Rezeption von Kleists politischen Schriften des Jahres 1809,* in: *Text und Kontext. Quellen und Aufsätze zur Rezeptionsgeschichte der Werke Heinrich von Kleists,* hg. von Klaus Kanzog, Berlin 1979, S. 193–253, hier S. 227. Ihres patriotischen Furors wegen zogen die politischen Texte vornehmlich Interpreten an, die »weitgehend von vorgefaßten Absichten und Klischees« bestimmt sind (ebd.).

[27] Der patriotischen Lyrik, vornehmlich der *Germania*-Ode und dem *Kriegslied der Deutschen,* blieb trotz ihrer Singbarkeit und ihres bluttriefenden Feindbildes der Einfluss auf die nationale Erhebung versagt. Da auch Thomas Mann Kleists Lyrik nicht berücksichtigt, findet sie im Kontext dieser Überlegungen keine weitere Erwähnung.

[28] Es handelt sich hier »keineswegs um bloße Stilübungen« (Weiss, *Heinrich von Kleists* WAS GILT ES IN DIESEM KRIEGE? [s. Anm. 25], S. 161). Die Texte stellen eine im höchsten Grad appellativ ausgerichtete Propaganda dar und rufen zur bewaffneten Volkserhebung auf.

Kleists immer wieder beschriebene und analysierte »Einsamkeits- und Verlorenheitsnot«[29] nach der Verflüchtigung des alten Himmels und dem Verlust erkenntnistheoretischer Sicherheit zeitigt polyvalente, vielfältig gebrochene Texte. Knapp zweihundert Jahre nach ihrer Entstehung ist ihre Fremdheit, ja, Befremdlichkeit nicht zu leugnen. Sie können nicht in vertraute Begrifflichkeiten hinein aufgelöst und verharmlost werden. Keine Interpretation vermag hier Eindeutigkeit zu stiften. Allenfalls kann versucht werden, ohne perspektivische Verengung auf ›das Literarische‹, ›das Politische‹ oder gar ›das Menschliche‹ auszukommen und die Untrennbarkeit ästhetischer, geschichtsphilosophischer und psychologisch-biographischer Aspekte zu respektieren. Die folgende Vorstellung der wichtigsten *Germania*-Texte mag jene politische Gestimmtheit vermitteln, die Thomas Mann in den *Betrachtungen* für seine Belange instrumentalisiert.

An den Beginn der *Germania* setzt Kleist eine *Einleitung*, deren rhetorische Emphase in den folgenden Beiträgen aufrechterhalten wird:

> Diese Zeitschrift soll der erste Atemzug der deutschen Freiheit sein. Sie soll Alles aussprechen was, während der drei letzten, unter dem Druck der Franzosen verseufzten, Jahre, in den Brüsten wackerer Deutschen, hat verschwiegen bleiben müssen: alle Besorgnis, alle Hoffnung, alles Elend und alles Glück.[30]

Das *Germania*-Journal ist der hochgestimmte Schlachtruf zu einem *heiligen*, weil im Kampf gegen Frankreich und für eine geeinte deutsche Nation *geheiligten* Krieg; die in den folgenden Sätzen beschworene Erhebung Österreichs soll das Signal zur großen Befreiungsschlacht setzen. Auffällig ist in allen Texten ein Anknüpfen an die religiöse Disposition der Adressaten. Die Stelle Gottes besetzt Kleist allerdings mit dem österreichischen Erzherzog Karl:

> Der kaiserliche Bruder, den er zum Herrn des Heers bestellte, hat die göttliche Kraft, das Werk an sein Ziel hinauszuführen, auf eine erhabene und rührende Art, dargetan.[31]

---

[29]   Bernd Leistner, *Kleists politischer Furor und sein Letztes Lied*, in: *Kleist-Jahrbuch* 1991, S. 155–167, hier S. 157.

[30]   Heinrich von Kleist, *Einleitung* [zur Zeitschrift *Germania*], in: Heinrich von Kleist, *Erzählungen, Anekdoten, Gedichte, Schriften*, hg. von Klaus Müller-Salget, Frankfurt am Main 1990 (= Heinrich von Kleist, *Sämtliche Werke und Briefe in vier Bänden*, Band 3), S. 492–493, hier S. 492.

[31]   Ebd.

Gott und Himmel sind zur bloßen Idee einer sittlichen Weltordnung geschrumpft; wenige Monate zuvor hatte Fichte in den *Reden an die Deutsche Nation* von einem »göttlichen Weltenplan« gesprochen, welchen zu realisieren die Deutschen berufen seien, stehen diese doch unter besonderem Patronat der »Vorsehung«.[32]

Der »vielleicht gelungenste«[33] *Germania*-Text trägt den Titel *Was gilt es in diesem Kriege?*[34] Seine ungeheuer suggestive Begründung für die Dringlichkeit eines Krieges kleidet Kleist in sechs rhetorische Fragen und sieben Antworten. *Was gilt es?*

> Gilt es, was es gegolten hat sonst in den Kriegen, die geführt worden sind, auf dem Gebiete der unermeßlichen Welt? Gilt es den Ruhm eines jungen unternehmenden Fürsten, der, in dem Duft einer lieblichen Sommernacht, von Lorbeern geträumt hat? [...] Gilt es einen Feldzug, der, jenem spanischen Erbfolgestreit gleich, wie ein Schachspiel geführt wird; bei welchem kein Herz wärmer schlägt, keine Leidenschaft das Gefühl schwellt, kein Muskel vom Giftpfeil der Beleidigung getroffen, emporzuckt?[35]

Nicht eine beliebige Schlacht und zu gewinnenden Ruhm gilt es, kein militärisches Spiel ist zu spielen, kein Fetzen Land zu erobern, keine uneingelöste Schuld zu sühnen. Während die suggestiven Fragen den Leser zu einem entschiedenen *Nein! Nicht dieses sind die Kriegsziele! Sondern...* motivieren sollen, beschreiben die Antworten in Superlativen und hyperbolischen Wendungen die Ziele der wünschenswerten Volkserhebung: Es gilt eine *G*emeinschaft (man beachte die suggestive g-Alliteration),

---

[32] Johann Gottlieb Fichte, *Reden an die Deutsche Nation*, in: *Johann Gottlieb Fichte's sämmtliche Werke*, Band 7, hg. von Immanuel Hermann Fichte, Berlin 1876, Nachdruck Berlin 1965, S. 481–499, hier S. 498. Auch Fichte ruft die Deutschen zur nationalen Selbstbesinnung auf, um im Zentrum ihres Wesens jene Bestimmung zu finden, die sie zur Bekämpfung des äußeren und inneren Feindes legitimiert und befähigt. Vgl. seine abschließende, vierzehnte Rede: »Ist in dem, was in diesen Reden dargelegt worden, Wahrheit, so seyd unter allen neueren Völkern ihr es, in denen der Keim der menschlichen Vervollkommnung am entschiedensten liegt, und denen der Vorschritt in der Entwickelung derselben aufgetragen ist. Gehet ihr in dieser eurer Wesenheit zugrunde, so gehet mit euch zugleich alle Hoffnung des gesamten Menschengeschlechtes auf Rettung aus der Tiefe seiner Uebel zugrunde« (ebd., S. 498f.).

[33] Weiss, *Heinrich von Kleists* WAS GILT ES IN DIESEM KRIEGE? (s. Anm. 25), S. 162.

[34] Heinrich von Kleist, *Was gilt es in diesem Kriege?*, in: Kleist, *Erzählungen, Anekdoten, Gedichte, Schriften* (s. Anm. 30), S. 477–479.

[35] Ebd., S. 477.

deren Wurzeln tausendästig, einer Eiche gleich, in den Boden der Zeit eingreifen; deren Wipfel, Tugend und Sittlichkeit überschattend, an den silbernen Saum der Wolken rührt; deren Dasein durch das Dritteil eines Erdalters geheiligt worden ist [...]; in deren Schoß gleichwohl (wenn es zu sagen erlaubt ist!) die Götter das Urbild der Menschheit reiner, als in irgend einer anderen, aufbewahrt hatten.[36]

Die Deutschen als Lieblingskinder der Weltgeschichte sind im Kontext zeitgenössischer patriotischer Literatur eine häufig gebrauchte Denkfigur. Die Favoriten der göttlichen Vorsehung finden ihre gesellschaftliche Formation in einer Gemeinschaft, die

an dem Obelisken der Zeiten, stets unter den Wackersten und Rüstigsten tätig gewesen ist: ja, die den Grundstein desselben gelegt hat, und vielleicht den Schlußblock darauf zu setzen, bestimmt war [...]. Eine Gemeinschaft mithin gilt es, die dem ganzen Menschengeschlecht angehört; die die Wilden der Südsee noch, wenn sie sie kennten, zu beschützen herbeiströmen würden; eine Gemeinschaft, deren Dasein keine deutsche Brust überleben, und die nur mit Blut, vor dem die Sonne erdunkelt, zu Grabe gebracht werden soll.[37]

Die Weltgeschichte als Obelisk, dessen Grund- und Schluss-Stein die Deutschen legen: Eine nach Auschwitz obsolete Metapher.[38] Kleists Argumentationsgestus ist apokalyptisch, geht es doch um Alles oder Nichts, um totalen Krieg mit ungewissem Ausgang oder Sieg oder Untergang. Qualvolle Vereinzelung wird im Zeichen dieses Kampfes in kollektiven Selbstmord überführt.

In der Abfolge der *Germania* folgen fünf fiktive *Satyrische Briefe*. In diesen Prosa-Lehrstücken bekämpft Kleist vorrangig den *inneren* Feind als direkten und indirekten Kollaborateur. Es geht um sogenannte Patrioten, die in ihrer Treuherzigkeit oder Selbstgerechtigkeit im Sinne der deutschen Erhebung zu handeln vorgeben. Dabei holen sie jedoch das Beste und Bequemste für sich selbst heraus, betreiben letztlich die Sache Napoleons und verraten die deutsche Sache. Die Anspielung auf die an Frankreich orientierten, von Napoleon in ihrem Rang erhöhten Rheinbund-Fürsten ist offenkundig.

---

[36] Ebd., S. 478.

[37] Ebd., S. 479.

[38] Einige Jahrzehnte später spricht Heinrich Heine in der Vorrede von *Deutschland, ein Wintermärchen* ebenfalls den Wunsch aus, die ganze Welt möge deutsch werden. Allerdings legitimierte Heine die deutsche ›Weltherrschaft‹ mit der Höhe des deutschen Gedankens.

Im *Lehrbuch der französischen Journalistik*[39] arbeitet Kleist mit polemischer Schärfe die desinformierende Wirkungsweise der Presse heraus, wohlgemerkt: Der *französischen* Presse, sowie der ihr gleichgeschalteten rheinbündischen Blätter. In fünfundzwanzig Paragraphen formuliert Kleist die Räson des französischen Journalismus. In Paragraph 2 führt er aus: »*Die französische Journalistik* ist die Kunst, das Volk glauben zu machen, was die Regierung für gut findet.«[40] Paragraph 10 lautet: »Die französische Journalistik zerfällt.« in die [...] Verbreitung 1) *wahrhaftiger* 2) *falscher* Nachrichten. Jede Art der Nachricht erfordert einen eignen *Modus der Verbreitung*, von welchem hier gehandelt werden soll.«[41]

Auf den ersten Blick spricht ein medienbewußter Vorkämpfer einer vielfältigen, staatlich nicht reglementierten öffentlichen Meinung. Viele der Thesen zum Pressewesen sind unmittelbar evident und keineswegs überholt, etwa der lakonische Paragraph 16: »Zeit gewonnen, Alles gewonnen.«[42] Kleist attackiert das napoleonische System als lügenhaft und skrupellos; die regierungsabhängige Presse halte das Volk unwissend. Allenfalls zwischen den Zeilen scheint die Verachtung für ein Volk durch, das sich zum willigen Werkzeug Napoleons machen lässt: Die Franzosen haben jene Presse, die sie verdienen (und den Herrscher, den sie verdienen). In der Maske ätzender Satire stellt Kleist die ideologische Basis des napoleonischen Herrschaftssystems bloß.

Zugespitzt werden das Bild des Feindes und das Idealbild Deutschlands in einem lehrhaften Dialog zwischen Vater und Sohn, dessen polemische Potenz ihresgleichen sucht. Der *Katechismus der Deutschen* folgt in Titel und rhetorischer Strategie einem spanischen Bürger-Katechismus, der um 1809 gegen die französische Fremdherrschaft in Umlauf gebracht wurde.[43] Kleists Frage-Antwort-Arrangement folgt exakt den von ihm inkriminierten Grundsätzen des *Lehr-*

---

[39] Heinrich von Kleist, *Lehrbuch der französischen Journalistik*, in: Kleist, *Erzählungen, Anekdoten, Gedichte, Schriften* (s. Anm. 30), S. 462–468.

[40] Ebd., S. 462 (Herv. i. Orig.).

[41] Ebd., S. 464 (Herv. i. Orig.).

[42] Ebd., S. 465.

[43] Vgl. den Kommentar von Klaus Müller-Salget in der von ihm besorgten Ausgabe (s. Anm. 30), S. 1072–1079, hier S. 1073. Der vollständige Titel des spanischen Katechismus lautet: *Catecismo civil, y breve compendio de las obligaciones del español, conocimiento pratico de sa libertad*, anonym verfasst am 30. Mai 1808. Näheres zur

buchs für französische Journalistik, wenn er Tautologien, platte Vereinfachungen und Diabolisierungen verwendet:

Vater: Was hältst du von Napoleon, dem Korsen, dem berühmten Kaiser der Franzosen?

Sohn: Mein Vater, vergib, das hast du mich schon gefragt.

Vater: Das hab' ich dich schon gefragt? – Sage es noch einmal, mit den Worten, die ich dich gelehrt habe.

Sohn: Für einen verabscheuungswürdigen Menschen; für den Anfang alles Bösen und das Ende alles Guten; für einen Sünder, den anzuklagen, die Sprache der Menschen nicht hinreicht, und den Engeln einst, am jüngsten Tage, der Odem vergehen wird.

Vater: Sahst Du ihn je?

Sohn: Niemals, mein Vater.

Vater: Wie sollst Du ihn dir vorstellen?

Sohn: Als einen, der Hölle entstiegenen, Vatermördergeist, der herumschleicht, in dem Tempel der Natur, und an allen Säulen rüttelt, auf welchen er gebaut ist.

Vater: Wann hast du dies im stillen für dich wiederholt?

Sohn: Gestern abend, als ich zu Bette ging, und heute morgen, als ich aufstand.[44]

Die Gestalt Napoleons wird vor dem Hintergrund moralischer, ja, fast kosmologischer Zusammenhänge abgehandelt, die mit dem Vokabular der christlichen Eschatologie beschrieben werden. Napoleon erscheint dergestalt als der Anfang alles Bösen bzw. das Ende alles Guten: Hölle statt Heil. Selbst den transzendenten Mächten, die doch das höchste Ziel allen Seins kennen, falle es schwer, die abgründige Wirksamkeit des Korsen zu durchschauen; den Engeln

---

Entstehungs- und Überlieferungsgeschichte des Bürgerkatechismus bei Rainer Wohlfeil, *Spanien und die deutsche Erhebung 1808–1814*, Wiesbaden 1965, siehe besonders S. 389.

[44] Heinrich von Kleist, *Katechismus der Deutschen, abgefaßt nach dem Spanischen, zum Gebrauch für Kinder und Alte*, in: Kleist, *Erzählungen, Anekdoten, Gedichte, Schriften* (s. Anm. 30), S. 479–491, hier S. 484f. In der zitierten Ausgabe werden die jeweiligen Sprechakte von Vater und Sohn durch die Bezeichnungen ›Frage‹ (für den Vater) und ›Antwort‹ (für den Sohn) markiert. Der Verständlichkeit halber ersetze ich sie jeweils durch ›Vater‹ und ›Sohn‹.

verschlage es gar den Atem. Auch die Sprache reiche nicht aus, um den Frevler Napoleon als totalen Feind zu markieren.

Die von Kleist ins Werk gesetzte Katechese ist entschieden komplizierter als die spanische Vorlage (und auch als das tradierte Muster religiöser Belehrung). So lässt Kleist den Vater verwirrende Fangfragen stellen. Die Wechselrede zwischen Vater und Sohn ist als Verwirrspiel angelegt: Der Sohn muss geistesgegenwärtig wie ein Fechter sein, um den Finten eines Vaters auszuweichen, der sich scheinbar selbst in Frage stellt. Der katechisierte Sohn repräsentiert die ihrer selbst unsicheren Deutschen, denen der Hass gegen Napoleon erst eingeimpft werden muss. Das Argumentationsmuster des Vaters erscheint als Pandämonium antifranzösischer Affekte, wie sie ein gutes Jahrhundert später Thomas Manns *Betrachtungen eines Unpolitischen* aufgreifen werden:

Sohn: Der Verstand der Deutschen, hast du mir gesagt, habe, durch einige scharfsinnige Lehrer, einen Überreiz bekommen; sie reflektierten, wo sie empfinden oder handeln sollten, meinten, alles durch ihren Witz bewerkstelligen zu können, und gäben nichts mehr auf die alte, geheimnisvolle Kraft der Herzen.

Vater: Findest Du nicht, dass die Unart, die du mir beschreibst, zum Teil auch auf deinem Vater ruht, in dem er dich katechisiert?

Sohn: Ja, mein lieber Vater.[45]

Der Sohn weiß: Ein »ruhiges, gemächliches und sorgenfreies Leben« erschiene den Deutschen als das höchste aller Güter. Darum verdienten sie letztlich das napoleonische Elend. Die fanatische Katechese weist jedoch eine signifikante Brechung auf, indem sie sich gleichsam selbst ins Wort fällt:

Vater: Und welches sind die höchsten Güter der Menschen?

Sohn: Gott, Vaterland, Kaiser, Freiheit, Liebe und Treue, *Schönheit, Wissenschaft und Kunst.*[46]

Hier liegt die Utopie eines Poeten vor, die alle politischen Feind- und Wunschbilder übersteigt: Die Vision (oder sollte man sagen: die

---

[45] Ebd., S. 486.

[46] Ebd., S. 487.

Fata Morgana?) einer dem Dichter gewogenen, kunstfreundlichen Gesellschaft leuchtet auf. Thomas Mann wird dieses Leitbild aktualisierend aufgreifen.

4. Gedankendienst mit der Waffe:[47] Heinrich von Kleist in den *Betrachtungen eines Unpolitischen*

> Und schwankend fass' ich jede starke
> Hand. (Thomas Mann)[48]

Heinrich Mann hatte in seinem *Zola*-Essay einen Beitrag zu jenem Projekt geleistet, das man *Der Künstler als Staatsbürger und Zeitgenosse* nennen könnte. Als Negativ-Folie dient ihm sein Bruder, dessen Ästhetizismus und öffentliche Inszenierung er in ihrer Widersprüchlichkeit markiert: Ein unpolitischer Ästhetizist sei auf dem Weg zum machtgestützten (und machtstützenden), repräsentativen Großschriftsteller. Dieser Hieb des älteren Bruders saß, und er war zu parieren. Größere Teile der *Betrachtungen eines Unpolitischen* wurden unter dem Eindruck des *Zola* verfasst, den Thomas Mann im Januar 1916 zu Gesicht bekam.[49] Der Schock über den aggressiven Gestus zeitigt das Bedürfnis nach umfassender Rechenschaft und lässt die *Betrachtungen* schließlich »zu einem dicken Buch anschwellen«.[50] Das Medium ›Buch‹ ist als Austragungsort eines Bruder-

---

[47] Wie bei zahlreichen anderen Autoren, erfolgt Thomas Manns »positive Kriegsteilnahme« nicht auf dem Schlachtfeld. »Von verständnisvollen Ärzten ausgemustert« (Kurzke, *Das Leben als Kunstwerk* [s. Anm. 10], S. 236), kämpft Thomas Mann auf dem Papier. Das vollständige Zitat aus den *Betrachtungen* lautet: »Wie Hunderttausenden, die durch den Krieg aus ihrer Bahn gerissen, ›eingezogen‹, auf lange Jahre ihrem eigentlichen Beruf und Geschäft entfremdet und ferngehalten wurden, so geschah es auch mir; und nicht Staat und Wehrmacht waren es, die mich ›einzogen‹, sondern die Zeit selbst: zu mehr als zweijährigem Gedankendienst mit der Waffe« (S. 9).

[48] Im Gedicht *Monolog* (1899) gibt sich ein »kindischer und schwacher Fant« zu erkennen, dessen Geist »irrend [...] in alle Runde« schweift. Im unbehausten Schwindel sucht dieses Ich Halt bei jeder (!) »starke[n] Hand«. In: Thomas Mann, *Erzählungen. Fiorenza. Dichtungen*, Zweite, durchgesehene Aufl., Frankfurt am Main 1974 (= Thomas Mann, *Gesammelte Werke in dreizehn Bänden*, Band VIII), S. 1106.

[49] Hermann Kurzke weist darauf hin, dass nicht nur der *Zola*, sondern alle Werke Heinrich Manns vom jüngeren Bruder sehr aufmerksam rezipiert und in den *Betrachtungen* anonym zitiert werden. Die *Betrachtungen* seien »das Protokoll eines öffentlich geführten und trotzdem heimlichen Gesprächs mit dem Bruder« (Hermann Kurzke, *Betrachtungen eines Unpolitischen*, in: *Thomas-Mann-Handbuch*, hg. von Helmut Koopmann, 2. Aufl., Stuttgart 1995, S. 678–695, hier S. 688f.).

[50] Kurzke, *Das Leben als Kunstwerk* (s. Anm. 10), S. 249.

zwists ungewöhnlich. Weil aber der Konflikt in diesem Stadium weder mündlich noch brieflich zur Sprache gelangt, sind die *Betrachtungen* ein unpersönliches, aber umso wirkungsmächtigeres Forum. Thomas Mann hat seinen Groß-Essay bereits 1915 begonnen und kann sich seiner als Medium für das Fern-Duell mit dem Bruder bedienen.

Das sechste Kapitel (*»Gegen Recht und Wahrheit«*) ist der Ort, wo Thomas Mann sich der Zeugenschaft Kleists für seine autorpsychische, politische, staatsbürgerliche und ästhetische Standortbestimmung versichert. Zu Beginn des Kapitels klagt Thomas Mann vor dem eigenen Gewissen sein »Recht auf Patriotismus« ein; dieses Recht sei nicht geschmälert, weil er kein »richtiger Deutscher« sei, sondern darum, weil sein Verhältnis zur Politik »auf gut deutsche Art ein *Unverhältnis*« sei (S. 149). Die Ausnahme bilden jedoch Kriegs- und Krisenzeiten. Hier finden der Künstler und seine Nation zueinander, was sogar den Rückfall ins Primitive einschließt. Schlecht stünde es um einen Künstler, dem »das Primitive ein durchaus fremdes Element« geworden sei (S. 151). »[V]olkhaft primitiv« zu agieren (ebd.), sei in tagespolitischen Fragen unangebracht, in Fragen des Vaterlandes hingegen Pflicht. Weit abseits von den Debatten um politische Partizipation und das allgemeine Stimmrecht *spricht* in der Krise das Volk als Wille. Ein »großes und besonderes Volkswesen außer mir«, so empfindet Thomas Mann, sei Träger der »erschütternde[n] Selbstoffenbarung« des August 1914 (S. 153), die alle historischen Herausforderungen übertreffe:

> Die Hermannsschlacht, die Kämpfe gegen den römischen Papst, Wittenberg, 1813, 1870, – das alles war nur Kinderspiel im Vergleich mit dem fürchterlichen, halsbrecherischen und im großartigsten Sinne unvernünftigen Kampf gegen die Welt-Entente der Zivilisation, den Deutschland mit einem wahrhaft germanischen Gehorsam gegen [...] seine ewige und eingeborene Sendung auf sich genommen hat. (S. 52)

Dieser singuläre, im buchstäblichen Sinn not-wendige Kampf führt die kulturellen Eliten in den Schoß des Volkes zurück. Mit aller Schärfe distanziert sich Thomas Mann von einem bierseligen, saturierten *Wir:*

> Mit Kriegsgeschrei aufgehen in der Nation, – das ist kein übles Mittel, die eigene Schwäche zu vergessen und in Vergessenheit zu bringen. Ich erkläre, daß ich es ganz und gar von der Hand weise, dieses Mittel. [...] Was habe ich im Grunde ge-

146

mein mit diesem strotzenden Volk, dessen ungeheure Tüchtigkeit heute den Schrecken und die Bewunderung derer bildet, die sich zusammentaten, um es zugrunde zu richten? Chronist und Erläuterer der Décadence, Liebhaber des Pathologischen und des Todes, ein Ästhet mit der Tendenz zum Abgrund: wie käme *ich* dazu, mich mit Deutschland zu identifizieren, wie komme *ich* zur positiven Kriegsteilnahme, zum patriotischen Enthusiasmus? (S. 153f. – Herv. i. Orig.)

Doch kein patriotisches Erweckungserlebnis wird mitgeteilt, kein Initiationsblitz memoriert, kein Denkweg ausgebreitet, kein *Darum!* argumentativ untermauert. Stattdessen folgt die Berufung auf einen, der erst knapp zwei Seiten später bei seinem Namen genannt wird. »Er« sei ein ins Hochproblematische gesteigerter Einzelgänger, ja, ein psychisch und artistisch ins Extreme gesteigerter Künstler,

tiefkrank [...] von Anbeginn, grund-pathologisch in jeder Stoffwahl, hysterisch, extrem, romantisch, ›hypochondrisch‹, Goethen ein Ärgernis. (S. 154)

Dieser Leidende und Hochkomplizierte, so Thomas Mann, fände in seinen politischen Einlassungen zu einer Vereinfachung, die nicht in scheuklappen-bewehrte Stupidität, sondern in eine konzentrierte Zuspitzung führe. Wie so oft, spricht Thomas Mann auch hier *pro domo.* Schmeichelhaft fällt das Porträt seines dunklen Wiedergängers nicht aus:

Wie, frage ich, hätte Kleist dieser Gedankenlosigkeit und Verwechslung [das ewige Volk mit dessen zufälliger, aktueller Erscheinungsform in eins zu setzen] schuldig werden können, wenn er nicht *ein falscher Geistiger, falsch Begeisterter, ein Schmeichler und Streber gewesen wäre, dem es darauf ankam, ›Nationaldichter‹ zu werden: ganz wie wir Elenden* von heute, [...] die der Zivilisationsliterat desselben Verbrechens sowohl wie derselben Motive zeiht? (S. 155)

Um Deutschlands willen verließ der »krankhaft zerquälte Künstler« seinen poetischen Olymp. »[V]or Hochgefühl von Sinnen«, wurde er für die Dauer einiger Monate zum »windigen Journalisten« (S. 154).

Thomas Mann beruft sich auf ausgewählte *Germania*-Beiträge.[51] Er liefert kein Stück anverwandelnder Kleist-Philologie, sondern eine

---

[51]   Die Vielzahl der Gewährsleute zeigt erhebliches »Hilfs- und Anlehnungsbedürfnis« (S. 11). Auf dem fremden, politisch-ideologischen Terrain und letztlich in der Defensive sucht Thomas Mann in den *Betrachtungen eines Unpolitischen* nach »Eideshelfer[n]« (ebd.).

pointierte Instrumentalisierung der Kleist'schen Publizistik für einen apologetischen Furor, der immer Antwort auf Leben und Werk des Bruders ist. Ausgewählt wird zunächst das rhetorische Frage-Antwort-Spiel *Was gilt es in diesem Kriege?* Thomas Mann weist auf die Aktualität der – im wahrsten Sinn des Wortes – hinreißenden Fragen und Antworten hin, die

> statt vor hundert Jahren, vor zweien könnten geschrieben sein, und die dann sicher von gewissen geistigen Herren als Hetzartikel gebrandmarkt worden wären. (S. 155)

Bruder Kleist: Gewährsmann gegen Bruder Heinrich? Ein Gewährsmann, der sogleich zu verteidigen ist, konstruiert Thomas Mann doch fiktive Vorwürfe gegen Kleist. Jene verwickelte politische Brüder-Konstellation scheint auf, die Anlass für das Verfassen der *Betrachtungen* ist:

> Kein Zweifel, seine [Kleists] Vergeistigung war wenig fortgeschritten. Wie hätte er sich sonst der verbrecherischen Gedankenlosigkeit – wenn es nichts Schlimmeres war – schuldig machen können, das Volk, sein Volk, das ewige Volk zu verwechseln mit dem zufälligen, lebenden Geschlecht, dessen Laster und Irrtümer er kennen mußte: die menschlich mangelhafte Gemeinschaft der Lebenden mit jener hohen, deren Dasein, wie er sagte, durch das Dritteil eines Erdalters geheiligt sei; die, unbekannt mit dem Geist der Herrschsucht und der Eroberung, des Daseins und der Duldung so würdig sei wie irgendeine; die, weit entfernt, in ihrem Busen auch nur eine Regung von Übermut zu tragen, bis auf den heutigen Tag an ihre eigene Herrlichkeit nicht geglaubt habe, sondern herumgeflattert sei, unermüdlich, einer Biene gleich, alles, was sie Vortreffliches fand, in sich aufzunehmen, gleich als ob nichts von Ursprung herein Schönes in ihr selber wäre, während gleichwohl in ihrem Schoße die Götter das Urbild der Menschheit reiner, als in irgendeiner andern, aufbewahrt hätten; mit jener Gemeinschaft, die den Leibniz, Gutenberg und Keppler, Hutten und Sickingen, Luther und Melanchthon, Jo-

---

Dass er auf exakte bibliographische Nachweise verzichtet, versteht sich im Kontext der *Betrachtungen* von selbst. Deren amalgamierendem Charakter verpflichtet, verzichtet er darüber hinaus (überwiegend) auf die Nennung der Titel der einzelnen Kleist-Texte, deren historischer und werkbiographischer Kontext keine Erwähnung findet. Zu Thomas Manns Strategien des Anspielens, Auswählens, des Paraphrasierens und Zitierens vgl. Hermann Kurzkes Beitrag über die *Betrachtungen* (s. Anm. 49), S. 687f. Kurzke führt fast zwanzig »Eideshelfer« auf, nicht jedoch Heinrich von Kleist, obwohl dieser im Kontext des betreffenden Kapitels immerhin über vier Seiten hinweg genannt, beschworen und paraphrasiert wird.

seph und Friedrich, Dürer, Cranach und Klopstock hervorge-
bracht, die die Wilden der Südsee noch, wenn sie sie kennten,
zu beschützen herbeiströmen würden und deren Dasein keine deutsche Brust überleben solle –? (S. 155)[52]

Thomas Mann knüpft an Kleists überreizte Polemik an; hart streift
auch er die Grenzen unfreiwilliger Komik. Denn es spricht nicht der
konservative Ironiker, sondern der wild um sich schlagende Patriot,
wenn er, Kleists *Was gilt es in diesem Kriege?* paraphrasierend, die
Bereitschaft der »Wilden der Südsee« zitiert, die zum Schutz der
Deutschen (»wenn sie sie kennten«) »herbeiströmen würden« (ebd.).

Kleists bizarrer Bezug auf eine Rettung der äußerlich bedrohten, innerlich ortlosen Nation mittels der Vitalität und aus dem Geist der
edlen Südsee-Wilden findet sich nicht nur in *Was gilt es in diesem
Kriege?*, sondern noch in einem anderen *Germania*-Beitrag. Dieser
sei hier vorgestellt, weil Thomas Manns emphatische Sicht des
Deutschtums hier präfiguriert erscheint: Eine nationale und kulturelle Identität, die ausdrücklich in Abgrenzung zu Frankreich formuliert wird und doch die europäische Weite des 17. Jahrhunderts
(und des Rousseau-Lesers) widerspiegelt: Im *Brief eines politischen
Pescherä*[53] rückt ein Südsee-Insulaner die politisch missbrauchte Lü-
gensprache französischer Kriegs-Bulletins mittels der ihm eigenen
Naivität ins Rechte und rettet somit die gottesunmittelbare, reine
Sprache der Deutschen vor der Vergiftung von Sprache und Denken
durch das Regime eines der Hölle entstiegenen »Vatermördergeist[s]«.[54] Brieflich klagt der Pescherä einem Briefpartner seine
Sprachnot:

---

[52]   Wörtlich zitiert Thomas Mann Kleists hymnischen Lobpreis der deutschen Nation
(*Was gilt es in diesem Kriege?*); auch die Abfolge der Namen in der Ahnenreihe entspricht Kleists Aufzählung.

[53]   Heinrich von Kleist, *Brief eines politischen Pescherä über einen Nürnberger Zei-
tungsartikel*, in: Kleist, *Erzählungen, Anekdoten, Gedichte, Schriften* (s. Anm. 30), S.
474–477. »Pescherä« bezeichnet bei Kleist einen südamerikanischen Eingeborenen,
heißt aber ›Freund‹. Der Begriff geht auf Louis-Antoine de Bougainville zurück, in
dessen *Voyage autour du monde* (1772) über die Einwohner Feuerlands berichtet
wird (vgl. den Kommentar von Klaus Müller-Salget [s. Anm. 30], S. 1063). Kleist proji-
ziert die ursprüngliche Einfalt dieser Naturmenschen-Gemeinschaft, welcher die aus-
beuterischen Gelüste der Europäer unbekannt sind, in einen komplexen dialektischen Zusammenhang zur keinesfalls unverdorbenen Dummheit der rheinbündisch
gesinnten Deutschen.

[54]   »Als einen […] Vatermördergeist, der herumschleicht, in dem Tempel der Natur,
und an allen Säulen rüttelt, auf welchen er gebaut ist« (Kleist, *Katechismus der Deutschen* [s. Anm. 44], S. 485).

Ein Europäer wird ohne Zweifel, wenn er den Artikel liest, wissen was er davon zu halten hat. Einem Pescherä aber müssen, wie du selbst einsiehst, alle die Zweifel kommen, die ich dir vorgetragen habe.

Bekanntlich drücken wir mit dem Wort: Pescherä, Alles aus, was wir empfinden oder denken; drücken es mit einer Deutlichkeit aus, die den andern Sprachen der Welt fremd ist.[55]

Der differenzierte kulturelle und semantische Horizont der Europäer, so suggeriert der fiktive Briefautor, müsse einen Menschen überfordern, dessen Einwort-Sprache keine expliziten Gegensatzbegriffe, sondern nur die freundschaftlich-menschliche Beziehungsbindung als einzige und letzte Bezugsebene kennt. Alle Erscheinungen und Bewertungen beziehen sich auf das Wort ›Freund‹, alle Sinnesdaten, Handlungen und Bewertungen sind in dieser gemeinschaftsbezogenen Universalsprache aufgehoben. Signifikant und Signifikat sind stabil und dauerhaft aufeinander bezogen.

Der *Brief eines politischen Pescherä* zeigt eine tiefgründigere Bedeutung, als sich aus dem tagespolitischen Bezug vermuten lässt. Kleist lädt tagespolitische Fakten mit ›seinem‹ Sinn, mit ›seiner‹ Sehnsucht auf, die immer die Sehnsucht nach der poetischen Ausgestaltung der Welt ist: Sehnsucht nach einer verlorenen Vergangenheit und nach einer idealen Zukunft. Einstweilen jedoch bleibt nur die Sprache als Residuum der Poesie, eine Sprache, deren Unschuld durch politische Instrumentalisierung beschädigt ist. In der regierungsamtlich veröffentlichten Meinung des napoleonischen Frankreich erblickt Kleist die Brunnenvergifter des poetischen Ur-Idioms. Das trügerische Spiel manipulativer Sprachverwirrung und mithin Geistesverblendung ist Sache der Franzosen und ihrer vaterlandsvergessenen deutschen Helfer. Thomas Mann transformiert Kleists Argumentation in die ideologischen Fronten des Ersten Weltkriegs: Die leerlaufende Rhetorik des Zivilisationsliteraten verrät die ›Tiefe‹ deutschen Dichtens und Denkens. Gleichwohl nistet der wirkliche Feind nicht in Paris, sondern im eigenen Land. Lebt doch der Verfasser des *Zola* nicht in Paris, sondern in Deutschland.

Thomas Mann beschließt seinen Kleist-Bezug mit Hinweis auf den *Katechismus der Deutschen*. Er paraphrasiert die suggestiven Fragen des Vaters und die konditionierten Antworten des Sohns: Nein, die Deutschen befänden sich nicht »auf dem Gipfel aller Tugend, alles

---

[55] Kleist, *Brief eines politischen Pescherä* (s. Anm. 53), S. 476.

Heils und alles Ruhms« (S. 156), und sie seien auch keinesfalls auf dem Wege, dies alles zu erreichen. Vielmehr litten sie an einer »Überreiztheit des Verstandes«, reflektierten, überschätzten ihren »Witz« und »gäben nichts mehr auf die alte, geheimnisvolle Kraft der Herzen« (ebd.). Die Schuld am politischen Weltgericht, das über ein herzvergessenes Volk hereinbrach, trifft (auch) den romantisierenden Ästhetizismus und somit den psychologisierenden, ironischen Autor.

Erstrebenswerte Güter, so hatte der konditionierte Sohn in Kleists *Katechismus der Deutschen* erwidert, seien »Gott, Vaterland, Kaiser, Freiheit, Liebe und Treue, Schönheit, Wissenschaft und Kunst«.[56] Thomas Mann zitiert auch diese Aufzählung wörtlich und applaudiert der »tolle[n], höchst widerliterarische[n] Rangordnung der Güter« (S. 157).[57] Zudem: Das gegenwärtig existierende deutsche Volk und sein ideales Urbild befinden sich in einer Phalanx, die ebenso

---

[56] Kleist, *Katechismus der Deutschen* (s. Anm. 44), S. 487.

[57] Kleists Agenda der zu verteidigenden Güter wiederholt sich in den Stellungnahmen der Literaten nach 1914 häufig. Auch die Zurückweisung geopolitischer Ambitionen und die Berufung auf zivile Werte sind Teil der publizistischen Stellungnahmen von Literaten. So unterstellt Gerhart Hauptmann in einem Zeitschriftenbeitrag im August 1914, die Deutschen seien »ein eminent friedliches Volk«, dem die Idee des Weltbürgertums tief eingewurzelt sei (Gerhart Hauptmann, *Gegen Unwahrheit*, in: *Berliner Tageblatt* [26.8.1914], zitiert nach Gerhart Hauptmann, *Sämtliche Werke*, hg. von Hans-Egon Hass, fortgeführt von Martin Machatzke, Band XI, Frankfurt am Main 1974, S. 843–847, hier S. 843). Der Kampf werde von Vertretern aller Bevölkerungsschichten geführt und diene nicht vordergründigen politischen Zwecken, sondern letztlich dem Wohl der Menschheit: »An den Grenzen steht unsere Blutzeugenschaft: der Sozialist neben dem Bourgeois, der Bauer neben dem Gelehrten, der Prinz neben dem Arbeiter, und alle kämpfen für deutsche Freiheit, deutsches Familienleben, für deutsche Kunst, deutsche Wissenschaft, deutschen Fortschritt, sie kämpfen [...] für innere und äußere Güter, die alle dem allgemeinen Fortschritt und Aufstieg der Völker dienstbar sind« (ebd., S. 847).
Einer ähnlichen Argumentationsfigur bedient sich der *Biene Maja*-Erfinder Waldemar Bonsels, der zu den Kriegsmotiven des deutschen Reiches bemerkte: »Nicht um Politik handelt es sich hier, nicht um Besitz, nicht um Provinzen, sondern um das Deutschtum und sein Ansehn« (Waldemar Bonsels, *Das junge Deutschland und der große Krieg. Aus Anlaß des Briefwechsels Romain Rollands mit Gerhart Hauptmann über den Krieg und die Kultur*, München/Wien 1914, S. 7f.).
In Thomas Manns Münchner Bekanntenkreis war diese Argumentationsfigur Gemeingut. Nikolaus Cossmann, Herausgeber der von Thomas Mann geschätzten *Süddeutschen Monatshefte*, erklärte in seinem Editorial Krieg zum Kulturkrieg: »Dieser schönste Verteidigungskrieg, den je ein Volk geführt, [...] gilt nicht nur Deutschland, gilt der ganzen Kultur. Der Kultur dienen, heißt jetzt, dem Krieg dienen« (in: *Süddeutsche Monatshefte*, Jg. 11, Band 2 [1914], S. 769, zitiert nach Eder, *Die Geburt des Zauberbergs* [s. Anm. 5], S. 177).

wenig auseinander zu dividieren sei wie die ebenso höchst unvollkommene deutsche Nation des Jahres 1914 (»vor zwei Jahren«). Auch diese habe um ihre staatlich-politische Unvollkommenheit gewusst und in den »ersten Rausch hinein der Reinigung und des Aufstandes« bußfertige Besinnung getragen. Viel wichtiger sei aber die Erschütterung gewesen,

> deren Wellen den abseits und einzeln auf dem Lande, den weit über See Lebenden im Nu erreichten und ergriffen, in jeder Brust das Stillste, Älteste, Einfachste und Stärkste weckten. Mich befremdet ein Moralismus, der mit aufgerichtetem Magisterfinger dem gestellten Deutschland bedeutete, erst wenn es sich durch ›innere Politik‹, durch eine oder die andere Dreyfusaffäre sittlich geläutert habe, werde es berechtigt sein, sich irgend nach außen zu wenden, – als ob der gewaltige und schwärmerische Zusammenschluß der Nation in der Bereitschaft zu strengster Prüfung, in der hohen und freudig ernsten, von Leichtsinn und Übermut reinen Bereitschaft auch, ihre Weltstunde zu schauen [...], – als ob das alles mit Moral nicht vielleicht von weitem allerlei zu tun gehabt hätte. Ich beargwöhne die steif ablehnende Kälte einer ›Vergeistigung‹, die sich zu vornehm dünkte, den Traum eines Volkes von Heimsuchung und notgeborener Tat einen Tag auch nur, eine Stunde lang mitzuträumen und sich den in aller Geschichte unerhörten, auch von sehenden Feinden als beispiellos bestaunten Leistungen dieses Volkes hämisch-hartnäckig verschließt [...]. (S. 157f.)

Der »hochnäsigste[n] Entfremdung und Selbstausschließung« (S. 159) und »steif ablehnende[r] Kälte« (S. 158) möchte Thomas Mann nicht geziehen werden. Wenn das Vaterland kämpft, kann der Poet nicht beiseite sprechen, sondern muss in den patriotischen Chor einstimmen. Kleist hatte zu diesem Kampf 1809/10 seine Aufrufe, Verse und Oden beigesteuert. Thomas Mann folgt seinem dunklen Gelegenheitsbruder, in dessen gereizter Überspanntheit und gesellschaftlicher Isolation er sich gespiegelt sieht.

Im weiteren Verlauf des Kapitels *Gegen Recht und Wahrheit* sowie in den folgenden Kapiteln der *Betrachtungen* finden sich keine Kleist-Bezüge mehr. Kleist hat im Argumentationsgang der *Betrachtungen* seine Schuldigkeit getan. Umso präsenter bleibt der Blutsbruder Heinrich. Noch schweigen im Bruderkrieg die Waffen nicht.

Das kurzzeitige politische Engagement des »hysterische[n] Junker[s]« (S. 154) hatte Thomas Mann jenen Geheimgang eröffnet, der die

Dichterklause mit der Gesellschaft verbindet. Die Berufung auf Kleist verhalf ihm andererseits zur künstlerischen Selbstanalyse und Überwindung seines Vorkriegsästhetizismus. Diese doppelte Funktion Kleists kennzeichnet das Verfassen der *Betrachtungen* insgesamt: Das »Schmerzensbuch« ist für Thomas Manns psychische und ästhetische, sowie für seine politische Selbstverortung letztlich von größerer Relevanz als die Breite der Rezeption. Den Weg in den Tornister deutscher Soldaten verstellte nicht nur das äußere Volumen der *Betrachtungen*. Stattdessen befand sich in vielen Tornistern ein ästhetizistisches Meisterstück ohne jedes patriotische Ferment: *Der Tod in Venedig*.

5. Bedingungslose Kapitulation oder: Wem auf Erden nicht zu helfen war

> Am Ende, du lieber Himmel, ist er ein Künstler, – und was gelten im Kunstreiche Meinungen? (Thomas Mann)[58]

Heinrich von Kleist hatte seine patriotischen Texte in Prag und Dresden verfasst; freundschaftliche Kontakte verbanden ihn in Dresden mit der österreichischen Gesandtschaft, in Prag mit Mitgliedern der königlichen Familie. Kleist durfte 1808/09 Hoffnungen auf einen gewissen Einfluss hegen. Die vernichtenden Niederlagen Österreichs im Verlauf des Jahres 1809 machten diese Erwartungen schnell zunichte. Kaiser Franz II. von Österreich wird sich mit dem Sieger und vormaligen Feind Napoleon arrangieren, ihm gar seine Tochter zur Frau geben. Verzweifelt über die militärische Niederlage und die vaterlandsvergessene Kleinmütigkeit der Wiener und Berliner Herrscherhäuser taucht Kleist zunächst unter, begibt sich nach langen Monaten konspirativen Herumvagabundierens schließlich nach Berlin und verbringt hier seine letzten beiden Lebensjahre. Sein drittes Zeitschriftenprojekt (nach *Phoebus* und *Germania*) scheitert wie die Vorgänger; die *Berliner Abendblätter* werden im Herbst 1811 eingestellt. Dem Publizisten und Herausgeber, wichtiger noch: dem Erzähler und Dramatiker bleibt ein nachhaltiger Erfolg versagt. Politisch wähnt sich Kleist auf verlorenem Posten. Zwar kehren König und Königin in ihre Berliner Residenz zurück, doch der Aufstand gegen Napoleon wird noch knapp drei Jahre auf sich

---

[58]   So Thomas Mann über Künstler als »bellezza- und belles-lettres-Politiker« im Abschnitt *Ästhetizistische Politik* der *Betrachtungen* (S. 545).

warten lassen, und es werden sogar Bündnisverhandlungen mit dem Erzfeind aufgenommen. Der vormalige Partisan beobachtet ein laues Bedürfnis nach Koexistenz mit dem ›Erzfeind der Menschheit‹ und Schänder »im Tempel der Natur«. Erfolglos richtet Kleist ein Gesuch an den König, wieder in die Armee aufgenommen zu werden.

In unauflösbarer Verknüpfung ist Kleists politisches Engagement mit seiner prekären Psychodynamik verbunden. Kleist starb nicht an der Besetzung und Demütigung Preußens und auch nicht am mangelnden Patriotismus der deutschen Fürsten, sondern er kapitulierte vor seiner umfassenden geistigen und sozialen Desintegration. Kleist ›bedient‹ kein Publikum, erlangt keine – und sei sie noch so begrenzt – Repräsentativität. Kein poetologischer Notstand, keine Sprachnot zeitigte seine Resignation, sondern die Unerreichbarkeit einer Rolle als ›Dichter in der Gesellschaft‹. Diesen Bankrott thematisiert Kleists Gedicht *Das letzte Lied*. Im April 1809 entstanden, unterbricht es die von »militanter Borniertheit«[59] strotzende Kriegsschwärmerei für einen bemerkenswerten Moment lang, um der Totenklage um eine zugleich verlorene und dabei doch idealisch ersehnte Welt Raum zu geben.

Das Gedicht evoziert einen namenlosen Vernichtungskrieg. Die ersten drei Strophen beschreiben »nichts geringeres [...] als einen Weltuntergang«:[60]

> Fernab am Horizont, auf Felsenrissen
> Liegt der gewitterschwarze Krieg getürmt.
> Die Blitze zucken schon, die ungewissen:
> Der Wandrer sucht das Laubdach, das ihn schirmt.
> Und wie ein Strom, geschwellt von Regengüssen,
> Aus seines Ufers Bette heulend stürmt,
> Kommt das Verderben, mit entbundnen Wogen,
> Auf alles, was besteht, herangezogen.[61]

Das apokalyptische Unwetter verschlingt nicht nur »der alten Staaten graues Prachtgerüste«; die dritte Strophe lässt erkennen, dass vom Schicksal Deutschlands die Rede ist. Die vierte und fünfte (letzte) Strophe wenden sich in überraschender Personifizierung *dem Lied* zu: »Voll unnennbarer Wonnen«, wird auch dieses vom Todespfeil

---

[59]   Leistner, *Kleists politischer Furor und sein Letztes Lied* (s. Anm. 29), S. 155–167.

[60]   Ebd., S. 164.

[61]   Heinrich von Kleist, *Das letzte Lied*, in: Kleist, *Erzählungen, Anekdoten, Gedichte, Schriften* (s. Anm. 30), S. 438–439, hier S. 438.

getroffen und muss ins Grab sinken, um »Wanderern, die bei den Toten leben«, zu erklingen:

> Und stärker rauscht der Sänger in die Saiten,
> Der Töne ganze Macht lockt er hervor,
> Er singt die Lust, für's Vaterland zu streiten,
> Und machtlos schlägt sein Ruf an jedes Ohr,
> Und wie er, flatternd, das Panier der Zeiten,
> Sich weiter pflanzen sieht, von Tor zu Tor,
> Schließt er sein Lied; er wünscht mit ihm zu enden,
> Und legt die Leier weinend aus den Händen.[62]

Das tödliche Schicksal trifft jenes Lied, das die Menschen der ›alten‹ Welt wunderbar zu erheben wusste. Inmitten dieser Welt aber hatte »der Sänger« gestanden. Seine Kunst war es, in der sich Menschen jenseits aller bürgerlichen und ökonomischen Situierung treffen konnten. Im »Sänger« ist unschwer der Dichter zu erkennen. Kleists »notvoller Egozentrismus«[63] bricht sich Bahn, indem das Lied den Ruhm eines durchaus beifallsüchtigen Rhapsoden kündet, den ein epochaler Umbruch weitab von aller aktuellen politischen Nötigung mit Stummheit schlägt.

Kleists Klagelied umreißt einen ersehnten, jedoch endgültig verlorenen Zustand. Das vernichtend Böse ist eine Maske für das Ende jeglicher Kunstfreundlichkeit in einer Welt, die dem Dichter-Sänger seinen Ort und seine exklusive Funktion zugewiesen hatte: Weder neben oder gegen die Gesellschaft, sondern in ihr und für sie. Mithin skizziert Kleist den Untergang einer poetischen Utopie, die immer auch eine Utopie der Poesie ist. Das *Letzte Lied* ist weniger ein politisches als vielmehr ein Epochen- und Künstlergedicht, das alle Koordinaten politischer und ästhetischer Parteinahme durchkreuzt. Das freilich ist ein Signum für Kleists dramatische und epische Dichtung, die »den Ausnahmezustand Welt«[64] überbietet:

> Erschütterung ohne Katharsis, tiefste, leibliche Innervation. Um solche Innervation ist es Kleist wirkungspolitisch und wirkungspoetisch zu tun.[65]

---

[62]   Ebd., S. 439.

[63]   Leistner, *Kleists politischer Furor und sein Letztes Lied* (s. Anm. 29), S. 166.

[64]   Raimar Zons, *Von der »Not der Welt« zur absoluten Feindschaft. Kleists Hermannsschlacht*, in: *Zeitschrift für deutsche Philologie*, Band 109 (1990), S. 175–199, hier S. 181.

[65]   Vgl. ebd.

»Und machtlos schlägt sein Ruf an jedes Ohr«:[66] In nur geringem zeitlichem Abstand folgte Kleists Selbstabschaffung seiner Abdankung als Künstler. Am 20. November 1811 kapituliert der zum Desperado abgesunkene Partisan, erschießt seine Sterbensgefährtin Henriette Vogel und schließlich sich selbst. Das triumphale Ende der Demütigung Preußens[67] verfehlte er ebenso wie eine Reputation als Dichter. Ihm blieb, »die Leier weinend aus den Händen« zu legen und mit seinem *letzten* Lied zu enden.

6. Nach der Schlacht... Letzter Blick auf Thomas Mann und seine Brüder

Geradezu konträr zu seinem zeitweiligen Eideshelfer gestaltete sich Thomas Mann Biographie nach dem Ende des anfänglich so hochgemut gefeierten Krieges. Wenn auch »nicht gerade im besten Wohlsein, ein Kriegsbeschädigter«, so kehrt er doch nicht als trostloser Desperado an seinen »verwaisten Werktisch« zurück (S. 9). Diese Rückkehr ist ohnehin metaphorisch zu lesen, kehrt Thomas Mann doch nicht von den Schlachtfeldern an Marne und Somme heim. Verwaist war allenfalls die *Zauberberg*-Werkstatt, und die Wunden rühren vom Bruderkrieg her. Am 9. Mai 1919 notiert er im Tagebuch:

> Ging eine Stunde langsam spazieren, bei klarem Himmel, Kühle u. einem in der Dämmerung laternenhaft wirkenden Mond. Abends Beschäftigung mit dem Ententefrieden, den von der Leipziger Bücherei gesandten Drucken (las das Facsimile von Kleists *Germania an ihre Söhne*) [...].[68]

Keine Rede mehr von einer »Innervation« durch Kleists politische Journalistik. Die Aufrüstung des ›unpolitischen‹ Ästhetizisten für den Gedankendienst mit der Waffe, der Kampf gegen den vom Bruder verkörperten Habitus des Zivilisationsliteraten hat ein Ende gefun-

---

[66] Kleist, *Das letzte Lied* (s. Anm. 61), hier S. 439.

[67] Ob der Ausgang der Befreiungskriege zu Kleists geistiger und seelischer Genesung beigetragen hätte, ist mehr als zweifelhaft. Die Realität war für Kleist ein Trug unter vielen, und der scheinbar gute Ausgang, z.B. des *Prinz Friedrich von Homburg*, markiert nur eine Station im Zwischenreich von Traum und Realität, dessen Instabilität die Schluss-Sätze anzeigen: »In Staub mit allen Feinden Brandenburgs!« Kleists fiktionale und biographische Dramen verbleiben in der Region eines totalen Krieges, dessen Niederlagen stets katastrophalen Untergängen gleichen.

[68] Thomas Mann, *Tagebücher 1918–1921*, hg. von Peter de Mendelssohn, Frankfurt am Main 1979, S. 232.

den. Der dunkle, fiktive Bruder Heinrich von Kleist hat als Gewährsmann für einen psychisch, ideologisch und ästhetisch seiner selbst Ungewissen seine Schuldigkeit getan; die Erträge der kurzen Karriere des »hysterischen Junkers« als »windiger Journalist« werden weder für eine politische Apologie, noch um einer autorpsychologischen Funktion willen benötigt. Zwar sieht sich Thomas Mann immer wieder von Ignoranz und Antipathien angefochten;[69] es dominiert aber Genugtuung über die weltweit wachsende Bewunderung. Gelegentlicher Versuchungen zu existentiellen und poetischen Rückzügen ungeachtet, dankt Thomas Mann nicht ab. Zuweilen von Rückfällen in geistesaristokratischen Ästhetizismus heimgesucht, arrangiert er sich mit der entstehenden Republik von Weimar, führt eine zunehmend repräsentative Existenz als weltweit goutierter Autor und trägt Ruhm und Bürde des deutsch-republikanischen Staatsschriftstellers. Thomas Mann lebt fortan in der Mitte der Weimarer Gesellschaft.[70]

In behutsamer (und beantworteter) Annäherung wird 1922 der Bruder bereits vor der Republikrede zurückgewonnen. Anlass für die Versöhnung war eine schwere Krankheit des Älteren, die politische Differenzen *sub specie aeternitatis* relativierte und zu einer bedingten Versöhnung führte. Niemals spannungsfrei und von tief sitzenden Aversionen grundiert, vollzieht sich der weitere Umgang der Brüder ohne jenen tiefen Bruder-Hass, der den *Zola*-Essay und der

---

[69]   Der unmittelbare Fortgang des Tagebuch-Zitats belegt eine solche Anfechtung: »(las das Facsimile von Kleists *Germania an ihre Söhne* [das ist die bluttriefende Germania-Ode]) [...] mit dem von Fischer gekommenen Wolfenstein'schen Jahrbuch *Die Erhebung*, das ich gut thue, mir rasch wieder aus dem Sinn zu schlagen. Fühle mich in dieser Sphäre verachtet u. kann nicht umhin, jedes Wort als persönliche Feindseligkeit zu empfinden« (ebd.). Die expressionistischen Ich-Gesänge erwecken in Thomas Mann ebenjenen Affekt gegen alles Extreme und ›Kranke‹, von dem seine (u.a. im Kleist-Vortrag von 1954 geäußerte) Aversion gegen Kleists Überspanntheit und Hysterie kündet.

[70]   Diese ›Mitte‹ war durch Thomas Manns Zaudern nach der nationalsozialistischen Machtergreifung angefochten, wurde aber zu Beginn des Jahres 1936 rasch wieder errungen. Im amerikanischen Exil und nach der Rückkehr nach Europa galt: Thomas Mann wusste, wofür er stand, und die kulturelle Öffentlichkeit wusste es auch. Nach 1945/46 die Identifikation mit einem der beiden Deutschlands vermeidend, sprach Thomas Mann doch in beide Systeme hinein und bezog schließlich aus der neutralen Schweiz heraus souverän Stellung. Zudem gewährte die bürgerliche Existenz jene äußere Stabilität und Kontinuität, die für Thomas Mann Rettungsanker in revolutionären Wirren, Krieg, Exil und psychischen Stürmen war. Mit Heinrichs Tod am 12. März 1950 scheidet der Bruder als offener und heimlicher Dialogpartner – Konkurrent, Rivale, Gegner – aus.

157

Thomas Manns Gegenschlag ausgezeichnet hatte. Dieser Hass hatte Thomas Mann den Rekurs auf Kleist als Waffe im Bruderkampf nahe gelegt. Meine Überlegungen sollten aufzeigen, wie und warum Heinrich von Kleist gegen den Bruder Heinrich Mann *in Stellung gebracht* und *ins Feld geführt* wurde (die militärischen Metaphern mögen Thomas Manns Strategie ein letztes Mal bezeichnen): In seiner Ausdeutung ist Kleist ein instabiler, psychisch liederlicher *décadent*. Angetrieben durch seine Sehnsucht nach einer gesellschaftlich sanktionierten Rolle inmitten der Gesellschaft, hatte dieser ein »politisch Lied« angestimmt und sich dergestalt ein Stück weit aus einer ästhetischen und sozialen Isolation und Vertrocknung herausgehoben, wie sie Thomas Mann seit 1910 in zunehmendem Maß empfand. Das Schreckbild des weltzugewandten Zivilisationsliteraten mag ihm ein Stück weit Wunschbild gewesen sein.

Was bleibt von Heinrich von Kleist? Er mutiert vom Bruder auf Zeit zu einem chronologisch und ästhetisch weit entfernten Dichter-Kollegen. Goethes Spuren folgend, dominiert fürderhin die eingangs vorgestellte Melange aus Bewunderung für Kleists Œuvre und reservierter (Ab-)Scheu gegenüber seiner Person.

Am 9. April 1919 werden die 1915 unterbrochenen Arbeiten am *Zauberberg* wieder aufgenommen, neue poetische und stoffliche Ressourcen erschlossen. Thomas Manns *letztes Lied* ist noch lange nicht gesungen.

ANKE LINDEMANN-STARK / ARIANE MARTIN

Ende einer Liebe.
Nachtrag zum Briefwechsel Heinrich Mann – Inés Schmied

Anfang 1905 begegnete der damals gerade knapp vierunddreißig-
jährige Schriftsteller Heinrich Mann in Italien seiner ersten großen
Liebe, der um zwölf Jahre jüngeren Inés Schmied, einer Argentini-
erin deutscher Herkunft, die mit ihrer Mutter und ihrem Bruder in
Europa umherzog und eine Bohemeexistenz führte. Man verlobte
sich, sprach von Heirat, aber die vielen Reisen bedeuteten Hinder-
nisse für eine engere Bindung. Der unbefriedigte Wunsch der Verlobten, um jeden Preis eine Künstlerin zu werden – ob als Sängerin,
als Schriftstellerin oder als Schauspielerin –, brachte überdies Probleme in die Beziehung. Spannungen gab es auch zwischen Inés
Schmied und der Familie ihres Verlobten (mit Ausnahme von Heinrich Manns Schwester Carla und seiner Mutter). Gegen Ende des
Jahres 1909 dürfte es dann zur Trennung gekommen sein. Die *Briefe einer Liebe*, der bisher publizierte Briefwechsel zwischen Heinrich
Mann und Inés Schmied,[1] schließen jedenfalls mit einem Brief vom
2. Dezember 1909, in welchem sich diese Trennung schon deutlich
abzeichnet. Inés Schmied spricht dort davon, daß sie und Heinrich
Mann nicht zu einander passten, daß eine Heirat ihn unglücklich
machen und er ihr dies dann vorwerfen würde. »Vorwürfe! Ich Dir!«[2]
Dies hat Heinrich Mann zwar handschriftlich auf dem Umschlag dieses Briefes festgehalten, und es ist anzunehmen, daß er diese und
andere dort notierte Stichworte dann in einem Brief an die Freundin
ausgeführt hat, um ihre Einwände gegen eine Heirat und ihre Argu-
mente für eine Auflösung der Verlobung zu entkräften. Dieser Brief
aber, falls Heinrich Mann ihn überhaupt geschrieben hat, ist nicht

---

[1]   Vgl. *Briefe einer Liebe. Heinrich Mann und Inés Schmied 1905 bis 1909*, hg. von
Günter Berg, Anke Lindemann-Stark und Ariane Martin, *Teil I: 1905 bis 1906*, in:
Heinrich Mann-Jahrbuch 17/1999, S. 145–231, *Teil II: 1907 bis 1909*, in: *Heinrich
Mann-Jahrbuch* 19/2001, S. 213–275.

[2]   Ebd., *Teil II*, S. 268.

erhalten. Erhalten ist dagegen ein anderer, bisher unbekannter Brief,[3] ein Brief von Inés Schmied, den sie einige Monate später verfaßt hat und der als der definitive Trennungsbrief zu werten ist. Dieser auf März 1910 datierte Brief (Poststempel: 3. März 1910) findet sich im Teilnachlaß Heinrich Mann, den das Literaturarchiv des Museums der tschechischen Literatur (Prag) aufbewahrt.

Der Prager Teilnachlaß, diese »vergessenen Papiere des Heinrich Mann«,[4] den die Archivarin Christina Möller vom Heinrich-Mann-Archiv der Stiftung Archiv der Akademie der Künste (Berlin) im September 2002 entdeckte und der in den Feuilletons bekanntlich und zu Recht als Sensation gefeiert wurde, versammelt etwa 1200 Briefe von über hundert Personen und Institutionen. In diesem umfangreichen Konvolut befinden sich aus der Korrespondenz Schmied[5] unter der Signatur LA 64/82/1530–1537 vier Telegramme, drei Karten und ein Brief, wobei dieser Brief das wohl interessanteste Dokument ist, weil er als Trennungsbrief das Ende einer Liebe markiert. Auch wenn die Karten und Telegramme eher marginal sein mögen, so gilt es, sie dennoch in das bisher edierte Konvolut der *Briefe einer Liebe* chronologisch einzuordnen.

Die früheste Karte, eine Ansichtskarte aus Florenz,[6] stammt als einziges Zeugnis nicht von Inés Schmied. Heinrich Mann, den diese Karte mit dem Poststempel 2. Mai 1906 in Berlin in der Belle Alliance Str. 3 (heute: Mehringdamm) in der Nähe vom Anhalter Bahnhof erreichte, erhält herzliche Grüße aus Florenz vom Bruder seiner Verlobten, von Rudolf Schmied. Unterschrieben haben außerdem drei weitere Personen. Zunächst findet sich versehen mit einem Gruß in italienischer Sprache die Unterschrift von Piero Rigacci, einem gemeinsamen Bekannten und Freund der Familie Schmied. Dann hat

---

[3]   Wir danken Prof. Dr. Wolfgang Klein, der im Frühjahr 2003 im Prager Literaturarchiv des Museums der tschechischen Literatur auf einige Telegramme und Karten, vor allem aber auf diesen wohl letzten Brief Inés Schmieds an Heinrich Mann stieß, ganz herzlich dafür, daß er uns gleich Ende Mai 2003 nach seiner Rückkehr aus Prag auf diesen Fund aufmerksam machte.

[4]   Tilman Spreckelsen, *Die vergessenen Papiere des Heinrich Mann*, in: *Frankfurter Allgemeine Zeitung*, Nr. 245 (22.10.2002), S. 37. »1200 Briefe Heinrich Manns in Prag gefunden« – so hatte die *FAZ* bereits auf der Titelseite auf ihren ganzseitigen Artikel im Feuilleton hingewiesen.

[5]   Wir danken der Leiterin des Prager Archivs, Dr. Naděžda Macurová, die uns Kopien der Dokumente zur Einsicht zur Verfügung stellte.

[6]   Einzuordnen nach Brief Nr. 51 in *Briefe einer Liebe* (s. Anm. 1), *Teil I.*

der später mit Heinrich Mann befreundete Schriftsteller René Schickele beste Grüße ausgerichtet. Dies ist bemerkenswert, denn René Schickeles Briefkontakt mit Heinrich Mann war bisher erst ab dem Herbst des Jahres 1906 nachgewiesen. Schließlich findet sich noch der Name »Toni Schroedter«, wobei es sich hier wohl um den Bildhauer Anton Schroedter (1879–1914) handelt.

Chronologisch folgen dann drei Telegramme Inés Schmieds an Heinrich Mann aus Zürich nach Rom, die am 6. und 7. März 1908 aufgegeben wurden.[7] Die beiden Telegramme vom 6. März 1908 informieren Heinrich Mann darüber, daß Inés Schmied bei ihrem Züricher Verwandten Kölliker zu erreichen ist. Inés Schmied war wenige Tage zuvor aus Südamerika nach Europa zurückgekehrt. Im Telegramm vom 7. März 1908 teilt Inés Schmied dem Verlobten zunächst mit, daß sie über Genua, die große norditalienische Hafenstadt, direkt nach Zürich gereist sei, nun aber ihrer starken Halsbeschwerden wegen nach München kommen wolle. Sie fragt, ob es Heinrich Mann möglich sei, ebenfalls nach München zu reisen und erwartet unverzüglich noch in Zürich seine Antwort. Einen Brief, wahrscheinlich mit näheren Erläuterungen über ihr Befinden, kündigt sie an.

Es folgen zwei Briefkarten, die den Poststempel 25. Mai 1908 tragen.[8] Inés Schmied hatte sie nach Bassano in Venetien adressiert, denn sie wußte offenbar nicht, daß Heinrich Mann seinen Aufenthalt in Venedig noch um einige Tage verlängert hatte. Sie selbst hatte Venedig kurz zuvor verlassen, wo sie und Heinrich Mann einige Zeit gemeinsam mit Thomas Mann und dessen Frau Katia verbracht hatten. Beide Briefkarten wurden Heinrich Mann in das »Grand Hotel Lido« in Venedig nachgestellt.

Die erste dieser beiden Briefkarten, die den Aufenthalt in Venedig reflektiert, hat Inés Schmied auf ihrer Reise über München nach Rossholzen in einer bäuerlichen Gaststube des gut fünfzig Kilometer südöstlich von München gelegenen bayerischen Städtchens Brannenburg geschrieben. Daß sie den Text eines Täfelchens in dieser rustikalen Gaststube – »Ich liebe keinen Zank und Streit, sondern nur Gemütlichkeit« – dem Freund mitteilt, läßt ahnen, daß das Beisammensein mit Thomas Mann und seiner Gattin in Venedig nicht

---

7   Einzuordnen nach Brief Nr. 82 in *Briefe einer Liebe* (s. Anm. 1), *Teil II.*

8   Einzuordnen nach Brief Nr. 86 ebd.

ganz unproblematisch war. Ihr Aufenthalt in Brannenburg scheint eher zufällig gewesen zu sein, denn sie klagt darüber, daß ihr auf der Reise niemand Auskunft darüber habe geben können, wo das Örtchen Rossholzen, ihr eigentliches Ziel, liege. So sei sie »einfach darauf los gefahren«. Offenbar hat sie in Brannenburg, das unweit von Rossholzen liegt, die gewünschte Auskunft erhalten. Zumindest weiß sie nun, daß sie den folgenden Tag mit der Postkutsche weiterreisen wird, worauf sie sich freut. Sie berichtet Heinrich Mann, daß es wieder regne – auch dies zweifellos eine Anspielung auf die getrübte Stimmung in Venedig, wo es überdies geregnet hatte. Sie klagt außerdem wieder über Halsbeschwerden. In München habe sie deswegen das Zimmer einen ganzen Tag nicht verlassen, so schlecht habe sie sich gefühlt. Sie schreibt dies, damit Heinrich Mann nicht denke, daß sie »gebummelt habe.« Immerhin aber gehe es ihr in Deutschland zumindest »mit den Nerven viel besser wie in Italien« – auch dies ein dezenter Hinweis auf die angespannte Konstellation in Venedig. Die Karte schließt mit diversen Grüßen. Inés Schmied richtet Grüße von Wilhelm Herzog aus, der »so freundlich« gewesen sei, sich ihrer »anzunehmen«. Den Abend vor ihrer Abreise aus München hatte Inés Schmied in Gesellschaft des Publizisten verbracht, wie sie Heinrich Mann gleich darauf, am 26. Mai 1908, in einem Brief ausführlicher erzählt.[9] Sie selbst läßt Thomas und Katia Mann grüßen. Zuletzt nennt sie Brannenburg als ihre derzeitige Postadresse.

Die zweite der beiden Briefkarten, die entsprechend mit der Ziffer »2« numeriert ist, erwähnt Venedig nicht mehr ausdrücklich. Inés Schmied erzählt, daß sie in München die Malerin Gertrud Landsberger getroffen habe. Offenbar gab es Sympathien auf beiden Seiten, denn sie berichtet weiter, daß sie mit dem »Frl. Landsberger« sogar »beinahe [...] aufs Land gefahren« wäre. Aber diese sei stets in Begleitung einer »Dame mit den kurzen Haaren aus der Pension« gewesen, welche Inés Schmied wohl weniger sympathisch gewesen ist. Und obwohl Gertrud Landsberger »sehr freundlich und liebenswürdig« mit Inés Schmied umgegangen sei, so wollte diese unter den gegebenen Umständen dann »doch lieber alleine sein.« In München hat Inés Schmied außerdem zu ihrer großen Freude Carla Mann getroffen. Sie fragt Heinrich Mann, ob er nicht recht bald nach

---

[9] Vgl. ebd., S. 236.

München reisen wolle, »vielleicht wenn Carla noch da ist.« Sie selbst nämlich habe mit der Schwester ihres Verlobten abgemacht, zu dritt, also gemeinsam mit ihm, einen Stadtbummel zu unternehmen. Charakteristisch für den Duktus ihrer Briefe zieht sie aber zugleich wieder in Zweifel, daß Heinrich Mann tatsächlich bald zu gemeinsamen Unternehmungen mit ihr und der geliebten Schwester nach München kommen werde: »Aber Du wirst wohl nicht kommen. Es ist wohl besser Du bleibst in Italien, wenn es Dir bekommt. Ich hoffe, es geht Dir gut, und Du erholst Dich.« Man will es Inés Schmied nicht recht abnehmen, daß sie die gesundheitlichen Schwankungen ihres Verlobten wirklich ernst nimmt. Es drängt sich vielmehr der Eindruck auf, daß der von ihr erwähnte Wunsch Heinrich Manns nach einem längeren Italienaufenthalt nicht in erster Linie auf das dortige gesundheitsfördernde Klima zielt. Vielmehr scheint der unterstellte Verbleib des Verlobten in Italien etwas eifersüchtig grundiert auf Heinrich Manns Interesse an seinem Bruder Thomas Mann zu zielen. Der von Inés Schmied geäußerte Zweifel, daß Heinrich Mann bald nach München kommen werde, dürfte nichtsdestoweniger nur rein rhetorischer Art sein, denn gleich darauf fordert sie ihn sehr bestimmt auf, ihr doch rechtzeitig mitzuteilen, wann er denn nun nach München reisen werde. Sie geht also davon aus, daß er kommt. Dann werde auch sie wieder in die Stadt zurückkehren.

Heinrich Mann ist allerdings nicht nach München gereist. Da sein Gesundheitszustand sich bedenklich verschlechtert hatte, begab er sich von Venedig aus direkt nach Riva in das Sanatorium Villa Miralago, in die Obhut also seines Arztes und Freundes Christoph von Hartungen. Wie es um Heinrich Mann gesundheitlich bestellt war, illustriert der besorgte Brief Thomas Manns an seinen Bruder vom 10. Juni 1908: »Die Nachricht von Deiner Krankheit hat mich recht bekümmert. Nur gut, daß Du Hartungen bei Dir hast. Ich hoffe von Herzen, daß Deine Wiederherstellung schneller von statten gehen wird, als Du glaubst. Bitte, laß Weiteres hören.«[10] Inés Schmied hatte die gesundheitlichen Probleme des Verlobten unterschätzt. Das Ausmaß der Erkrankung wurde ihr erst später allmählich klar, wie ihre Briefe vom 12. und 15. Juni 1908 an Heinrich Mann verraten.[11] Heinrich Mann hatte sie offenbar selbst über sein Befinden detaillierter

---

[10]   Thomas Mann/Heinrich Mann, *Briefwechsel 1900–1949*, hg. von Hans Wysling, 3., erweiterte Ausgabe, Frankfurt am Main 1995, S. 134.

[11]   Vgl. *Briefe einer Liebe* (s. Anm. 1), *Teil II*, S. 236ff.

informiert. Auf den 12. Juni 1908 datiert ist übrigens auch das chronologisch letzte Telegramm des Prager Schmied-Bestandes.[12] Inés Schmied erkundigt sich in diesem Telegramm nach Heinrich Manns Befinden, macht sich also Sorgen um seinen Gesundheitszustand.

Insgesamt war die Liebesbeziehung zwischen Heinrich Mann und Inés Schmied aus verschiedenen Gründen recht problematisch, wie der Briefwechsel und die Stimmen aus dem Umfeld verraten. Das Ende dieser Liebe zeichnete sich spätestens 1908 ab. Eine der Ursachen für die Probleme dieser Beziehung waren sicherlich die Spannungen zwischen Inés Schmied und Heinrich Manns Bruder Thomas, die sich während des gemeinsamen Aufenthalts in Venedig im Mai 1908 schon dezent andeuteten. Von nur unterschwelligen Spannungen kann dann wenige Monate später keine Rede mehr sein. Die Differenzen zwischen Inés Schmied und dem Bruder ihres Verlobten traten im Spätsommer dieses Jahres 1908 während ihres Besuches mit Heinrich Mann im Landhaus von Thomas Mann in Bad Tölz offen zutage, wie zumindest der ausführliche Brief Inés Schmieds vom 6. Januar 1909 an Heinrich Mann über diesen von ihr wie einen Alptraum erlebten Tag in Tölz nahelegt.[13] Auch Thomas Mann hatte durchaus ein Sensorium für diese Spannungen, wie ein Brief aus dem Prager Heinrich Mann-Nachlaß, den die *Frankfurter Allgemeine Zeitung* am 22. Oktober 2002 erstveröffentlichte, nachdrücklich illustriert. In diesem Brief vom 17. April 1909 fragt Thomas Mann im Zusammenhang mit Überlegungen zu einem möglichen Treffen in Livorno seinen Bruder direkt nach Inés Schmied: »Ist Ines bei Dir oder wird sie bei Dir sein? Wäre ihr mein Kommen unangenehm? Ich denke, für mich wäre es eine gute Gelegenheit, ihr zu zeigen, daß ich nicht die geringste Feindseligkeit gegen sie hege.«[14] Nach dem emotionalen Desaster in Bad Tölz hatten Heinrich Mann und Inés Schmied ihre Verlobung aufgelöst, fanden nach einigem Hin und Her, das sich über Monate erstreckte, aber zunächst wieder zusammen. Das Treffen in Livorno kam nicht zustande. Gegen Ende 1909 erreichten die Probleme in der Beziehung zwischen Heinrich Mann und Inés Schmied ein solches Ausmaß, daß sie ihm unter Hinweis auf ihre Differenzen mit seinem Bruder

---

[12]   Einzuordnen nach Brief Nr. 87 ebd.

[13]   Vgl. ebd., S. 252f.

[14]   Zitiert nach Spreckelsen, *Die vergessenen Papiere des Heinrich Mann* (s. Anm. 4).

am 2. Dezember 1909 die Entlobung nahelegte.[15] Dieser Brief vom
2. Dezember 1909 galt, wie bereits gesagt, bisher als der chronologisch letzte Brief innerhalb des Briefwechsels zwischen Heinrich
Mann und Inés Schmied. Dies ist zu korrigieren. Der neu aufgefundene Trennungsbrief Inés Schmieds vom 3. März 1910 aus dem Prager Nachlaß markiert nicht nur den definitiven Abschluß des Briefwechsels, sondern auch unmißverständlich das Ende einer Liebe.

Dieser letzte erhaltene Brief,[16] den Inés Schmied von Berlin aus an
Heinrich Mann nach Nizza schickte, spricht für sich und bedarf kei-
nes weiteren Kommentars. »Sehr geehrter Herr Mann,« so förmlich
beginnt dieser Abschiedsbrief, der hier zitiert sei:

> Meine Mutter sagt mir, dass sie an Sie schreibt. Ich bitte Sie,
> wenn Sie an sie schreiben nicht von unseren Angelegenheiten
> zu sprechen. Sie weiss noch nichts von unserer Entlobung
> und ich möchte nicht gerne, dass sie Sie für einen Mann ohne
> Stolz und Selbstachtung hält. Also ich bitte Sie keine Senti-
> mentalitäten. Vielleicht ist meine Furcht unberechtigt, aber ich
> habe keine Ruhe, wenn ich Ihnen nicht dies schreibe.

Unterschrieben sind diese wenigen Zeilen ebenso förmlich wie die
Anrede mit »Hochachtungsvoll Inés Schmied.«

---

[15]   Vgl. *Briefe einer Liebe* (s. Anm. 1), *Teil II*, S. 268f.

[16]   Einzuordnen nach Brief Nr. 122 ebd.

CHRISTINA MÖLLER

»Nun liegen sie im Regen, meine Manuskripte.«
Zur Bestandsgeschichte des Heinrich-Mann-Archivs[1]

Der »Grundstock« der Literatur-Archive

Im Juni 1959 schreibt der Präsident der Deutschen Akademie der Künste, Otto Nagel,[2] einen nichtalltäglichen Dankesbrief an Wilhelm Pieck, in dem es heißt: »Besonders erwähnenswert scheint mir doch die Tatsache zu sein, dass Sie, hochverehrter Genosse Präsident, durch Ihr Geschenk der Wiener Thomas-Mann-Briefe den Grundstock für die Errichtung unserer Literatur-Archive legten.«[3]

Was ist mit dem Geschenk der Wiener Thomas Mann-Briefe gemeint? Im Mai des Jahres 1950 war dem Schriftsteller und Literaturwissenschaftler Alfred Kantorowicz die Leitung des Heinrich-Mann-Archivs übertragen worden.[4] Bereits einen Monat später erhielt Kantorowicz von Wilhelm Pieck die Mitteilung, daß sich Originalbriefe von Thomas an Heinrich Mann im Besitz des Wiener Genossen Heinrich Nagler[5] befänden.[6] Dieser Heinrich Nagler schrieb im Juli 1950 in einem Brief an Wilhelm Pieck, daß die Briefe Hugo Hup-

---

[1] Erweiterter Beitrag des Vortrags *»Nun liegen sie im Regen, meine Manuskripte.« Zur Bestandsgeschichte des Heinrich-Mann-Archivs*, gehalten auf der Heinrich Mann-Tagung *Heinrich Mann und das Judentum* vom 3. bis 5.5.2002 in der Stiftung Archiv der Akademie der Künste, Berlin.

[2] Otto Nagel (1894–1967), Maler, 1956–1962 Präsident der Deutschen Akademie der Künste [im folgenden: DAK].

[3] DAK/Otto Nagel an Wilhelm Pieck (2.6.1959), in: Stiftung Archiv der Akademie der Künste, Berlin, Archiv der Akademie der Künste der DDR, Zentrales Akademie Archiv [im folgenden: SAdK, AdK-O, ZAA] 75.

[4] Vgl. DAK/Rudolf Engel an Alfred Kantorowicz (3.5.1950), in: SAdK, AdK-O, ZAA 1487. – Alfred Kantorowicz (1899–1979), Schriftsteller und Literaturwissenschaftler, 1950–1957 Leiter des Heinrich-Mann-Archivs.

[5] Heinrich Nagler (1888–1966), KPÖ-Mitglied, nach 1945 in Wien Leiter des Globus-Verlages, Mitarbeit in der Leitung der Österreich-Sowjetunion-Gesellschaft.

[6] Vgl. Wilhelm Pieck an Alfred Kantorowicz (21.6.1950), in: Stiftung Archiv der Parteien und Massenorganisationen der DDR im Bundesarchiv, Nachlaß Wilhelm Pieck [im folgenden: SAPMO, BArch, NY 236]/677.

pert[7] gehörten und nur er sie dem Archiv schenken könne.[8] Noch im selben Monat wendet sich Pieck brieflich an den Botschafter der DDR in der Sowjetunion, Rudolf Appelt:[9] »In Moskau befindet sich der Gen[osse] Huppert, der [...] das Verfügungsrecht über die Originalbriefe von Thomas Mann an Heinrich Mann haben soll. Wir haben beschlossen, dass diese Briefe in das Heinrich-Mann-Archiv übergeben werden sollen.«[10]

Ein Gespräch mit dem österreichischen Schriftsteller fand jedoch nicht statt. Huppert war der rechtmäßige Eigentümer, denn er hatte die Briefe durch Vermittlung eines Rechtsanwaltes aus, wie er sich später darüber äußerte, »der Hinterlassenschaft der ersten Frau[11] Heinrich Manns«[12] gekauft. Ohne Huppert davon in Kenntnis zu setzen, veranlaßte Heinrich Nagler, in dessen Verwahrung sich das wertvolle Konvolut befand, die Beförderung nach Berlin.[13] Am 9. August 1950 traf es wohlbehalten im Archiv ein. Alfred Kantorowicz notierte sogleich in sein Tagebuch: »Wilhelm Pieck hat mir nun die Originale der Jugendbriefe Thomas Manns durch Boten übersandt, [...] so daß jetzt mehr als 50 zum Teil sehr ausführliche Handschriften aus den Jahren 1900 bis 1927 in meiner Hand sind. Welche

---

[7]   Hugo Huppert (1902–1982), österreichischer Schriftsteller, Übersetzer und Nachdichter der Werke Wladimir Majakowskis. – Studium der Staatswissenschaften und der Philosophie in Wien und Paris. 1927 Mitglied der KPÖ. 1928 Emigration in die UdSSR. 1930 Mitglied der KPdSU. In Moskau Mitarbeiter der *Marx-Engels-Gesamtausgabe* und Redakteur der *Deutschen Zentral-Zeitung* sowie der *Internationalen Literatur.* 1938 Inhaftierung. 1939–1941 Dozent am Maxim-Gorki-Institut für Weltliteratur. Anschließend publizistische Tätigkeit für die Sowjetarmee. Als deren Major 1945 Teilnahme an der Befreiung Wiens. In den folgenden Jahren politische und kulturpolitische Aktivitäten. 1949 Rückkommandierung in die Sowjetunion auf Grund einer Beziehung zu einer Serbin. Aufenthalt vorwiegend in Moskau und in Tiflis. 1956 Rückkehr nach Wien. Tätigkeit als freier Schriftsteller.

[8]   Vgl. Heinrich Nagler an Wilhelm Pieck (17.7.1950), in: SAPMO, BArch, NY 236/677.

[9]   Rudolf Appelt (1900–1955), Funktionär der KPČ/SED, 1949–1955 Außerordentlicher und Bevollmächtigter Botschafter, Chef der Diplomatischen Mission der DDR in der UdSSR.

[10]   Wilhelm Pieck an Rudolf Appelt (27.7.1950), in: SAPMO, BArch, NY 236/677.

[11]   Maria Mann, geb. Kanová (1886–1947).

[12]   Hugo Huppert an DAK/Alfred Kantorowicz (29.11.1956), in: SAPMO, BArch, NY 236/677.

[13]   Vgl. Heinrich Nagler an Wilhelm Pieck (7.8.1950), in: SAPMO, BArch, NY 236/677, und: Zentralkomitee der KPÖ an Zentralsekretariat der SED/Grete Keilson (9.8.1950), in: SAPMO, BArch, NY 236/677.

Schätze!«[14] Einen Teil dieser Schätze präsentierte Kantorowicz in einer Gedenkausstellung anläßlich des 80. Geburtstages von Heinrich Mann.[15] Sie zeigten, so Kantorowicz in seinem Tagebuch, »die Brüder in wechselseitigem Nehmen und Geben. Sie bekannten Ihre schöpferischen Probleme und Nöte, besprachen Ihre Arbeitspläne, suchten Rat, erbaten Kritik, ermutigten einer den anderen, regten einander an.«[16] Der anerkannte Literaturwissenschaftler legte auch in den folgenden Jahren die Briefe weiterer Publikationen und Vorträgen zugrunde und machte sie damit in der Öffentlichkeit bekannt.[17]

Erst sechs Jahre später, im November des Jahres 1956, wurde Huppert, der inzwischen in Wien wohnte, von diesen Vorgängen unterrichtet. Er empörte sich in einem Brief an Alfred Kantorowicz:

> Während meiner mehrjährigen Abwesenheit sind die Briefe Ihnen, bzw. dem von Ihnen geleiteten Heinrich-Mann-Archiv ohne mein Wissen und Einverständnis zur Verfügung gestellt worden. Aus dem Briefwechsel hierüber, den mir mein Freund Dr. Heinrich Nagler zur Einsichtnahme nachträglich (1956) vorlegte, wird ersichtlich, daß der von mir hochverehrte Staatspräsident Wilhelm Pieck seinerzeit Schritte unternommen hat, um meine Zustimmung durch den damaligen Botschafter Rudolf Appelt einzuholen. Tatsächlich ist aber weder Dr. Nagler noch Appelt jemals in dieser Frage an mich herangetreten. – Im *Aufbau*[18] las ich später Ihre sehr geistvolle wissenschaftliche Verarbeitung und Kommentierung des Materials.[19]

[14] Alfred Kantorowicz, *Deutsches Tagebuch*, Zweiter Teil, hg. von Andreas W. Mytze, Berlin 1979, S. 129f.

[15] Vgl. auch Katalog zur Gedenkausstellung *Aus dem Lebenswerk des Dichters Heinrich Mann. Zu seinem 80. Geburtstag*, hg. von der Deutschen Akademie der Künste, Berlin 1951.

[16] Kantorowicz, *Deutsches Tagebuch* (s. Anm. 14), S. 154.

[17] Alfred Kantorowicz hielt am 23.11.1955 in der DAK einen Vortrag: *Thomas Manns Briefe an Heinrich Mann*. Vgl. DAK/Theo Piana an Alfred Kantorowicz (24.6.1955), in: SAdK, AdK-O, ZAA 1612. Vgl. auch Alfred Kantorowicz, *Heinrich und Thomas Mann. Die persönlichen, literarischen und weltanschaulichen Beziehungen der Brüder*, hg. im Auftrag der Deutschen Akademie der Künste zu Berlin, Berlin 1956.

[18] Vgl. Thomas Mann, *Briefe an Heinrich Mann. Aus den Jahren 1900 bis 1927*, Einführung und Anmerkungen von Alfred Kantorowicz, in: *Aufbau*, Jg. 11, Heft 6 (1955), S. 525–560.

[19] Hugo Huppert an DAK/Alfred Kantorowicz (29.11.1956) (s. Anm. 12).

Kantorowicz rechtfertigte sich daraufhin im Februar 1957 gegenüber dem Akademiedirektor Rudolf Engel:

> Es ist Ihnen bekannt, dass vor einiger Zeit Herr Dr. Hugo Huppert in Wien Eigentumsrechte an den uns seinerzeit [...] überbrachten Briefen Thomas Manns geltend macht und die Forderung nach baldiger Bezahlung oder Rücksendung der Briefe stellt. [...] In den Briefen von Herrn Dr. Huppert findet sich jedoch beiläufig wiederholt auch der Vorwurf, dass ich die [...] Briefe unterdessen ausgewertet habe. Ich möchte keinen Zweifel daran aufkommen lassen, dass ich damit völlig guten Glaubens eine mir übertragene Aufgabe erfüllt habe.[20]

Um diese Angelegenheit endgültig zu regeln, unterbreitete die Akademie Hugo Huppert ein Kaufangebot,[21] das er schließlich akzeptierte. Da Huppert aber weder die vereinbarte Kaufsumme noch irgendeine Nachricht von der Akademie erhielt, wandte er sich, nachdem er immer mehr in die Rolle eines Bittstellers gedrängt worden war, erneut an Wilhelm Pieck.[22] Daraufhin wurde der Minister für Kultur, Johannes R. Becher, angewiesen, »diese Angelegenheit nunmehr sofort zu regeln. Es ist unerträglich, daß diese unliebsame Sache immer wieder auf den Präsidenten zukommt«.[23] Nach einer weiteren Verzögerung wurde Huppert endlich im Dezember 1957 das ihm zustehende Geld überwiesen[24] und damit waren die Briefe rechtmäßiges Eigentum der Akademie der Künste.

»Grundstock« der Literatur-Archive – wie Otto Nagel etwas pathetisch das Briefkonvolut bezeichnete – trifft nur im übertragenen Sinne zu. Die Thomas Mann-Briefe wurden zum Ausgangspunkt für eine Sammlung, die als Ergänzung zum Archiv zu verstehen ist und bis zum gegenwärtigen Zeitpunkt fortgeführt wird. Für die sich in den nächsten Jahren entwickelnde Archivabteilung gilt der Nachlaß Heinrich Manns als Grundstock.

---

[20] DAK/Alfred Kantorowicz an DAK/Rudolf Engel (21.2.1957), in: SAdK, AdK-O, ZAA 1944.

[21] Vgl. DAK/Theo Piana an Hugo Huppert (21.12.1956), in: SAPMO, BArch, NY 236/677.

[22] Vgl. Hugo Huppert an Kanzlei des Präsidenten der DDR/Staatssekretär Max Opitz (8.5.1957), in: SAPMO, BArch, NY 236/677.

[23] Kanzlei des Präsidenten der DDR/Staatssekretär Max Opitz an Minister für Kultur/Johannes R. Becher (13.5.1957), in: SAPMO, BArch, NY 236/677.

[24] Vgl. DAK/Theo Piana an Hugo Huppert (2.12.1957), in: SAdK, AdK-O, ZAA 1944.

Zur Gründung des Heinrich-Mann-Archivs

Der Errichtung des Archivs gingen die Bemühungen um die Rückkehr des weltbekannten Dichters nach Deutschland und die gleichzeitige Vorbereitung der Akademiegründung im Ostteil Berlins voraus. Paul Merker,[25] politischer Mitstreiter und Vertrauter Heinrich Manns aus der Zeit des französischen Exils, unternahm am 22. Februar 1945 noch aus Mexiko einen ersten Versuch, Heinrich Mann zur Rückkehr aus dem kalifornischen Exil zu bewegen:

> Die Entwicklung der allgemeinen Situation laesst nun die Hoffnung zu, dass eine Rueckkehr nach einem befreiten Deutschland und eine gesteigerte Taetigkeit zur Ueberwindung des furchtbaren Erbes, das wir dort uebernehmen muessen, nicht mehr allzuferne ist. Es ist einer meiner groessten Wuensche, Sie dort begruessen zu koennen, erfuellt von Ihrer so wertvollen Taetigkeit, die sich unter den deutschen Volksmassen erst nach dem Sturz des nazistischen Regimes in ihrer ganzen Groesse auswirken wird.[26]

Es sollten noch fünf Jahre vergehen, bis Merkers Wunsch Gestalt annahm. In dieser Zeit erhielt Heinrich Mann wiederholt Einladungen von Schriftstellern und Politikern aus der Sowjetischen Besatzungszone. Der scheinbar verlockende Ruf, in der alten Heimat leben und arbeiten zu können, erweckte bei Heinrich Mann jedoch zwiespältige Gefühle. Eine Entscheidung zwischen Gehen oder Bleiben fiel ihm nicht leicht. Einerseits ehrten ihn die Angebote aus Deutschland, andererseits hegte er tiefe Zweifel. In einem Brief an Carl Rössler vom Juni 1946 formulierte er sie so:

> Solange die Dinge für Deutschland ›gut‹ gingen, ist meiner nur einmal gedacht worden: 1940 wurde ich tot gesagt. Jetzt 1946, soll ich erstens auf der Wartburg wohnen (mit Centralheizung).[27] Zweimal bin ich dringend nach Berlin berufen; dort

[25] Paul Merker (1894–1969), Funktionär der KPD/SED, 1942–1946 in Mexiko Sekretär des Lateinamerikanischen Komitees der Bewegung Freies Deutschland und Herausgeber der gleichnamigen Zeitung, 1946–1950 in Berlin Mitglied des Parteivorstandes der SED, seines Zentralsekretariats und Politbüros.

[26] Paul Merker an Heinrich Mann (22.2.1945), in: Stiftung Archiv der Parteien und Massenorganisationen der DDR im Bundesarchiv, Nachlaß Paul Merker NY 4102/52.

[27] Anläßlich des 75. Geburtstages von Heinrich Mann veröffentlichte die thüringische Presse am 27.3.1946 eine Grußadresse des Landes Thüringen, mit dem Angebot des Wohnrechts auf der Wartburg bei Eisenach. Unterzeichner waren der Präsident des Landes Thüringen, Rudolf Paul, und Vertreter des Kulturbundes zur demokrati-

gäbe es mehr für mich zu tun.[28] Leider sehe ich nicht deutlich, was. Und das Wiedersehen mit so vielen Feinden, die sich verstellen oder nicht, beides peinlich. Ich habe den Nachteil, dass ich nicht hassen kann; ich bin nur dégoûté von meinen Feinden.[29]

Im Oktober 1948 erfuhr Heinrich Mann aus einem Brief von Johannes R. Becher, daß mit seiner Rückkehr an »die Gründung einer deutschen Dichterakademie gedacht« sei.[30] Die Mitglieder des Politbüros der SED, unter ihnen Wilhelm Pieck, Otto Grotewohl, Paul Merker und Walter Ulbricht, beschlossen im April des folgenden Jahres die Berufung Heinrich Manns zum Präsidenten der Deut-

schen Erneuerung Deutschlands, Landesverband Thüringen, Ricarda Huch als Ehrenvorsitzende sowie Theodor Plievier als Landesleiter. Das Originalschreiben wurde nicht an Heinrich Mann gesandt, es befindet sich heute im Thüringischen Landeshauptarchiv Weimar. Vgl. hierzu: Volker Wahl, *Grüße und Glückwünsche aus Thüringen für Heinrich Mann 1946 und 1949. Eine Dokumentation*, in: *Heinrich Mann-Jahrbuch* 14/1996, S. 211–224.
Heinrich Mann bezog sich in einem Brief an Johannes R. Becher (30.6.1946) auf die Grußadresse: »Mir erübrigt noch ein anderer Dank, der nach Weimar zu richten wäre. Nur aus England [nicht ermittelt] habe ich erfahren, daß ich nach Thüringen eingeladen wäre und auf der Wartburg wohnen sollte. Der Gedanke, wenn die Nachricht stimmt, ist so großartig wie einfach; sicher bedeutet er eine beabsichtigte Korrektur meiner letzten deutschen Eindrücke, als ich aus der Akademie entfernt wurde.« In: Stiftung Archiv der Akademie der Künste, Berlin, Johannes-R.-Becher-Archiv [im folgenden: SAdK, JRBA] S 1197. – Druck: *»Die Regierung ruft die Künstler«. Dokumente zur Gründung der »Deutschen Akademie der Künste« (DDR) 1945–1953*, Veröffentlichung der Stiftung Archiv der Akademie der Künste, ausgewählt und kommentiert von Petra Uhlmann und Sabine Wolf, Berlin 1993, S. 44.

[28] Heinrich Mann bezieht sich hier auf folgende Briefe: Johannes R. Becher an Heinrich Mann (8.11.1945), in: SAdK, JRBA S 1196. – Druck: Johannes R. Becher, *Briefe 1909–1958*, Veröffentlichung der Stiftung Archiv der Akademie der Künste, hg. von Rolf Harder unter Mitarbeit von Sabine Wolf und Brigitte Zessin, Berlin/Weimar 1993, S. 266f., und: Johannes R. Becher an Heinrich Mann (20.3.1946), in: Stiftung Archiv der Akademie der Künste, Berlin, Heinrich-Mann-Archiv [im folgenden: SAdK, HMA] 2984. – Druck: Becher, *Briefe 1909–1958*, a.a.O., S. 285f.

[29] Heinrich Mann an Carl Rössler (19.6.1946), zitiert nach: Peter-Paul Schneider, *»Beinahe eine Inventaraufnahme«: Die Briefe Heinrich Manns an Carl Rössler 1939–1946*, in: *Nicolas Born zum Gedenken/Heinrich Mann, heute*, hg. von Martin Lüdke und Delf Schmidt, Reinbek bei Hamburg 1988 (= *Rowohlts Literaturmagazin*, Band 21), S. 39–55, Zitat S. 53.

[30] Johannes R. Becher an Heinrich Mann (28.10.1948), in: SAdK, JRBA 1981. – Druck: *Heinrich Mann 1871–1950. Werk und Leben in Dokumenten und Bildern. Mit unveröffentlichten Manuskripten und Briefen aus dem Nachlaß*, hg. von Sigrid Anger, Berlin/Weimar 1971, S. 343.

schen Akademie der Künste.[31] Die offizielle Bitte, die Präsidentschaft zu übernehmen, übermittelte Paul Wandel.[32] Als Präsident der Deutschen Verwaltung für Volksbildung unterstanden ihm auch sämtliche kulturellen Einrichtungen. Wandel selbst oblag die Koordination aller notwendigen Maßnahmen, um angemessene Lebensbedingungen für Heinrich Mann zu schaffen.

Heinrich Mann zögerte weiterhin. Nicht nur sein labiler Gesundheitszustand, auch schwerwiegende innere Vorbehalte hielten ihn zurück. Zwar hätte die Rückkehr einen gesicherten Lebensabend bedeutet und ihm gleichzeitig seine in Prag lebende Tochter Leonie,[33] die er seit 1938 nicht mehr gesehen hatte, wieder in die Nähe gebracht. Die deutsche Nachkriegssituation jedoch und das politische Spannungsfeld, das durch die sich vollkommen unterschiedlich entwickelnden deutschen Staaten entstanden war, beobachtete er mit Skepsis. An seine Tochter schrieb er im November 1949:

> Meine Abreise ist leider verschoben, ich denke bis Frühling. In Berlin wird es bedauert, man glaubt mich brauchen zu können, hat daher manches vorbereitet. Auch hatte ich, zusammen mit Feuchtwanger, dem Präsidenten Pieck einen Glückwunsch geschickt.[34] Dort hat es Genugtuung, anderswo Zorn hervorgerufen. Ich musste dies tun, obwohl ich wusste, dass meine Übersiedlung davon nicht einfacher wird.[35]

Trotz aller Zweifel hatte Heinrich Mann zu diesem Zeitpunkt bereits die Zusage gegeben, die Präsidentschaft der Akademie der Künste

---

[31] Vgl. auch Wolfgang Kießling, *In den Mühlen der großen Politik. Heinrich Mann, Paul Merker und die SED*, in: *hefte zur ddr-geschichte*, Berlin, 36 (1996), S. 5–48, hier S. 31.

[32] Vgl. Paul Wandel an Heinrich Mann (23.5.1949), in: SAdK, HMA 2829. – Druck: *Heinrich Mann 1871–1950*, hg. von Sigrid Anger (s. Anm. 30), S. 344f. – Paul Wandel (1905–1995), Funktionär der KPD/SED, 1945–1949 Präsident der Deutschen Zentralverwaltung für Volksbildung bzw. der Verwaltung für Volksbildung in der Sowjetischen Besatzungszone, 1949–1952 in der DDR Minister für Volksbildung.

[33] Leonie Mann (1916–1986).

[34] Vgl. auch Heinrich Mann und Lion Feuchtwanger an Wilhelm Pieck (14.10.1949), in: SAdK, HMA SB 16/3. – Druck: *Heinrich Mann 1871–1950*, hg. von Sigrid Anger (s. Anm. 30), S. 346.

[35] Heinrich Mann an Leonie Aškenazy-Mann (15.11.1949), zitiert nach: Heinrich Mann, *Das Kind. Geschichten aus der Familie*, hg. von Kerstin Schneider, Frankfurt am Main 2001 (= *Fischer Taschenbuch*, Band 13641), S. 305.

zu übernehmen.[36] Ganz im Enthusiasmus der Anfangsjahre gefangen, schrieb Arnold Zweig, Schriftstellerkollege und nunmehr auch Vorsitzender des »Vorbereitenden Ausschusses zur Gründung der Deutschen Akademie der Künste«, am 19. Februar 1950 an Heinrich Mann: »Wir freuen uns so sehr über Ihre Zusage, wie Sie es sich nur vorstellen wollen! Es wird im März noch einige Formalitäten geben, aber dann wird die Akademie der Künste stehn, und Sie werden eine Plattform haben, von der aus Sie am Staat und Volk formen können.«[37] Auch Zweigs euphorische Worte vermochten es nicht, Heinrich Manns Unsicherheiten auszuräumen. Am 28. Februar 1950 richtete er nochmals die Frage an Zweig, was er »zu erwarten habe, von der Akademie?«[38] Zweigs Antwort, am 13. März notiert,[39] erreichte Heinrich Mann nicht mehr. Er starb am 12. März 1950 in Santa Monica.

Bereits vier Tage später kam es auf Initiative des Präsidenten Pieck zu einem Regierungsbeschluß über die Ehrung Heinrich Manns, in dem auch die Gründung eines Archivs angeregt wurde.[40] Das in den Monaten vorher auf höchster Partei- und Regierungsebene in Gang gesetzte Räderwerk zur Rückkehr des Künstlers wandte jetzt alle Energien auf die Vereinnahmung des toten Heinrich Mann und seiner nachgelassenen Papiere. Am 24. März 1950 wurde die Akademie durch einen offiziellen Staatsakt ins Leben gerufen. Wenige Zeit später schrieb Paul Wandel, mittlerweile Volksbildungsminister, an den ersten Akademiepräsidenten Arnold Zweig:

> Ich halte es für dringend geboten, dass die Akademie der Künste sofort die Frage überprüft, wie wir durch eine geeignete Sammlung (Archiv u.a.) das literarische Erbe von Hein-

---

[36] Vgl. Heinrich Mann an Verwaltung Volksbildung/Paul Wandel (9.7.1949), in: SAdK, AdK-O, ZAA 105. – Druck als Faksimile: *»Die Regierung ruft die Künstler«* (s. Anm. 27), S. 50.

[37] Arnold Zweig an Heinrich Mann (19.2.1950), in: Stiftung Archiv der Akademie der Künste, Berlin, Arnold-Zweig-Archiv [im folgenden: SAdK, AZA] 9270.

[38] Heinrich Mann an Arnold Zweig (28.2.1950), in: SAdK, AZA 9285. – Druck [gekürzter Text]: *Berliner Zeitung*, Jg. 5, Nr. 67 (19.3.1950), S. 5. – Druck [vollständiger Text]: *Frankfurter Allgemeine Zeitung für Deutschland*, Jg. 10, Nr. 75 (29.3.1958), Beilage *Bilder und Zeiten*, S. 4.

[39] Vgl. Arnold Zweig an Heinrich Mann (13.3.1950), in: SAdK, AZA 9271.

[40] Vgl. Beschluß der Regierung der Deutschen Demokratischen Republik zur Ehrung Heinrich Manns (16.3.1950), in: Bundesarchiv, Berlin, Bestand Ministerrat der DDR, DC 20 I/3-14.

rich Mann verwerten können. Vielleicht wäre es zweckmäßig, dass die Akademie sich die Aufgabe stellt, die Gesamtausgabe der Werke von Heinrich Mann zu bearbeiten und dafür eine entsprechende Stelle schafft.[41]

Mit der Leitung des Archivs und der Herausgabe der Werke beauftragte die damalige Akademieleitung Alfred Kantorowicz, der als langjähriger Vertrauter Heinrich Manns darin eine »für ein Jahrzehnt [...] ermutigende und dankbare Aufgabe«[42] sah. Unmittelbar nach der offiziellen Bekanntgabe der Einrichtung des Archivs auf dem Plenum der Akademie vom 6. Juni 1950 wurde mit der Arbeit begonnen. Dazu gehörte auch, wie im Protokoll nachzulesen ist, die »[e]vtl. Übernahme der gesamten Bibliothek sowie sämtlicher Manuskripte aus Privathand (Tochter Heinrich Manns).«[43]

Zum Zeitpunkt der Gründung des Heinrich-Mann-Archivs befand sich der Nachlaß des Dichters noch an verschiedenen Orten Europas und Amerikas. Der Einschnitt, den die politische Machtübernahme durch die Nationalsozialisten in Deutschland bedeutete, hatte nicht nur Folgen für den Lebensweg Heinrich Manns, sondern auch für die Erhaltung seiner Manuskripte und Bücher. Neben der Zersplitterung des Bestandes in mehrere Teile ist auch mancher Verlust zu beklagen. Das Aufspüren dieser Teilnachlässe und deren Zusammenführung zu einem Archivbestand war eine der wichtigsten Aufgaben des Archivs.

Zur Nachlaßgeschichte
Teilnachlaß I (»Münchener« Nachlaß)

Nachdem sich Heinrich Mann 1928 von seiner Familie getrennt und in Berlin angesiedelt hatte, behielt er seinen Münchener Wohnsitz in der Leopoldstraße 59 bei. Seine Frau Maria Mann und seine Tochter Leonie, genannt Goschi, blieben auch nach der 1930 vollzogenen Scheidung dort wohnen. Heinrich Mann sorgte weiterhin für ihre finanzielle Absicherung und überließ ihnen die gesamte Wohnungseinrichtung. Er selbst beschrieb später einmal: »Fast aller Hausrat bestand aus ererbten oder von mir lebenslänglich ge-

---

[41] Paul Wandel an DAK/Arnold Zweig (3.4.1950), in: SAdK, AdK-O, ZAA 1487.

[42] Kantorowicz, *Deutsches Tagebuch* (s. Anm. 14), S. 108.

[43] Protokoll über die Akademie-Sitzung am 6.6.1950, in: SAdK, AdK-O, ZAA 118.

sammelten Gegenständen.«[44] Zurück ließ er auch die Manuskripte seiner bis dahin entstandenen Werke, seine Briefschaften und Arbeitsunterlagen und vor allem seine umfangreiche und für ihn sehr wertvolle Bibliothek.

Im Januar 1931 wählten die Mitglieder der Sektion Dichtkunst bei der Preußischen Akademie der Künste in Berlin Heinrich Mann zu ihrem Präsidenten. Auf Grund seines politischen Engagements gegen den aufkeimenden Faschismus wurde Heinrich Mann zwei Jahre später, nach Hitlers Machtantritt, zum Austritt aus der Künstlervereinigung gezwungen. In einem Brief an Alfred Kantorowicz erinnerte er sich 1943 an diesen bedrückenden Vorgang:

Am 15. Februar 1933 wurde ich aus der Akademie entfernt. [...] Ich blieb dennoch in Berlin, wo nette Puppen reissenden Absatz fanden: mein Kopf, und die Beine von Marlene Dietrich *(Der blaue Engel).*
Am 19. in der Abendgesellschaft mit den Trümmern der Republik, meistens von Sinnen, kam M. François-Poncet[45] auf mich zu. Er sagte: ›Wenn Sie am Pariser Platz vorbeikommen, mein Haus[46] steht Ihnen offen.‹ Dieses Zeichen genügte mir: zwei Tage später reiste ich ab, still und leise, aber die SA betraten alsbald meine Wohnung. Sie war längst überwacht gewesen.[47]

Die Wohnung in der Fasanenstraße 61 hatte der Dichter erst Ende des Jahres 1932 bezogen. Bei seinem Weggang mußte er unfreiwillig seine seit 1928 verfaßten Manuskripte und die seit jenem Jahr erworbenen Bücher zurücklassen. Die Wohnung wurde beschlagnahmt, jedoch hatte sich Heinrich Mann vor seiner Flucht noch Zeit genommen, seine »Arbeiten zu ordnen im Hinblick auf ihre Fortset-

---

[44]   Heinrich Mann, handschriftlicher Entwurf eines Briefes an Amelie Posse (24.5.1946), in: SAdK, HMA SB 468, Blatt 53.

[45]   André François-Poncet (1887–1978), Diplomat, 1931–1938 französischer Botschafter in Deutschland.

[46]   Gemeint ist die französische Botschaft in Berlin, Pariser Platz 5.

[47]   Heinrich Mann an Alfred Kantorowicz (3.3.1943), in: SAdK, HMA SB 8/5. – Druck: *Materialien* zu Heinrich Mann, *Ein Zeitalter wird besichtigt.* Mit einem Nachwort von Klaus Schröter und einem Materialienanhang, zusammengestellt von Peter-Paul Schneider, Frankfurt am Main 1988 (= Heinrich Mann, *Studienausgabe in Einzelbänden*, hg. von Peter-Paul Schneider, *Fischer Taschenbuch*, Band 5929), S. 711–716, Zitat S. 714.

zung anderswo«.[48] Im Handgepäck, das er mit ins französische Exil nahm, befanden sich die Manuskripte zum *Henri Quatre*-Roman, an dem er in Berlin gearbeitet hatte, sowie das eine oder andere Notizbuch. Durch die zurückgelassenen Bücher und Manuskripte ergab sich für die spätere Nachlaßüberlieferung eine Lücke.

Die Jüdin Maria Mann und die Tochter Leonie spürten in Deutschland eine wachsende Bedrohung und Unsicherheit und suchten aus dieser Lage einen Ausweg. Sie übersiedelten Mitte März 1933 aus München nach Prag zu den dort lebenden Eltern Maria Manns. Auch hier blieb die gesamte Wohnungseinrichtung, einschließlich der Papiere und der Bibliothek Heinrich Manns, zurück und wurde ebenfalls beschlagnahmt. Heinrich Mann, der sich von Frankreich aus um die Erhaltung der Wohnung bemühte, richtete im April 1933 an seine damals 17jährige Tochter dringende Worte:

> Inzwischen sehe ich nur noch eine Möglichkeit, um die Wohnung, das heisst ihren Inhalt, zu retten. Ihr müsst *mit grösster Eile* die tschechoslowakische Staatsangehörigkeit erlangen. Ich übertrage Dir das Eigentumsrecht an der Wohnungseinrichtung, und mit Hilfe der tschechischen Gesandtschaft in München wird die Wohnung frei gemacht. [...] Alle Sachen würden eingepackt und untergestellt. Du kämest in ihren Besitz, nachdem die Zeiten sich geändert haben.[49]

Mit Unterstützung der tschechoslowakischen Regierung wurde die Freigabe der Wohnung erwirkt. Es dauerte noch bis zum Frühjahr 1934, bis Mobiliar und Bücher sicher in Prag angekommen waren.[50] Für die Unterbringung der Manuskripte in der Nationalbibliothek sorgte der tschechoslowakische Präsident Thomas Garrick Masa-

---

[48]   Heinrich Mann, *Ein Zeitalter wird besichtigt.* Bearbeitet von Gotthard Erler, mit einem Nachwort von Walter Dietze, Berlin/Weimar 1973 (= Heinrich Mann, *Gesammelte Werke*, hg. von der Akademie der Künste der Deutschen Demokratischen Republik, Redaktion: Sigrid Anger, Band 24), S. 346.

[49]   Heinrich Mann an Leonie Mann (10.4.1933), in: SAdK, HMA SB 170/3. – Druck: *Neues Deutschland*, Jg. 20, Nr. 72 (13.3.1965), Beilage Nr. 11, S. 2 (Herv. i. Orig.).

[50]   Heinrich Mann reagierte auf eine nicht überlieferte Mitteilung von Maria Mann: »Diese Nachricht ist überaus glücklich, besonders für G[oschi]. Du hast viel für sie gerettet, und sie wird es Dir immer danken. Auch mir ist es lieb, zu wissen, dass alles dies zusammenbleibt, und ich bedaure umso mehr, dass [ich] Dich allein entscheiden lassen muss, wie Du es unterbringst.« Heinrich Mann an Maria Mann (7.5.1934), in: SAdK, HMA SB 170/35.

ryk,[51] dem Heinrich Mann bei einem früheren Besuch in Prag persönlich begegnet war.[52]

Die Bibliothek Heinrich Manns beherbergten Maria und Leonie Mann offenbar immer in ihren jeweiligen Prager Wohnungen. Diese Stadt aber bot ihnen und auch ihrem Hab und Gut nur für begrenzte Zeit Sicherheit. Beunruhigt äußerte sich im Juni 1938 der langjährige Freund Félix Bertaux gegenüber Heinrich Mann:

> Die Ereignisse in der Tschechoslowakei erfüllen mich mit Sorge um Goschi und ihre Mutter. Ich glaube, Sie haben Recht, wenn Sie Entscheidungen treffen wollen. Man kann die Entscheidungen hinauszögern, aber wie die Dinge sich entwikkeln, muss man ein gewalttätiges Ende erwarten. [...] Gibt es kein Mittel, die Wohnung und die Bibliothek zu retten?[53]

Im Sommer 1938 unternahmen Maria und Leonie Mann eine Erholungsreise auf die Krim, die Heinrich Mann aus seinem Guthaben beim Staatsverlag Moskau finanzierte. Bei einem Zwischenaufenthalt in Moskau erfolgten konkrete Absprachen für ihre generelle Übersiedelung in die Sowjetunion. Die erforderlichen Schritte hierfür hatte Heinrich Mann bereits unternommen.[54] Nach Prag zurückgekehrt, trafen die beiden Frauen alle notwendigen Vorkehrun-

---

[51] Thomas Garrick Masaryk (1850–1937), Staatsmann, Publizist, Philosoph, 1918–1935 Präsident der Tschechoslowakei. – Heinrich Mann erinnerte sich im *Zeitalter:* »Wenn je ein Mensch, hat Thomas Garrick Masaryk mir wohlgetan und geholfen. 1933, ich war schon in Frankreich, erklärte er meine Münchener Wohnung für tschechoslowakisches Eigentum und schaffte sie nach Prag. Bis 1938 haben Bücher, Bilder und der Besitz der Vorfahren ein Asyl gehabt. Was dann? Ruhe und Sicherheit über das fünfte Jahr hinaus, für uns und unsere Dinge, das war einmal, sie würden uns heute befremden. Für sein Nationalmuseum verlangte der Präsident meine alten Handschriften: mehr Ehrung als Entgelt. (Nach der bekannten Übung der Besitzergreifer von 38 sind sie – nicht wirklich, nur dem Namen nach – verbrannt worden.)« Heinrich Mann, *Ein Zeitalter wird besichtigt* (s. Anm. 48), S. 436.

[52] Vgl. auch Heinrich Mann, *Gespräch mit Masaryk*, in: Heinrich Mann, *Sieben Jahre. Chronik der Gedanken und Vorgänge*, Berlin/Wien/Leipzig 1929, S. 167–173.

[53] Félix Bertaux an Heinrich Mann (5.6.1938), in: SAdK, HMA SB 460/13. – Zitiert nach deutscher Übersetzung im Druck: Heinrich Mann/Félix Bertaux, *Briefwechsel 1922–1948*. Mit einer Einleitung von Pierre Bertaux. Im Anhang noch aufgenommen: Neue aufgefundene Briefe von Félix und Pierre Bertaux. Auf der Grundlage der Vorarbeiten von Sigrid Anger, Pierre Bertaux und Rosemarie Heise bearbeitet von Wolfgang Klein, Frankfurt am Main 2002 (= Heinrich Mann, *Gesammelte Werke in Einzelbänden*, hg. von Peter-Paul Schneider), S. 470.

[54] Vgl. Maria Mann an Heinrich Mann (6.5.1938, 31.5.1938, 29.6.1938), in: SAdK, HMA 1978–1980.

gen, die sich bis zum Frühjahr 1939 hinzogen. Die Okkupation des Landes durch Truppen der deutschen Wehrmacht verhinderte jedoch ihre Ausreise. Leonie Mann erinnerte sich später:

> Am 15. März wurde die ČSR besetzt. Am 16. März holten wir von der schwedischen Botschaft unsere Visa nach Schweden ab. Wir sollten über Schweden in die Sowjetunion gelangen. Damals lebten wir bei einer tschechischen Familie zur Untermiete. Bereits am 18. März [w]urden wir von der GESTAPO verhaftet und ins Prager Gefängnis Pankra[c] gebracht. Dort waren wir zwei Monate. Nach unserer Entlassung lebten wir noch zwei Jahre gemeinsam in Prag.[55]

1941 wurde Maria Mann ins Konzentrationslager Theresienstadt verschleppt und konnte erst 1945 schwerkrank nach Prag zurückkehren. Am 19. April 1947 starb sie an den Folgen der Haft. Leonie Mann blieb in Prag. Sie wurde mehrfach von der Gestapo verhört. Ihren Lebensunterhalt verdiente sie sich durch Hilfsarbeiten in einem Gummilager.[56]

Heinrich Mann verfolgte das Schicksal seiner ehemaligen Frau und seiner Tochter von Frankreich aus. Nachrichten aus Prag trafen aber nur noch vereinzelt oder auf Umwegen ein, so daß er unzuverlässig über die dortige Situation informiert war. Als er am 27. März 1939 an Bertaux schrieb, wußte er nicht, daß beide Frauen bereits inhaftiert waren und ihnen der Weg ins Ausland versperrt bleiben sollte. Heinrich Mann teilte dem Freund besorgt mit:

> Ihr Brief kommt gerade recht: ich hatte einen Trost nötig. Heute ist mein 68. Geburtstag, der traurigste meines Lebens. Goschi hat den Augenblick versäumt, wo sie Prag hätte verlassen müssen; sie ist noch immer dort, mit ihrer Mutter [...]. Ihr letzter Brief konnte nur dank der schwedischen Botschaft von Prag abgehen. Wann es ihr selbst gelingt zu entkommen, und wie sie das anstellen wird, weiß ich nicht. Es ist mir verwehrt, ihr dort zu helfen und die Aufmerksamkeit auf sie zu lenken. Vermutlich sitzen die beiden Frauen in der Wohnung fest, die übrigens mitsamt meiner Bibliothek verloren scheint. Früher hätte mich das getroffen: nun ist es unwichtig geworden. Wenn man bedenkt, dass der hochherzige alte Masaryk vor nur sechs Jahren all diese Habe retten wollte, indem er

---

[55] Leonie Aškenazy-Mann an Ulrich Dietzel (11.7.1961), Fotokopie im Besitz der Verfasserin.

[56] Vgl. ebd.

meine Manuskripte ins Museum gab! Nun liegen sie im Regen, meine Manuskripte. Und ich weiß nicht, was mit meiner Tochter geschehen wird. Ich darf jedoch hoffen, dass man sie auf diplomatischem Wege herausholen wird. Jedenfalls schreibe ich nach Moskau, wo man sie noch vor kurzem erwartete. [...] Die Angst weicht nicht mehr von mir; und am schlimmsten ist, dass ich ihre Ursachen schon nicht mehr auseinanderhalten kann, es sind zu viele.[57]

Heinrich Manns Sorge galt neben den beiden Frauen auch seinen Handschriften und anderen Wertgegenständen, da ihre Sicherheit in der Nationalbibliothek nach der Besetzung des Landes nicht mehr gewährleistet war. Sein Eigentum wurde gerettet, doch Informationen hierüber erreichten Heinrich Mann damals anscheinend nicht. Aus der Nationalbibliothek gelangten die Unterlagen in den Kohlenkeller des Mietshauses, in dem Maria und Leonie Mann wohnten. Da die Manuskripte auch hier bald gefährdet waren, rettete sie ein tschechischer Bekannter der beiden Frauen, ein Bauarbeiter namens Veselsky, indem er sie nach und nach aus dem Kohlenkeller herausholte und in einem anderen Keller sicher unterbrachte.[58] So überdauerten sie den Krieg und konnten nach 1945 wieder in die Obhut der Familie übergehen.

Ab 1951 übergab Leonie Mann einen Großteil dieser Manuskripte, Arbeitsunterlagen und Briefe dem Heinrich-Mann-Archiv. Ebenso die etwa 2600 Bände umfassende »Münchener« Bibliothek. Ein Prager Antiquar entdeckte 1964, im Zusammenhang mit ehemals be-

---

[57]   Heinrich Mann an Félix Bertaux (27.3.1939), in: SAdK, HMA SB 24/200. – Zitiert nach deutscher Übersetzung im Druck: Heinrich Mann/Félix Bertaux, *Briefwechsel 1922–1948* (s. Anm. 53), S. 506f.

[58]   Vgl. Leonie Aškenazy-Mann an Ulrich Dietzel (11.7.1961) (s. Anm. 55). Leonie Aškenazy-Mann berichtete in diesem Brief: »Die Manuskripte waren zuerst im Tresor der Prager Stadtbibliothek untergebracht. Dort blieben sie bis zum Einzug der Nazis.« Offensichtlich irrte sie sich bei der Angabe der Bibliothek, denn es handelte sich um die Universitäts- bzw. Nationalbibliothek der Karls-Universität in Prag. Seit der Unabhängigkeit der Tschechoslowakei im Jahre 1918 war die Universitätsbibliothek die zentrale Bibliothek des Landes. Seit 1925 gab es innerhalb der Universitätsbibliothek eine als Nationalbibliothek bezeichnete Abteilung für Altbestände. Seit 1935 trug sie die Bezeichnung »National- und Universitätsbibliothek«. Vgl. Helmut Hilz und Irmhild Schäfer, *Das Bibliothekswesen der Karls-Universität in Prag. Die dezentrale Organisationsstruktur einer 650 Jahre alten Universität*, in: *Bibliotheksdienst*, Jg. 32, Heft 9 (1998), S. 1540–1547.
In Briefen wird im o.g. Zusammenhang sowohl die Universitäts- als auch die Nationalbibliothek erwähnt. Vgl. Maria Mann an Heinrich Mann (3.5.1938), in: SAdK, HMA 1979, und: Amelie Posse an Heinrich Mann (17.7.1939), in: SAdK, HMA 2195.

schlagnahmtem deutschen Schriftgut, etwa 400 Bücher, die von dieser Bibliothek getrennt worden waren. Die Akademie konnte auch diese Bücher 1966 erwerben.[59]

Der Teilnachlaß I dokumentiert das literarische Schaffen Heinrich Manns von 1885 an. Einen umfangreichen Bestandteil bilden die handschriftlichen Werkmanuskripte. Dazu gehören neben *Ersten Poetischen und Novellistischen Versuchen* Erzählungen, Novellen, Skizzen und Dramen. Hinzu kommen Essays und publizistische Arbeiten. Enthalten sind Originalmanuskripte der Romane des Frühwerks und der reiferen Jahre, darunter Reinschriften von *In einer Familie, Zwischen den Rassen, Die kleine Stadt, Der Untertan, Die Armen* und *Der Kopf*. Zu den Romanen *Im Schlaraffenland* und *Die Göttinnen* existieren unvollständige Manuskripte. Teilweise handelt es sich um Satzmanuskripte, so beim Erstlingswerk *In einer Familie*. Die in schöner, klarer Schrift geschriebenen Manuskripte wurden direkt dem Verlag oder dem Setzer übergeben, vereinzelt finden sich Vermerke der jeweiligen Drucker. Sigrid Anger, die über Jahrzehnte sowohl für das Archiv als auch die Edition der Werke zuständig war, formulierte treffend: »Für ihn bedeuteten die eigenhändigen Reinschriften seiner Romane, Novellen, Gedichte wohl so etwas wie greifbare Denkmale seiner geistigen Arbeit, die er in akkurat zugeschnittenen Pappen von Einheitsformat, mit blauen Bändern verschnürt, sorglich hütete.«[60] Vorarbeiten seiner Werke, wie Notizen, Entwürfe oder ausgeschiedene Textteile, sind im Vergleich zu den Reinschriften weniger zahlreich, scheinbar nur zufällig überliefert. Häufig dienten Heinrich Mann die Rückseiten von empfangenen Briefen als Notiz- oder Manuskriptblätter. Briefe und Briefentwürfe, die Heinrich Mann stets von Hand niederschrieb, sind eher rar. Dagegen existiert eine Vielzahl der an ihn gerichteten Briefe von Schriftstellern, Verlegern, Redakteuren, Freunden und Familienangehörigen. Einige biographische Unterlagen und Fotos ergänzen diesen Nachlaßteil.

---

[59] Vgl. Volker Riedel, *Die Bibliothek Heinrich Manns. Ein Überblick*, in: *Marginalien. Zeitschrift für Buchkunst und Bibliophilie*, hg. von der Pirckheimer-Gesellschaft, Heft 63 (1976), S. 1–13.

[60] Sigrid Anger, *Archivische Überlieferung und Edition. Bemerkungen zu Heinrich Manns Roman* EMPFANG BEI DER WELT, in: *Im Vorfeld der Literatur. Vom Wert archivalischer Überlieferung für das Verständnis von Literatur und ihrer Geschichte. Studien*, hg. von Karl-Heinz Hahn, Sonderdruck, Weimar 1991, S. 242–248, hier S. 243.

Teilnachlaß II (Teil des »Münchener« Nachlasses)

Aus den in Prag verwahrten Unterlagen waren 1939, vermutlich von Heinrich Mann selbst veranlaßt, einige Dokumente herausgelöst worden. Diese Briefe und Erinnerungsstücke sollten im Zusammenhang mit der beabsichtigten Übersiedelung von Maria und Leonie Mann in die Sowjetunion gelangen. In dieser Angelegenheit erhielten die beiden Frauen entscheidende Hilfe von der schwedischen Schriftstellerin Amelie Posse.[61] Die Schwedin lebte während ihrer Ehe mit dem tschechischen Maler Oskar Brázda[62] in der Tschechoslowakei. Nach der Trennung von ihrem Mann ging sie 1939 in ihr Heimatland zurück und engagierte sich dort für deutsche Flüchtlinge. Maria Mann und Amelie Posse müssen einander persönlich gekannt haben, Heinrich Mann unterhielt von Frankreich aus brieflichen Kontakt mit ihr.

Wie bereits erwähnt, konnten Maria und Leonie Mann im März 1939 aufgrund ihrer Verhaftung die damals verfügbaren schwedischen Visa nicht nutzen. Im Sommer 1939 unternahm Amelie Posse, obwohl Maria und Leonie Mann erneut inhaftiert worden waren, von Schweden aus weitere Versuche, die Ausreise zu ermöglichen. Sie beschaffte eine offizielle Einladung des schwedischen Schriftstellerverbandes zu Vorträgen, die die Empfänger aber nie erreichte. Erneut kümmerte sich Amelie Posse um eine Bewilligung der Durchreise durch Schweden, von der Maria und Leonie Mann wiederum keinen Gebrauch machen konnten.[63] Auch hatte sie dafür gesorgt, daß einige Dokumente und anderer Besitz Heinrich Manns in die schwedische Botschaft gelangten. Am 17. Juli 1939 konnte sie Heinrich Mann folgendes berichten:

> Ich habe grosse Scherereien gehabt mit dem hiesigen Aussenwärtsamt wegen der Tasche mit Ihren Briefen, die ich unter meinem Namen, dort auf der ex-Botschaft, jetzigem Konsulat unter meinen eigenen [Papieren] nachgelassen hatte. Der Konsul hat sie dort aufgemacht – wenn er was für mich suchte, und die Sache gefunden. Jetzt hatte das russische Konsulat versprochen, sie zu sich zu nehmen, zusammen mit dem anderen Koffer der i[n der] Nationalbibliothek deponiert gewe-

---

[61] Amelie Posse (1884–1957).

[62] Oskar Brázda (1887–1977).

[63] Vgl. Amelie Posse an Heinrich Mann (17.7.1939) (s. Anm. 58).

sen war, den sie schon haben – hoffentlich ist es auch so geschehen, und wird es ihnen gel[i]ngen, beide nach Russland zu überführen.[64]

Der Inhalt von Tasche und Koffer, bei dem es sich um den späteren Teilnachlaß II handelt, gelangte, wie wir heute wissen, von der schwedischen Botschaft aus nicht in die Sowjetunion, sondern nach Schweden und blieb während des Krieges im Besitz der Familie Posse. Leonie Mann erhielt diese Dokumente später zurück und übergab sie 1961 dem Heinrich-Mann-Archiv.

Die Dokumente dieses kleinen Nachlaßteiles, der die Jahre bis 1933 umfaßt, sind sehr persönlicher Art und waren Heinrich Mann besonders wichtig. Es handelt sich dabei u.a. um das Tagebuch seiner Petersburger Reise, die er 1884 mit dem Vater unternommen hatte, und um ein Ausgabenbuch aus der Dresdener Lehrlingszeit. Literarische Entwürfe zu Romanen, Essays und Dramen finden sich in einigen kleinformatigen Notizbüchern. Weitere Kostbarkeiten sind Briefe, die er in jungen Jahren an die Eltern geschrieben und von ihnen empfangen hatte, und vor allem größere Konvolute von Briefen der Schwester Carla, der Verlobten Inés Schmied[65] und der ersten Ehefrau Maria Mann. Erwähnenswert sind Fotos von Heinrich Mann, von seinen Eltern und Geschwistern sowie eine Sammlung von etwa 200 unbeschriebenen Ansichtskarten, die der Dichter während seiner Italienaufenthalte erworben hatte, darunter eine Vielzahl von Karten aus Riva, Venedig, Rom und Florenz.

An dieser Stelle möchte ich eine Geschichte anschließen, die nicht direkt das Archivmaterial betrifft, aber im Gesamtzusammenhang unbedingt mitteilenswert ist. Kehren wir nochmals zu Maria und Leonie Mann nach Prag zurück und zur unermüdlichen Amelie Posse, die weiter alle Kräfte für deren Ausreise mobilisierte. Verschiedene Verlage ersuchte sie für diesen Zweck um finanzielle Mittel. Es gelang ihr schließlich, das für die Ausreise erforderliche Geld, 400 schwedische Kronen, aufzutreiben. Sie mußte jedoch mit Sicherheiten bürgen. Dazu diente ein Bild aus dem Besitz Heinrich Manns,

[64]   Ebd.

[65]   Vgl. die Dokumentation *Briefe einer Liebe. Heinrich Mann und Inés Schmied 1905 bis 1909*, hg. von Günter Berg, Anke Lindemann-Stark und Ariane Martin. *Teil I: 1905 bis 1906*, in: *Heinrich Mann-Jahrbuch* 17/1999, S. 145–231. *Teil II: 1907 bis 1909*, in: *Heinrich Mann-Jahrbuch* 19/2001, S. 213–275, sowie den Nachtrag im vorliegenden Jahrbuch, S. 159–165.

das bereits auf diplomatischem Wege nach Schweden gelangt war.[66] Eben jenes Bild hinterlegte Amelie Posse im Nationalmuseum von Stockholm. Dem Dichter schrieb sie am 26. Juli 1939:

> Ihr Bild ist unter meinem Namen (weil ich Schwedin bin) im Nationalmuseum hier deponiert, aber die Herren dort wissen, für wen. Schade, dass ich dem schwedischen Konsul nur das aufzwingen konnte – es besteht sicher Gefahr, dass die anderen Sachen verloren gehen.[67]

Um welche Gegenstände oder Kunstwerke es sich dabei handelte, bleibt fraglich. Das erwähnte Bild hatte Heinrich Mann schon vor 1914 erworben. Bis 1933 hing es in der Münchener Wohnung.[68] 1946 nahm Heinrich Mann von Amerika aus den Kontakt zu Amelie Posse wieder auf und bat um die Rücksendung des Bildes. Schließlich teilte er im Juli 1948 in einem Brief an den Münchener Freund Maximilian Brantl mit:

> Goschi ist in Prag verheiratet,[69] glücklich wie es scheint. Sie hat einen kleinen Jungen, der nach mir benannt ist.[70] Meine Möbel und Bücher hat sie nicht mehr, sie mußte über die ganzen Jahre der Occupation davon leben. Klaus, den ich hier befragen konnte, hat nichts gesehen.[71] Ein Wertstück bleibt dennoch erhalten, die italienische Kreuztragung, Giulio Clovio[72] 1500. Das Bild war in der Stockholmer Galerie, jetzt hängt es wieder, als wäre nichts geschehen, bei mir an der Wand.[73]

---

[66]   Vgl. Amelie Posse an Heinrich Mann (17.7.1939) (s. Anm. 58).

[67]   Amelie Posse an Heinrich Mann (26.7.1939), in: SAdK, HMA 2196.

[68]   Vgl. Heinrich Mann an Amelie Posse (24.5.1946) (s. Anm. 44).

[69]   Leonie Mann heiratete 1947 den tschechischen Schriftsteller Ludvík Aškenazy.

[70]   Heinrich Paul Mann [Jindrich Mann], geboren am 18.3.1948 in Prag.

[71]   Klaus Mann (1906–1949), Schriftsteller, Neffe Heinrich Manns. – Als Soldat der US-Army hielt sich Klaus Mann vom 18. bis 21.5.1945 in Prag auf. Am 20.5.1945 besuchte er das Konzentrationslager Theresienstadt. Dort erhielt er die Prager Adresse von Maria Mann und traf am selben Abend sowie am nächsten Tag mit Maria und Leonie Mann in Prag zusammen. Vgl. auch Klaus Mann, *Tagebücher 1944–1949*, hg. von Joachim Heimannsberg, Peter Laemmle und Wilfried F. Schoeller, München 1991, S. 84. Klaus Mann berichtete Heinrich Mann von der Begegnung unmittelbar nach seinem Aufenthalt in Prag. Vgl. auch Klaus Mann an Heinrich Mann (24.5.1945), in: SAdK, HMA 1927. – Druck: Klaus Mann, *Briefe*, hg. von Friedrich Albrecht, Berlin/Weimar 1988, S. 492ff.

[72]   Eigentlich Giorgio Clovio (1498–1578), Miniaturmaler und Zeichner.

[73]   Heinrich Mann an Maximilian Brantl (11.7.1948), in: SAdK, HMA SB 41/338.

Teilnachlaß III (Frankreich-Nachlaß)

Als Frankreich 1940 vor den deutschen Truppen kapitulierte, bedeutete dies für unzählige deutsche Emigranten erneute Flucht vor dem verhaßten Regime. Dieses Schicksal blieb auch dem fast 70jährigen Heinrich Mann nach siebeneinhalb Jahren Aufenthalt in Frankreich nicht erspart. Rückblickend schrieb er in seinem autobiographischen Buch *Ein Zeitalter wird besichtigt:* »Als dieses Land mich nicht mehr schützen konnte, bekam mein alter Gang durch Berliner Straßen, Februar 33, endlich sein wahres Gesicht. Die Verbannung aus Europa war es, sie hatte ich damals angetreten.«[74]

Heinrich Manns Fluchtweg aus Frankreich ist oft beschrieben worden. Er ging zu Fuß über die Pyrenäen und verließ das Land wiederum nur mit seinem Handgepäck. Dazu heißt es im *Zeitalter:*

> Schwerlich vergesse ich die ansteigende Straße nach dem Bahnhof, weithin nur wir, mit unseren Rucksäcken, die wir der Unbefangenheit wegen am Arm schlenkerten. Sie enthielten aber alles, was wir greifbar besaßen. Unser Gepäck sollte folgen, wenn ein ansässiger Geschäftsmann es besorgte. Früher oder später mußte auch er von hinnen. Er starb gleich ganz.[75]

Offenbar hatte der Tod jenes Geschäftsmannes, den Heinrich Mann hier erwähnt, weitreichende Folgen für den Transport von Heinrich Manns Hab und Gut zum neuen Exilort. Nelly Mann, seit September 1939 Ehefrau des Dichters, hatte die Nizzaer Wohnung in der Rue Alphonse Karr aufgelöst[76] sowie die in Frankreich neu angelegte Bibliothek und einige Handschriften für den Transport nach Amerika in Kisten zusammengepackt. Über den genauen Weg dieser wertvollen Fracht geben die mir vorliegenden Quellen keine Auskunft. Es darf angenommen werden, daß die Bibliothek und einige Handschriften per Schiff nach New York gelangten.

Vermutlich unbeabsichtigt blieben andere Manuskripte und Briefe in Nizza zurück. Zu diesen in den Jahren 1926 bis 1940 entstandenen Unterlagen gehören Vorarbeiten und ein unvollständiges Typoskript zum *Henri Quatre*-Roman, Manuskripte zahlreicher publizisti-

---

[74]   Heinrich Mann, *Ein Zeitalter wird besichtigt* (s. Anm. 48), S. 438.

[75]   Ebd., S. 441.

[76]   Vgl. ebd., S. 438.

scher Arbeiten, inbegriffen die Beiträge für den Band *Der Haß*. Des weiteren sind etwa 400 an Heinrich Mann gerichtete Briefe und Telegramme überliefert. Zu den wenigen persönlichen Dokumenten zählt der deutsche Reisepaß.

Diese literarischen Zeugnisse und Briefe, deren Spur sich vorerst verlor, sollte Heinrich Mann nie wieder zur Hand haben. Warum diese Dokumente nicht nach Amerika gelangten, bleibt fraglich. Erst 1956 drangen Hinweise an die Öffentlichkeit. Von der in Nizza ansässigen »Internationalen Maklergesellschaft für Bücher und Kunstwerke« erging ein Kaufangebot über Handschriften von Heinrich Mann an den S. Fischer Verlag in Frankfurt am Main.[77] Der Verlag zeigte kein Interesse, informierte aber Walter Janka, den Leiter des Aufbau-Verlages in Berlin, bei dem die Rechte am Werk Heinrich Manns lagen. Janka übermittelte das Angebot umgehend der Akademie der Künste,[78] zumal er wußte, daß der Nizzaer Maklergesellschaft bereits eine Offerte der Moskauer Leninbibliothek vorlag.[79] Das Interesse des Heinrich-Mann-Archivs an diesen Handschriften war, wie sich leicht vorstellen läßt, sehr groß. Im Auftrag der Akademie der Künste erwarb Walter Janka diesen in Frankreich verbliebenen Nachlaßteil.[80]

Teilnachlaß IV (Amerika-Nachlaß)

Am 12. September 1940 hatte Heinrich Mann Marseille verlassen. Nach kurzem Aufenthalt in Lissabon und der Überfahrt mit dem griechischen Dampfer »Nea Hellas« kam er am 13. Oktober 1940 in New York an. Ende des Monats nahm er seinen Wohnsitz in Los Angeles. Im Oktober des Jahres 1948 zog er weiter nach Santa Monica.

Kurz vor seiner Flucht aus Frankreich hatte er schon für die sichere Beförderung eines Manuskripts gesorgt. Sein Tagebuch *Zur Zeit von Winston Churchill*, in dem er ab September 1939 die Ereignisse des Zweiten Weltkrieges analysierte, vertraute er dem amerikanischen

---

[77] Vgl. Aufbau-Verlag/Walter Janka an Société de Courtage International de Livres et objets d'Art (14.2.1956), in: SAdK, AdK-O, ZAA 1616/1.

[78] Vgl. Aufbau-Verlag/Walter Janka an DAK/Rudolf Engel (14.2.1956), in: SAdK, AdK-O, ZAA 1616/1.

[79] Vgl. Aufbau-Verlag/Walter Janka an DAK/Rudolf Engel (21.2.1956), in: SAdK, AdK-O, ZAA 1616/1.

[80] Vgl. Alfred Kantorowicz an Société de Courtage International de Livres et objets d'Art (25.2.1956), in: SAdK, AdK-O, ZAA 1616/1.

Das Verpackungsmaterial, in dem der Amerika-Nachlaß Heinrich Manns 1956 nach Prag transportiert wurde.

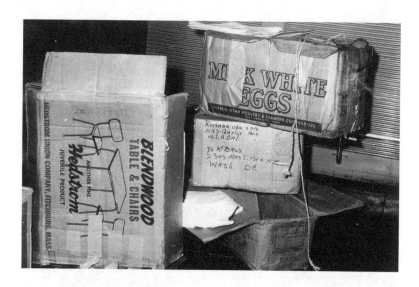

Konsul in Marseille, Hiram Bingham, an.[81] In einem späteren Kommentar schrieb Heinrich Mann dazu: »In weitem Abstand, durch Gunst und Glück, sind meine Aufzeichnungen mir nachgereist. Das Original ist im Besitz der Congress-Bibliothek, Washington.«[82] Das vorerst nicht für die Veröffentlichung vorgesehene Manuskript hatte er zum Geschenk für die Washingtoner Bibliothek erklärt, jedoch mit dem Vorbehalt, es wieder als Depositum zu sich zu nehmen, um es für eine Veröffentlichung bearbeiten zu können.[83] Heinrich Mann wollte umgehend nach seiner Ankunft in Amerika von dieser Einschränkungsklausel Gebrauch machen.[84] Doch die Beförderung mit-

---

[81] Vgl. Heinrich Mann an Hiram Bingham (1.9.1940), in: SAdK, HMA SB 474. – Druck als Faksimile: Peter-Paul Schneider, »*The life of everyone is a diary.*« – *Die Vorstufen von Heinrich Manns Memoirenwerk* EIN ZEITALTER WIRD BESICHTIGT, in: *Heinrich Mann-Jahrbuch* 18/2000, S. 15–66, hier S. 30. – Hiram Bingham (1904–1988), Diplomat, 1939–1941 amerikanischer Konsul in Marseille.

[82] Heinrich Mann, *Zur Zeit von Winston Churchill,* in: *ndl. neue deutsche literatur,* Berlin/Weimar, Jg. 39, Heft 462 (Juni 1991), S. 5–30, hier S. 15. Zitiert nach: Schneider, »*The life of everyone is a diary.*« (s. Anm. 81), S. 28.

[83] Vgl. Heinrich Mann an Hiram Bingham (1.9.1940) (s. Anm. 81).

[84] Vgl. Heinrich Mann an Library of Congress/Archibald MacLeish (14.10.1940), in: SAdK, HMA SB 469. – Druck als Faksimile: Schneider, »*The life of everyone is a diary.*« (s. Anm. 81), S. 31, und: Heinrich Mann an Library of Congress/Archibald MacLeish (26.10.1940), in: SAdK, HMA SB 470. – Druck als Faksimile: Schneider, »*The life of everyone is a diary.*« (s. Anm. 81), S. 33.

tels Diplomatenpost verzögerte sich. Erst im Januar 1941 wurde das Tagebuch von Frankreich aus auf den Weg gebracht,[85] und es dauerte noch bis zum April 1941, bis ihm die Washingtoner Bibliothek sein Tagebuch wieder zur Verfügung stellte.[86] Sogleich schrieb er eine essayistische Einführung, die einer späteren Publikation vorangestellt werden sollte (*Erster Teil. Rückblick vom Jahre 1941 auf das Jahr 1939*).

Von den in Nizza gepackten Bücherkisten gab es zu diesem Zeitpunkt noch keine Spur. Heinrich Mann war, wie seine Frau Nelly in einem Brief an die in New York wohnende Freundin Salomea Rottenberg verbittert feststellte, »ein Schriftsteller ohne Bücher!«[87] Im Laufe der nächsten Monate kamen die »acht Bücherkisten«[88] in New York an und wurden in einem Lagerhaus deponiert. Wer das Gepäck auf den Weg gebracht hatte und wann es New York erreichte,

---

[85] Vgl. Hugh S. Fullerton an Department of State (2.1.1941), in: SAdK, HMA SB 474. – Druck als Faksimile: Schneider, »*The life of everyone is a diary*.« (s. Anm. 81), S. 34f.

[86] Vgl. Library of Congress/Archibald MacLeish an Heinrich Mann (11.4.1941), in: SAdK, HMA SB 472, und: Heinrich Mann an Library of Congress/Archibald MacLeish (18.4.1941), in: SAdK, HMA SB 473. – Druck als Faksimile: Schneider, »*The life of everyone is a diary*.« (s. Anm. 81), S. 41.

[87] Nelly Mann an Salomea Rottenberg (18.10.1941), in: SAdK, HMA SB 111/8.

[88] Heinrich Mann an Salomea Rottenberg (21.7.1942), in: SAdK, HMA SB 111/11.

läßt sich – wie schon erwähnt – aus den vorliegenden Quellen nicht rekonstruieren. »In den Kisten sind einige handgeschriebene Manuskripte, die wertvoll sind, gar nicht zu sagen, wie glücklich Heinrich wäre, seine für ihn wertvolle Bibliothek (unwiederkäuflich) zu haben«,[89] so die Beschreibung Nelly Manns in einem weiteren Brief an ihre Freundin.

Heinrich und Nelly Mann, die in »sehr bedrängten Umständen«[90] lebten, wie es Lion Feuchtwanger formuliert hatte, konnten ihren Lebensunterhalt nur von den Zuwendungen Thomas Manns bestreiten. Für zusätzliche finanzielle Forderungen fehlte jeglicher Spielraum. Das Geld für die Lagerkosten der Bücher und den Weitertransport nach Kalifornien war nicht vorhanden. Wiederholt bat Nelly Mann New Yorker Freunde um deren Hilfe. Ende Dezember 1941 fragte sie bei Salomea Rottenberg nach: »Existiert die Bibliothek noch? Mein Mann brauchte so dringend einige Vorarbeiten seiner jetzigen daraus: von Friedrich dem Großen – zu Hitler. Alles Material, jahrelange Arbeit, ist darin.«[91]

---

[89] Nelly Mann an Salomea Rottenberg (25.9.1941), in: SAdK, HMA SB 111/7.

[90] Lion Feuchtwanger an Kurt Rosenfeld (8.4.1942), in: Stiftung Archiv der Akademie der Künste, Berlin, Kurt-Rosenfeld-Archiv [im folgenden: SAdK, KRA] 180.

[91] Heinrich und Nelly Mann an Salomea Rottenberg (30.12.1941), in: SAdK, HMA SB 111/10.

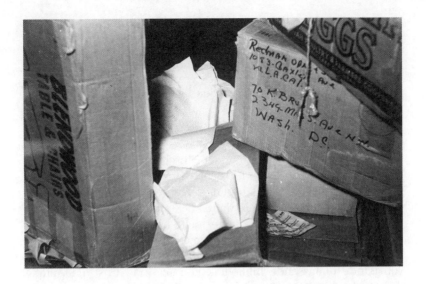

Die Klärung der Angelegenheit zog sich hin. Die Versteigerung der Bibliothek, sie war für den 23. April 1942 angedroht worden,[92] konnte durch Spenden einiger Freunde, unter ihnen Alfred Kantorowicz und Kurt Rosenfeld, abgewendet werden.[93] Eva Scherzer, eine in Brooklyn wohnende Freundin von Salomea Rottenberg, kümmerte sich mit Unterstützung eines Hilfskomitees um weitere Formalitäten. Am 24. September 1942 waren die Kisten schließlich aus New York nach Los Angeles abgegangen,[94] Ende Oktober kam Heinrich Mann wieder in ihren Besitz.[95] Zwei Jahre lang hatte er ohne seine Bücher und Manuskripte auskommen müssen. Unter den Manuskripten waren bereits Entwürfe, die Heinrich Mann später für sein Erinnerungsbuch *Ein Zeitalter wird besichtigt* verwendete. Mit der Arbeit an einer *Kleinen Encyclopädie des Zeitalters* knüpfte er im Herbst 1942 an seine wiedererlangten Vorarbeiten an. Im Juni 1944 beendete Heinrich Mann die Arbeit an seinem Erinnerungsbuch, das 1946 veröffentlicht wurde.[96] Im Oktober 1947 schrieb er dem Freund Maximilian Brantl:

92 Vgl. Nelly Mann an Kurt Rosenfeld (20.4.1942), in: SAdK, KRA 211.

93 Vgl. Kurt Rosenfeld an Nelly Mann (22.4.1942), in: SAdK, KRA 212.

94 Vgl. Eva Scherzer an Heinrich Mann (16.10.1942), in: SAdK, HMA 2318.

95 Vgl. Eva Scherzer an Heinrich Mann (30.10.1942), in: SAdK, HMA 228.

96 Heinrich Mann, *Ein Zeitalter wird besichtigt*, Stockholm 1946.

Einer vollständigen, direkten Lebensbeschreibung möchte ich meine übrigen Kräfte nicht widmen. [...] Was ich mir noch vornehme, ein *Friedrich* kann schwerlich fertig werden. Es wäre das Gegenstück zum *Henri*, aber an ihn wendete ich sechs Jahre. Nun, Fragmente sind auch etwas. An ein Ende gelangt man doch nie, so wenig mit den eigenen Bemühungen wie mit der Betrachtung der Welt.[97]

Nach dem Tode Heinrich Manns ging seine Hinterlassenschaft in die Verantwortung eines öffentlichen Nachlaßverwalters über. Ein kompliziertes Verfahren zur Klärung der Erbschaftsangelegenheit schloß sich an.[98] Die in Prag lebende Tochter Leonie Aškenazy-Mann wurde infolgedessen erst im Jahre 1954 zur rechtmäßigen Alleinerbin erklärt.[99] 1956 gelangte der Hauptteil des Amerika-Nachlasses zu ihr nach Prag. Ein weiterer Teil daraus folgte Ende 1957. In diesem Jahr übereignete Leonie Mann den gesamten Nachlaß ihres Vaters der Akademie der Künste. Den letzten Teil des Nachlasses und die etwa 900 Bände umfassende Bibliothek konnte Bodo Uhse im Auftrag der Akademie 1958 in Prag in Empfang nehmen.[100]

Der zeitliche Umfang des Amerika-Nachlasses erstreckt sich auf die Jahre von 1906 bis 1950, der überwiegende Teil daraus auf die Jahre von 1940 bis 1950. Ein Notizbuch mit Vorarbeiten zum *Untertan* hatte Heinrich Mann offenbar immer in seinem Besitz. Publizistische Arbeiten, die in Frankreich entstanden waren, gehören ebenso zur Überlieferung wie auch literarische Zeugnisse der Jahre des amerikanischen Exils. Unter ihnen sind – um nur die wichtigsten Werke zu nennen – die Romanmanuskripte *Lidice*, *Empfang bei der Welt* und *Der Atem*. Neben Tagebuchaufzeichnungen *Zur Zeit von Winston Churchill* existieren Vorarbeiten und eine maschinenschriftliche Fassung zu *Ein Zeitalter wird besichtigt*, hinzu kommen Aufsätze, Essays und einige autobiographische Texte. Nicht zu vergessen sind die zahlreich überlieferten Arbeiten zum Fragment *Die traurige Ge-*

---

[97] Heinrich Mann an Maximilian Brantl (31.10.1947), in: SAdK, HMA SB 41/331. – Druck: *Mitteilungen der Deutschen Akademie der Künste zu Berlin*, Jg. 1, Nr. 2 (März/April 1963), S. 11.

[98] Vgl. Thomas Mann an Rowohlt Verlag (4.9.1951), in: SAdK, HMA SB 193.

[99] Vgl. Felix Guggenheim an Aufbau-Verlag/Walter Janka (29.5.1954), in: SAdK, HMA SB 193.

[100] Vgl. Theo Piana, Kurzbericht über das Heinrich Mann-Archiv (27.2.1958), in: SAdK, AdK-O, ZAA 330.

schichte von Friedrich dem Großen. Einen wesentlichen Bestandteil bildet auch hier die Korrespondenz. Persönliche Dokumente und Fotos runden den Teilbestand ab.

Zum Archiv

Die Befürchtungen Heinrich Manns, seine Manuskripte lägen im Regen, waren durchaus begründet. Durch glückliche Umstände und couragiertes Handeln von Familienangehörigen und Freunden konnte jedoch das Schlimmste verhindert werden. Gemessen an den oft schwierigen Lebensumständen des Dichters ist die Überlieferung des Nachlasses erstaunlich dicht. Auf vorhandene Bestandslücken wurde bereits verwiesen. Hinzuzufügen ist, daß aus der Überlieferung des Münchener Teilnachlasses – seine Geschichte wurde oben ausführlich beschrieben – ein wesentlicher Teil fehlt. Offensichtlich blieben Unterlagen, deren Schicksal in Zukunft noch genauer zu verfolgen sein wird, in Prag zurück. Diese Unterlagen, vorwiegend an Heinrich Mann gerichtete Briefe sowie einige dramatische und publizistische Manuskripte, wurden später dem dortigen Literaturarchiv des Museums der tschechischen Literatur übergeben. Im Zusammenhang mit Recherchen zu diesem Bericht konnten sie nachgewiesen werden.[101]

---

[101] Die Materialien des Bestandes Heinrich Mann (15 Archivkästen) umfassen im wesentlichen den Zeitraum von 1899 bis 1928. Zum größten Teil sind an Heinrich Mann gerichtete Briefe vorhanden, vor allem von Familienangehörigen, Freunden, Schriftstellern, Schauspielern, Redakteuren, Verlegern und Theaterleitern. Zu den Korrespondenzpartnern zählen u.a. Henri Barbusse, Félix Bertaux, Maximilian Brantl, Tilla Durieux, Ludwig Ewers, Maximilian Harden, Erhard von Hartungen, Wilhelm Herzog, Kurt Hiller, Edith Elisabeth Kann, Karl Lemke, Erika Mann, Julia Mann (Mutter), Leonie Mann, Maria Mann, Thomas Mann, Viktor Mann, Erich Mühsam, Max Oppenheimer, Franz Pfemfert, Carl Rössler, Ida Roland, René Schickele, Elisabeth Steinrück, Kurt Stieler. Erwähnenswert sind Verlagsbriefe, u.a. vom Albert Langen Verlag, Drei Masken Verlag, Erich Reiss Verlag, Georg Müller Verlag, Kurt Wolff Verlag, Paul Zsolnay Verlag und Verlag Die Schmiede.
Im Bestand finden sich einige Manuskripte von Dramen (*Eine Schauspielerin, Madame Legros*) sowie Entwürfe zu publizistischen Texten. Dabei handelt es sich hauptsächlich um Stellungnahmen zu bestimmten Themen oder Antworten auf Umfragen, die Heinrich Mann auf den Rückseiten der entsprechenden schriftlichen Anfragen notierte. Hinzu kommen Materialien aus Heinrich Manns Mitgliedschaft in der Preußischen Akademie der Künste, einige persönliche Unterlagen und Fotos. Eine bibliographische Kartei eines Teils der Münchener Bibliothek sowie fremde Manuskripte von Henri Barbusse und Paul Zech ergänzen die Überlieferung.
(Für die mir ermöglichte Einsicht in den Bestand Heinrich Mann danke ich Frau Dr. Naděžda Macurová, Direktorin des Literaturarchivs des Museums der tschechischen Literatur.)

Noch kurz vor seinem Tode übergab Heinrich Mann an Lion Feuchtwanger Romanmanuskripte, Aufsätze und Briefe aus den vierziger Jahren.[102] Nur wenige dieser Manuskripte übersandte Feuchtwanger nach wiederholten Bitten des damaligen Archivleiters Kantorowicz nach Berlin. Die in Kalifornien verbliebenen Materialien sind als Bestand Heinrich Mann im Lion-Feuchtwanger-Archiv zugänglich. Das Manuskript zu den *Henri Quatre*-Romanen hatte Heinrich Mann Lion Feuchtwanger schon früher geschenkt.[103] Zeichnungen, die in den letzten Lebensjahren entstanden waren, überließ er Marta Feuchtwanger.[104]

Im Nachlaß fehlen einige Originalmanuskripte und Briefe, die die Erben Heinrich Manns vorerst behielten und später zum Kauf anboten. Sowohl die Akademie der Künste als auch das Deutsche Literaturarchiv in Marbach gelangten so in den Besitz bedeutender Handschriften; Marbach erwarb u.a. das erwähnte Originalmanuskript der Tagebuchaufzeichnungen *Zur Zeit von Winston Churchill.*

Schon in den fünfziger Jahren begann die Ordnung und Verzeichnung des Nachlasses, die 1963 mit dem von Rosemarie Eggert vorgelegten vierteiligen Findbuch ihren Abschluß fand.[105] Auf einer soliden

---

[102] Alfred Kantorowicz erfuhr aus einem Brief von Lion Feuchtwanger (7.8.1950): »Eines noch, das Sie interessieren wird. Ich habe von Heinrich Mann kurz vor seinem Tode seine Manuskripte zur Durchsicht erhalten, es sind vier große Kisten. Es befindet sich darunter ein unveröffentlichter halber Roman; leider haben wir vorläufig nur die letzte Hälfte entdecken können. Es besteht aber die Möglichkeit, daß sich unter dem noch nicht Überprüften die erste Hälfte findet. Sonst ist da ein Teil eines dramatischen Romans, der Friedrich den Großen zum Gegenstand hat; dieses Manuskript dürfte sich aber aus vielen Gründen vorläufig nicht zur Veröffentlichung eignen. Wohl aber sind vorhanden die Manuskripte beinahe aller Aufsätze und Reden, die Heinrich Mann im Exil geschrieben und gehalten hat, und daraus ließe sich vermutlich ein ansehnlicher Band zusammenstellen.« Zitiert nach: Lion Feuchtwanger, *Briefwechsel mit Freunden 1933–1958*, Band II, hg. von Harold von Hofe und Sigrid Washburn, Berlin/Weimar 1991, S. 244f.
Zum Briefwechsel Alfred Kantorowicz' mit Lion Feuchtwanger vgl. auch Volker Skierka, *Der »erotische Demokrat«. Heinrich Manns unbekannte Zeichnungen von Liebschaften und Greuelmärchen*, in: *Liebschaften und Greuelmärchen. Die unbekannten Zeichnungen von Heinrich Mann*, hg. von Volker Skierka. Mit Beiträgen von Hans Wißkirchen und Marje Schuetze-Coburn, Göttingen 2001, S. 7–18.

[103] Vgl. Sigrid Anger, *Heinrich Manns literarisches Erbe in der Deutschen Akademie der Künste*, Redemanuskript [Berlin 1971], im Besitz der Verfasserin.

[104] Vgl. Skierka, *Der »erotische Demokrat«* (s. Anm. 102), S. 11.

[105] Rosemarie Eggert, *Vorläufiges Findbuch der Werkmanuskripte von Heinrich Mann*, Berlin 1963 (= *Schriftenreihe der Literatur-Archive*, hg. von der Deutschen Akademie der Künste zu Berlin, Heft 11).

archivwissenschaftlichen Grundlage weist es detailliert jedes einzelne Schriftstück sowie inhaltliche und formale Zusammenhänge nach und vermerkt jeweils die Herkunft der Archivalien aus den verschiedenen Teilnachlässen. Mittlerweile steht das Findbuch auch als Computerdatei für die Benutzung zur Verfügung. Im Zusammenhang mit der computergestützten Erfassung der Archivalien konnten verschiedene Angaben präzisiert werden. Sie beruhen auf neuen Forschungsergebnissen und der Bibliographie von Brigitte Nestler.[106]

Neben dem Nachlaß, der etwa 22 000 Blatt in 49 Archivkästen umfaßt, wurde während der letzten 50 Jahre ein großer Fundus an Manuskripten, Briefen, biographischen und familiengeschichtlichen Dokumenten zusammengetragen. Der Umfang dieser Sammlung entspricht inzwischen fast dem des Nachlasses (44 Kästen). Einen wesentlichen Schwerpunkt bildet die Korrespondenz. Sie umfaßt neben den eingangs erwähnten Thomas Mann-Briefen vor allem von Heinrich Mann verfaßte Briefe. Darunter sind u.a. die aus den Veröffentlichungen bereits bekannten Briefe an Maximilian Brantl,[107] an den Jugendfreund Ludwig Ewers[108] und an Karl Lemke.[109] Zu den Neuerwerbungen aus den letzten Jahren gehören die Briefe von Heinrich Mann an seine Geliebte Edith Kann von 1911 bis 1913. Daß diese Briefe nach über 80 Jahren plötzlich auftauchten, war für uns Archivare eine kleine Sensation. Sie haben, wie viele andere Dokumente aus der Sammlung, ihre eigene Geschichte.

Quellennachweis der Abbildungen:

Stiftung Archiv der Akademie der Künste, Berlin, Archiv der Akademie der Künste der DDR, Zentrales Akademie Archiv.

---

[106] Brigitte Nestler, *Heinrich Mann-Bibliographie*, Band I: *Das Werk*, Morsum/Sylt 2000.

[107] Ulrich Dietzel, *Heinrich Manns Briefe an Maximilian Brantl*, in: *Weimarer Beiträge*, Jg. 14, Heft 2 (1968), S. 393–422.

[108] Heinrich Mann, *Briefe an Ludwig Ewers. 1889–1913*, hg. von Ulrich Dietzel und Rosemarie Eggert, Berlin/Weimar 1980.

[109] Heinrich Mann, *Briefe an Karl Lemke. 1917–1949*, hg. von der Deutschen Akademie der Künste zu Berlin, Berlin 1963.

WOLFGANG KLEIN

Heinrich Mann, *Das essayistische und publizistische Werk*

Die Deutsche Forschungsgemeinschaft hat im April 2002 den Antrag bewilligt, eine vollständige kritische Ausgabe der von 1889 bis 1950 entstandenen Essays und publizistischen Texte Heinrich Manns in neun Bänden zu fördern, die im Verlag S. Fischer, Frankfurt am Main, veröffentlicht werden soll – die (nicht unwichtigen) Konkreta des letzteren sind in der Diskussion. Heinrich Manns Essayistik und Publizistik umfaßt über tausend Texte und ist auch nach Qualität und Wirkungsintention ein zentraler Teil seines Werks. Die Edition wird, so vollständig wie möglich, die zu Lebzeiten Heinrich Manns veröffentlichten Texte in Gestalt und Reihenfolge der Erstpublikationen wiedergeben (fremdsprachige mit einer deutschen Übersetzung) und zudem Textgeschichten, Varianten, Sachanmerkungen und Register enthalten.

An dieser Ausgabe wurde bereits von 1979 bis 1990 an der Akademie der Künste der DDR im Rahmen der von Sigrid Anger betreuten *Gesammelten Werke* Heinrich Manns gearbeitet, die im Aufbau-Verlag Berlin/Weimar erschienen. Fünf Bände liegen in Manuskriptfassungen vor, für die anderen existieren Materialsammlungen in unterschiedlichen Stadien. Um diesen Torso vollenden und veröffentlichen zu können, hat im Mai 2002 eine Arbeitsstelle an der Universität Osnabrück ihre Arbeit aufgenommen, die – im Kontakt mit der Archivarin Heinrich Manns an der Akademie der Künste Christina Möller und seiner Bibliographin Brigitte Nestler – den Bandbearbeitern Manfred Hahn, Wolfgang Klein, Volker Riedel, Barbara Voigt und Ursel Wolff die erforderliche Basis für ihre Tätigkeit schaffen soll. Sigrid Anger und Werner Herden, die an der Ausgabe bis 1990 mitgearbeitet haben, stehen ihr weiterhin beratend zur Seite. Geleitet wird die Arbeitsstelle von Anne Flierl; mehrere studentische Hilfskräfte unterstützen sie. Die editorischen Arbeiten sollen in fünf Jahren abgeschlossen sein.

Die Beteiligten bürden sich die Ausgabe nicht zuvorderst als Reminiszenz an Fragmente aus einer fernen Zeit auf. Die Ausgabe soll

Heinrich Mann in seiner Bedeutung als kulturhistorischer und politischer Autor im vollen Umfang – was auch heißt: in der Entwicklung seiner Auffassungen – erkennbar machen. Sie beabsichtigt damit, der Forschung zu Heinrich Mann und zur deutschen Literatur des 20. Jahrhunderts zuverlässige Grundlagen in einem bisher nicht ausreichend erhellten Bereich zu schaffen sowie darüber hinaus zu einer differenzierteren Einordnung von Intellektuellen des Mannschen Typus' in der Forschung und in den öffentlichen Debatten über die Geschichte der Intellektuellen im 20. Jahrhundert beizutragen.

Dem Projekt liegen die folgenden Beobachtungen zum Stand des Wissens über Heinrich Mann zugrunde.

Von den 148 seit 1995 entstandenen bzw. nachgetragenen Arbeiten, die in der bei Antragstellung letzten zugänglichen Bibliographie im *Heinrich Mann-Jahrbuch* angezeigt wurden, beschäftigten sich nicht einmal zehn im Schwerpunkt mit dem essayistischen und publizistischen Werk.[1] In den vier Jahrbüchern von 1996 bis 1999 widmete sich kein Beitrag im Zentrum diesem Teil des Gesamtwerks. Das *Forum der Heinrich Mann-Forschung*, das vor allem über Dissertations- und Editionsprojekte berichtet, erwähnte in denselben vier Bänden ein einziges Vorhaben, in dem Heinrich Manns Romane und Essays gleichermaßen (zur Erhellung seines Demokratiebegriffs) herangezogen werden sollen: Karin Gunnemann erarbeitete es in den USA und in englisch.[2] Brigitte Nestlers entstehende Bibliographie der Sekundärliteratur zu Heinrich Mann bestätigt diese Befunde: Sie weist für die letzten zehn Jahre eine quantitativ konstant bleibende Beschäftigung mit dem literarischen und eine deutlich zurückgehende, in mehreren Jahren keine einzige Veröffentlichung

---

[1] Vgl. *Heinrich Mann-Jahrbuch* 16/1998, S. 181–205. Auch die letzte Bibliographie im *Heinrich Mann-Jahrbuch* 18/2000, S. 297–314, verändert das Bild nicht grundlegend, trotz der darin angezeigten so verschiedenen wie wichtigen Arbeiten von Markus Joch, *Bruderkämpfe. Zum Streit um den intellektuellen Habitus in den Fällen Heinrich Heine, Heinrich Mann und Hans Magnus Enzensberger*, Heidelberg 2000 (= *Probleme der Dichtung. Studien zur deutschen Literaturgeschichte*, Band 29), und Rolf Thiede, *Stereotypen vom Juden. Die frühen Schriften von Heinrich und Thomas Mann. Zum antisemitischen Diskurs der Moderne und dem Versuch seiner Überwindung*, Berlin 1998 (= *Dokumente – Texte – Materialien*, Band 23).

[2] Vgl. Ariane Martin, *Jahresbericht 1999*, in: *Heinrich Mann-Jahrbuch* 17/1999, S. 233–236, hier S. 234. Die Arbeit liegt inzwischen abgeschlossen vor: Karin Verena Gunnemann, *Heinrich Mann's novels and essays. The artist as political educator*, Rochester, NY, 2002 (= *Studies in German literature, linguistics and culture*).

hervorbringende Arbeit zum publizistischen und essayistischen Werk aus. Insbesondere die Literatur-Essays werden in Deutschland fast nicht mehr wahrgenommen (wenigstens ist *Geist und Tat* jetzt von Chantal Simonin den Franzosen nahegebracht worden – soweit jedenfalls ein kleiner Universitätsverlag in der Provinz das vermag).[3] Der kulturellen Öffentlichkeit in Deutschland wurde der Autor im Jahr seines 50. Todestages mit seinem Erstlingsroman *In einer Familie* präsentiert (mit durchaus beachtlichen Verkaufs- und Rezensionserfolgen);[4] das Vorhaben, aus diesem Anlaß das große Erinnerungsbuch *Ein Zeitalter wird besichtigt* neu zu veröffentlichen, von dem der zuständige Lektor noch 1997 berichtete, hatte der S. Fischer Verlag aufgegeben. Die zum Jubiläum erschienene Biographie von Stefan Ringel nahm die Texte, und hier zumeist die Kunstprosa, als Lebenszeugnisse.[5] Zwar ist an größeren Abhandlungen zu verweisen auf Reinhard Alters Versuch, die Wechselbeziehungen zwischen literarischem Text und historischer Wirklichkeit in seiner Studie über den *Untertan* auch durch den Rückgriff auf die Publizistik Heinrich Manns zu klären,[6] auf Rolf Thiedes Arbeit zum antisemitischen Diskurs in frühen literarischen und publizistischen Texten Heinrich Manns[7] und auf Madhu Sahnis Überblicksdarstellung zum Geschichtsverständnis in Heinrich Manns Essayistik;[8] Alters Arbeit entstand allerdings in Perth/Australien, Thiedes in den USA, Sahnis in Neu Delhi/Indien. So steht die Veröffentlichung der dem *Zeital-*

[3]   Heinrich Mann, *L'écrivain dans son temps. Essais sur la littérature française (1780–1930)*, Essais traduits de l'allemand et présentés par Chantal Simonin, Villeneuve d'Ascq: Presses Universitaires du Septentrion 2002.

[4]   Heinrich Mann, *In einer Familie.* Mit einem Nachwort von Klaus Schröter, Frankfurt am Main 2000 (= Heinrich Mann, *Gesammelte Werke in Einzelbänden,* hg. von Peter-Paul Schneider).

[5]   Stefan Ringel, *Heinrich Mann. Ein Leben wird besichtigt,* Darmstadt 2000; vgl. die Rezension von Claudia Albert in: *Zeitschrift für Germanistik. Neue Folge,* Jg. XI, Heft 2 (2001), S. 471–473.

[6]   Reinhard Alter, *Die bereinigte Moderne. Heinrich Manns* UNTERTAN *und politische Publizistik in der Kontinuität der deutschen Geschichte zwischen Kaiserreich und Drittem Reich,* Tübingen 1995 (= *Studien und Texte zur Sozialgeschichte der Literatur,* Band 49).

[7]   Thiede, *Stereotypen vom Juden* (s. Anm. 1).

[8]   Madhu Sahni, *Zum Geschichtsverständnis Heinrich Manns in seiner essayistischen Arbeit 1905–1950,* Frankfurt am Main u.a. 2000 (= *Europäische Hochschulschriften,* Reihe 1: *Deutsche Sprache und Literatur,* Band 1758); vgl. die Rezension von Claudia Albert in: *Zeitschrift für Germanistik. Neue Folge,* Jg. XI, Heft 2 (2001), S. 473.

ter-Buch gewidmeten Jahrestagung 2000 der Heinrich Mann-Gesellschaft im *Heinrich Mann-Jahrbuch* 18/2000 eher erratisch – oder, optimistischer formuliert, noch vereinzelt – in der deutschen Forschungslandschaft. Als repräsentativ für den gegenwärtigen Stand des Forschens – und darüber hinaus des Wissens – über Heinrich Mann in Deutschland kann vorerst die Verteilung der Themen auf der Heinrich Mann-Tagung gesehen werden, die Helmut Scheuer, Michael Grisko und Ariane Martin im November 2000 in Kassel veranstaltet haben: Ein Beitrag galt einem der großen Personalessays Heinrich Manns (nicht mehr, wie gesagt, den früher viel beachteten über Figuren der französischen Literaturgeschichte, sondern dem letzten über Nietzsche);[9] zwei Beiträge gingen auf die Publizistik zu Europa und Frankreich um 1920 ein;[10] die übrigen – und das waren zumeist die der jungen Forscher, deren Dissertationen demnächst den Forschungsstand bestimmen werden – wandten sich Heinrich Mann, entschieden mit aufwertender Tendenz, als Romanautor in literatur-, ästhetik- und philosophiegeschichtlichen Zusammenhängen zu: Romanfiguren, Faktizität des Fiktionalen, poetologische Selbstreflexion, Motive, Bilder, Schauspieler, Maskenspiele, Filme, Simmel, Schopenhauer und Kant bildeten die Gegenstände.[11]

---

[9] Vgl. Renate Werner, *Nietzsche revisited. Zu Heinrich Manns Nietzsche-Essay von 1939*, in: *Heinrich Mann-Jahrbuch* 19/2001, S. 141–158.

[10] Vgl. den Beitrag von Elke Segelcke *Kant revisited: Zur Wirkung der Aufklärung auf Heinrich Manns frühen Europadiskurs im Kontext aktueller Eurovisionen* im vorliegenden *Heinrich Mann-Jahrbuch*, S. 49–62; Wolfgang Klein, *Hartgekochte Eier und subalterne Skribenten. Heinrich Mann, Félix Bertaux, André Gide, Ernst Robert Curtius und die deutsch-französische Verständigung in den zwanziger Jahren*, in: *Lendemains*, Heft 101/102 (2001), S. 167–186.

[11] Neben den inzwischen veröffentlichten Texten von Jürgen Viering (*Nicht »Held«, sondern »Heldendarsteller«. Zum Schauspieler-Motiv in Heinrich Manns Henri Quatre-Roman*, in: *Heinrich Mann-Jahrbuch* 19/2001, S. 29–50), Meike Mattick (*Narrentum und Maskenspiel – karnevaleske Motive in Heinrich Manns Empfang bei der Welt*, in: *Heinrich Mann-Jahrbuch* 19/2001, S. 51–61) und Sandra Hirsch (*Bildwelten eines Königs – Zur Verwendung und Funktion der Bildquellen in den Henri-Quatre-Romanen Heinrich Manns*, in: *Exil. Forschung – Erkenntnisse – Ergebnisse*, hg. von Edita Koch und Frithjof Trapp, Jg. 22, Heft 1 [2002], S. 92–98) Beiträge u.a. von Friederike Fezer, Klaus Görzel, Michael Grisko, Markus Joch, Andrea Kaiser, Anja Prüfer und Michael Zweigart. Auch Ute Welschers Dissertation, die sie auf der Tagung vorgestellt hat, ist inzwischen erschienen: *Sprechen – Spielen – Erinnern. Formen poetologischer Selbstreflexion im Spätwerk Heinrich Manns*, Bonn 2002 (= *Studien zur Literatur der Moderne*, Band 28). Vgl. Kaja Papke, *Tagungsbericht: Heinrich Mann-Tagung in Kassel vom 10. bis 12. November 2000*, in: *Heinrich Mann-Jahrbuch* 19/2001, S. 281–285, und Claudia Albert, *Heinrich Mann (Tagung v. 10.–12.11.2000 an der Universität/GH Kassel)*, in: *Zeitschrift für Germanistik*, Neue Folge XI, Heft 3 (2001), S. 630–633.

Die Richtung der Forschungen zu Heinrich Mann hat sich damit gegenüber der (bis zumindest in die neunziger Jahre des 20. Jahrhunderts hineinwirkenden) Zeit der deutschen Spaltung beachtlich ver-
schoben. Während, vor allem im Feuilleton, die alten politischen
Fronten und (Ab-)Wertungen noch rezitiert werden, wird der Autor
von der literaturhistorischen Forschung inzwischen so behandelt
wie andere wichtige deutsche Autoren des 20. Jahrhunderts auch.
Über ihn zu arbeiten fordert kein akademisches oder gar politisches
Bekenntnis mehr. Die Leidenschaften haben sich beruhigt, die Kritik
ist sachlich geworden. »[I]n den letzten Jahren« zeichne sich die Tendenz ab, formuliert Peter Stein in seinem neuen Heinrich Mann-
Buch treffend, »den Schriftsteller Heinrich Mann mit methodisch und
inhaltlich neuen Fragestellungen zu untersuchen, wie sie zur Erforschung anderer Autoren der Literarischen Moderne praktiziert worden sind.«[12] Scharfsinnige Analysen richten sich auf den Kunstcha-
rakter[13] und die damit verbundene Kulturhaltigkeit der Texte. Unter
denen finden – wie bei dieser ästhetischen Orientierung folgerichtig
– das Früh- und das Spätwerk das besondere Interesse der Forschung; und die *Henri Quatre*-Romane werden (von Ekkehard
Blattmann[14] bis zu einem Schwerpunkt auf der genannten Kasseler
Tagung) jetzt auf ihre Ästhetik statt auf ihren Volksfront-Gehalt hin
analysiert.

In vielen Hinsichten ist diese Veränderung befriedigend, da berei-
chernd. Eine neue Einseitigkeit allerdings deutet sich ebenfalls an:
Mit dem Ende der vorrangig politischen und kulturkritischen Lektüre der Mannschen Kunstprosa droht die Tatsache in Vergessenheit
zu geraten, daß Heinrich Mann nicht nur ein Ästhet von hohen Gra-
den, sondern zugleich ein politischer und kulturkritischer Autor von
beachtenswertem Gewicht war und damit nicht nur zur Literatur-,

---

[12] Peter Stein, *Heinrich Mann*, Stuttgart/Weimar 2002 (= *Sammlung Metzler*, Band
340), S. X.

[13] Vgl. Heinrich Detering, *Kein Zeitalter wird besichtigt. Zur Dissoziation von Geschichtswahrnehmung und Textgeschehen in Heinrich Manns Erinnerungen*, in:
Heinrich Mann-Jahrbuch 18/2000, S. 263–278 [sowie unter dem Titel *Candide, wie er
seinen letzten Garten bestellt. Kein Zeitalter wird besichtigt: Heinrich Manns Jahrhundert-Buch ist ein Epos der Posthistorie und der geschichtslosen Kämpfe des Geistes*
in: *Frankfurter Allgemeine Zeitung*, Nr. 75 (29.3.2001), S. 58]; Bilanz und Folgerung
so schon bei Helmut Koopmann, *Expeditionen in unbekannte Sprachlandschaften:
Heinrich Manns literarisches Werk*, in: *Heinrich Mann-Jahrbuch* 14/1996, S. 9–41.

[14] Ekkehard Blattmann, *Heinrich Mann – die Bildvorlagen zum Henri-Quatre-Ro-
man*, Frankfurt am Main 1997.

sondern zudem zur Politik- und zur Intellektuellengeschichte des 20. Jahrhunderts gehört. Es ist angemessen, die Romaninterpretation den letzteren Aspekten nicht mehr so weit zu unterwerfen wie früher, und die Aufwertung des Romanciers ist auch angesichts der weiter umlaufenden Urteile über den »schlechten Schriftsteller« am Platze. Aber zum einen wird, um Detering aufzugreifen, bis in die literarischen Texte hinein nicht nur immer wieder »kein«, sondern doch auch ständig »ein Zeitalter besichtigt« (nicht zufällig bleibt der *Untertan* ein wichtiger Gegenstand der Forschung wie der Schullektüre und folglich ein erfreulicher Fall für die Buchhaltung des S. Fischer Verlags). Und zum zweiten würde das Heinrich Mann-Bild erneut einseitig, fänden jene anderen Textsorten, in denen er sich als Publizist und Essayist äußerte, auf Dauer nicht die gebührende Beachtung. Heinrich Manns Romane sind mehr und anderes als zeithistorische und kulturkritische Dokumente; und die Aufwertung des Autors durch versachlichende Literarisierung hat beachtliche Ergebnisse erbracht. Aber Heinrich Mann hat daneben die Texte geschrieben, die die hier zur Rede stehende Ausgabe bilden werden, und deren Quantität und Qualität kann gleiche Beachtung wie die Kunstprosa beanspruchen. Stein hat den Gefahren der Vereinseitigungen in seiner eben zitierten Darstellung widerstanden. Essayistik und Publizistik sind in ihrer Gesamtheit jedoch noch nicht detailliert neu untersucht worden; hier gelten die alten Urteile vorerst fast unbefragt weiter. Der neuen Prüfung des Prosa-Autors Heinrich Mann muß die des Publizisten und Essayisten folgen.

Daß sie aussteht, ist in Wissenschaften, die mit Texten arbeiten, nur zum Teil theoretischen und methodischen Vorentscheidungen (oder in diesem besonderen Fall Fortwirkungen der alten Forschungs- und Ideologiekonfrontation) unterworfen. Es erfordert zunächst schlicht die Möglichkeit des ausreichend bequemen Zugangs zu einer umfassenderen Quellenbasis als jener, auf der die bisherigen Urteile beruhen. Innovative Forschungen zur Publizistik und Essayistik Heinrich Manns sind zur Zeit wesentlich dadurch behindert, daß die entsprechenden Texte nur zu kleineren Teilen, häufig an entlegenen Orten und fast ausnahmslos nicht in kritischen Ausgaben zur Verfügung stehen.

Kein Teil des Mannschen Werks – neben den Briefen, auf die an dieser Stelle aber als zweite sehr fragmentarisch zugängliche Quellengruppe nur verwiesen werden kann – ist so unzureichend ediert, ja bekannt wie dieser: Brigitte Nestlers Bibliographie der Werke[15] verzeichnete in dieser Werkgruppe knapp ein Drittel zuvor bibliographisch überhaupt nicht erfaßter Titel. Zur Hälfte sind die Texte nach oft entlegenen Erstdrucken nirgendwo nochmals veröffentlicht worden (weshalb z.b. die Bände 1 und 9 der Ausgabe fast ausschließlich solche Erstdrucke enthalten werden); viele der bekannteren Texte wurden andererseits vom Autor für spätere Ausgaben bearbeitet, bisweilen mehrmals. Die Veröffentlichungen in französischer Sprache (vor allem während des Exils) sind selbst in der Germanistik häufig kaum, in der deutschen Öffentlichkeit höchstens als Fakt, nicht als Text bekannt. Noch wo im Einzelfall eine gesonderte Veröffentlichung einen Heinrich Mann-Text gründlich kommentierte und zur Bestimmung der Textgrundlage Drucke und Handschriften verglichen waren, verwies die Herausgeberin für den textkritischen Apparat auf eine »künftige[...] historisch-kritische[...] Heinrich-Mann-Ausgabe«.[16] Auf dem Buchmarkt sind gegenwärtig – vollständig, aber ausschließlich – die von Heinrich Mann selbst erstellten Auswahlbände verfügbar, die im Rahmen der *Studienausgabe in Einzelbänden* von Peter-Paul Schneider im Fischer Taschenbuch Verlag neu veröffentlicht und mit wichtigen entstehungs- und wirkungsgeschichtlichen Materialien ergänzt wurden, die Texte aber häufig von den Fassungen und generell von den Zusammenhängen der Erstdrucke lösten: *Macht und Mensch* (1919), *Sieben Jahre* (1929; mit den Texten aus *Diktatur der Vernunft*, 1923), *Geist und Tat* (1931), *Das öffentliche Leben* (1932), *Der Haß* (1933; nicht jedoch das französische Original), *Es kommt der Tag* (1936) und *Mut* (1939). Größere Bibliotheken bieten darüber hinaus die innerhalb der *Ausgewählten Werke in Einzelausgaben* im Berliner Aufbau-Ver-

---

[15]   Brigitte Nestler, *Heinrich Mann-Bibliographie*, Band 1: *Das Werk*, Morsum/Sylt 2000. Die Bibliographie enthält auch die Informationen, die von den Bandherausgebern seit den achtziger Jahren gesammelt worden sind, und ergänzt sie durch weitere Funde; ihr Fundus muß aber seinerseits durch nochmalige Recherchen (besonders für die Endjahre der Weimarer Republik, für die kein Nachlaß zur Verfügung steht) erweitert werden. Den Umfang der hier zu leistenden Arbeit deuten bisher vier Aufstellungen *Addenda zur Heinrich Mann-Bibliographie* an, die mir Gregor Ackermann, Aachen, übermittelt hat. Sie enthalten knapp zweihundert zusätzliche Drucknachweise (zumeist, aber nicht nur Nachdrucke) aus den Jahren 1916–1948 und Orten zwischen Mährisch-Ostrau und Milwaukee.

[16]   Renate Werner, *Heinrich Mann. Eine Freundschaft. Gustave Flaubert und George Sand. Text, Materialien, Kommentar*, München/Wien 1976 (= *Reihe Hanser. Literatur-Kommentare*, Band 4), S. 43.

lag erschienene dreibändige Auswahl *Essays* von Alfred Kantorowicz (/Heinz Kamnitzer) aus den Jahren 1954 bis 1962, die politisch
wie philologisch die Grenzen der Zeit widerspiegelt, und Werner
Herdens einbändige *Verteidigung der Kultur*,[17] die erstmals Tarn-
schriften von Heinrich Mann brachte, aber in Problemzuschnitt,
Zeitausschnitt und Umfang keinen Anspruch auf Repräsentativität
erheben konnte.[18] Fazit: »Die Geschichte des Essayisten Heinrich
Mann [ist] 50 Jahre nach seinem Tod noch immer zu entdecken.
Doch hat dieser Unbekannte eine denkbar öffentliche Existenz geführt.«[19]

In Verbindung mit der eingangs konstatierten neuerdings literatur-
adäquateren Wertung des Romanciers formuliert: Während in der
Kenntnis und Einschätzung des literarischen Werks ein umfassende-
rer Blick erobert wird, existieren in bezug auf das publizistische die
alten Urteile und mit ihnen die Anklage-, Bekenntnis- und Entschul-
digungszwänge in zu hohem Maße fort. So werden die Stalin-Sätze
so verdammt wie aus »psychische[r] Verwundung« erklärt,[20] der frühe
Antisemitismus herausgehoben[21] oder Heinrich Manns Hitler-Analy-
se über die von Thomas gestellt.[22] Dies alles sei vorerst unbezwei-
felt. Nur wird Heinrich Mann so zu einer im Grunde einfältigen Figur, die »Halt« in »wechselnden Lehren« und schließlich bei Stalin suchen mußte – ohne eigenes Zentrum und folglich »[n]ichts, beinahe
nichts« produzierend, »das fortdauernd von Belang sein könnte«.[23]
Vielleicht wechseln ja nicht einfach die Lehren, sondern begreifen

[17]   Heinrich Mann, *Verteidigung der Kultur. Antifaschistische Streitschriften und Essays*, hg. von Werner Herden, Berlin/Weimar 1971.

[18]   Zur Editionslage generell vgl. Volker Riedel, *Ein Autor zwischen Herausgebern
und Verlegern – Probleme der Heinrich-Mann-Edition*, in: *Berliner Hefte zur Geschichte des literarischen Lebens*, Nr. 3 (2000), S. 174–179; Frithjof Trapp, *Zum 50.
Todestag Heinrich Manns*, in: *Exil. Forschung – Erkenntnisse – Ergebnisse*, hg. von
Edita Koch und Frithjof Trapp, Jg. 19, Heft 2 (1999), S. 5–17.

[19]   Wilfried F. Schoeller, *Der berühmte Vergessene*, in: *Der Tagesspiegel* (12.3.2000),
S. 28.

[20]   Hans-Jörg Knobloch, *Ein Zeitalter wird [nicht] besichtigt – Heinrich Manns Erinnerungen*, in: *Heinrich Mann-Jahrbuch* 18/2000, S. 133–147, hier S. 134.

[21]   Vgl. Thiede, *Stereotypen vom Juden* (s. Anm. 1).

[22]   Vgl. Koopmann, *Expeditionen in unbekannte Sprachlandschaften* (s. Anm. 13),
S. 33.

[23]   Thomas Rietzschel, *Ein verirrter Bürger. Heinrich Mann, biographisch und bibliographisch erschlossen*, in: *Frankfurter Allgemeine Zeitung*, Nr. 61 (13.3.2001), S. 50.

bloß die späteren Leser nicht mehr ihren Zusammenhang. Dem soll abgeholfen werden.

Daß das Bild Heinrich Manns von der gegenwärtigen Forschung folglich verzeichnet wird – die entdeckende Energie gerichtet auf den Prosa-Autor, die politischen Texte tendenziell vereinzelt und nicht insgesamt und neu gelesen, die kulturhistorischen Essays ganz ausgeblendet –, führt zunächst zu einer Lücke literaturhistorischer Art: dem Verbleiben von Desiderata in der Darstellung eines Autors. Die Ausgabe des unterbelichteten Werkteils ist hiernach im vergleichenden Bezug auf die editorische Situation bei anderen wichtigen deutschsprachigen Autoren des 20. Jahrhunderts zu situieren: Gegenüber z.B. Bertolt Brecht, Johannes R. Becher, Hugo von Hofmannsthal, Thomas Mann (selbst vor der beginnenden *Großen kommentierten Frankfurter Ausgabe*), Robert Musil, Arnold oder Stefan Zweig, demnächst Anna Seghers ist ein deutlicher Nachholbedarf festzustellen.

Zum zweiten weist die Biographie dieses Autors zumindest für die gut zwanzig Zwischenkriegsjahre das im Vergleich zu vielen seiner Kollegen besonders nachdrückliche Bemühen um öffentliche politische Wirksamkeit aus – zunächst für die Weimarer Republik und die Verständigung der Völker, dann für die deutsche Volksfront und im internationalen Rahmen containment statt appeasement gegen Hitler. In der politischen Geschichtsschreibung finden nichtliterarische Texte Heinrich Manns daher heute eher als in der Literaturgeschichte Beachtung. Sie hat aus ihnen für die erste Phase das Bild eines Vorkämpfers der deutsch-französischen und europäischen Verständigung gewonnen und in der zweiten Phase, ergänzt durch intensive Archivrecherchen (vor allem die Arbeiten von Ursula Langkau-Alex),[24] die in die Vereinsamung führenden unablässigen Bemühungen des Autors vor Augen geführt: eines, bisweilen der kämpferischen Illusion das Wort redenden, Mahners zur Einheit über die vom Stalinismus gerissenen Gräben hinweg. Daß aber Heinrich Manns geistiges und antiwirtschaftliches Verständigungskonzept der zwanziger Jahre dem politisch dominierenden zu sehr widersprach, um politische Realität mit zu bilden (Heinrich Mann also nicht Vor-

---

[24] Vgl. Ursula Langkau-Alex, *Zweimal Antifaschismus – zweierlei Antifaschismus? Front populaire und deutsche Volksfrontbewegung in Paris*, in: *Fluchtziel Paris. Die deutschsprachige Emigration 1933–1940*, hg. von Anne Saint Sauveur-Henn, Berlin 2002, S. 114–128.

kämpfer, sondern Außenseiter der Verständigung war), und daß hinter dem Bemühen um Sittlichkeit in der Volksfront und Festigkeit in der internationalen Politik nach 1933 ein vielfältig ausgebildeter Demokratie-Begriff stand, der wesentlich nicht politisch gegründet war, ist wiederum vollständig erst zu erfassen durch die Ganzheit der Texte – also durch das Lesen der politischen, der kulturgeschichtlichen und der ästhetisch formierten im Kontext der jeweils anderen.

Ein dritter und möglicherweise der wesentlichste Bereich, in dem das Fehlen einer umfassenden Textausgabe sich bemerkbar macht, ist abschließend zu benennen: die weitgehende Absenz Heinrich Manns in den intensiven, den fachwissenschaftlichen Rahmen weit überschreitenden Debatten um die Geschichte der Intellektuellen im 20. Jahrhundert.[25] Diese Feststellung gilt mit einer – wesentlichen – Einschränkung: Als »Zivilisationsliterat« ist Heinrich Mann, im Widerstreit mit seinem Bruder, in diesen Debatten eine fast schon legendäre Figur; den jeweiligen Texten, *Zola* bzw. den *Betrachtungen eines Unpolitischen*, wird exemplarischer Rang zuerkannt. Kaum über die bereits mehrfach angesprochenen ideologischen Parteinahmen hinaus jedoch sind die im Laufe eines jahrzehntelangen Engagements (nicht eines einzigen Textes) ausgeformten, in verschiedenen politischen Kontexten angewendeten, überdachten, modifizierten und dennoch zusammenhängenden Positionen des »Zivilisationsliteraten« zur Zeit präsent. Sie sollten anhand der Folge der entsprechenden Texte dieses Autors überprüfbar sein – diese sollten also zunächst bekannt werden. Heinrich Mann träte so kaum unfehlbar in Erscheinung; wenigstens haltlos aber sollten nur Ignoranten ihn dann noch nennen können.

Der die Fachwissenschaft übergreifende Antrieb zur Veröffentlichung des vollständigen essayistischen und publizistischen Werks Heinrich Manns kommt aus der Überzeugung, daß die in modischen Befunden negierte Reflexionsfähigkeit der Intellektuellen (was nicht heißt: der generelle Glanz ihres Urteils) nicht zu erweisen ist, ohne daß ihre Texte umfassend zur Kenntnis genommen werden können. Der Platz des Autors, des Politikers und schließlich des Intellektuellen Heinrich Mann in der Literatur-, der Politik- und

---

[25] Vgl. zur gegenwärtigen Struktur dieser Debatten Wolfgang Klein, *Darf es noch Intellektuelle geben?*, in: *Lendemains*, Heft 105/106 (2002), S. 179–197.

der Kulturgeschichte des 20. Jahrhunderts soll zu diesem Zweck genau bestimmbar werden – damit könnten diese Geschichten präziser faßbar sein, einzeln und in ihrer Verschränkung. Insofern ist das Projekt eines, das sich nicht nur durch den zu edierenden Text in der Tradition Heinrich Manns versteht: Die wissenschaftlich fundierte Ausgabe soll möglichst – wie der Autor, dessen Texte sie präsentieren wird, es versuchte – in der gegenwärtigen kulturellen Öffentlichkeit wirksam werden.

Hinweise werden dankbar entgegengenommen, Auskünfte wenn möglich erteilt durch:

Arbeitsstelle Heinrich Mann-Edition
Universität Osnabrück
Fachbereich Sprach- und Literaturwissenschaft
49069 Osnabrück
E-Mail: wklein@uos.de

Buchbesprechungen

Ina-Gabriele Dahlem, *Auflösen und Herstellen. Zur dialektischen Verfahrensweise der literarischen Décadence in Heinrich Manns* GÖTTINNEN-*Trilogie*, Frankfurt am Main u.a.: Peter Lang 2001, 260 S. (= *Studien zur Deutschen und Europäischen Literatur des 19. und 20. Jahrhunderts*, Band 44.) (Zugl. Diss. Universität Mainz 2000.)[1]

Gibt es eine spezifische Schreibweise der Décadence-Literatur? Diese Frage liegt – implizit – der Dissertation von Ina-Gabriele Dahlem, entstanden 2000 an der Universität Mainz, zu Grunde. Zur Beantwortung dieser Frage unterzieht sie Heinrich Manns Roman-Trilogie *Die Göttinnen* einer strukturalistischen Analyse. Dabei gelangt sie zu dem Ergebnis, dass für die Schreibweise der literarischen Décadence ein dialektisches Verfahren konstitutiv sei, das einerseits organische Textstrukturen auflöse, andererseits artifizielle Strukturen herstelle.

Dahlem begründet ihre Herangehensweise an die literarische Décadence mit dem unzureichenden Beschreibungspotential motivgeschichtlicher Betrachtungen. Solche Katalogisierungen von Motiven führten stets zu uneinheitlichen Zusammenstellungen, wie es exemplarisch bei Wolfdietrich Rasch zu beobachten sei, dem es nur unzulänglich gelinge, seine fünfzehn äußerst heterogenen Motive mit dem seiner Ansicht nach für die Décadence zentralen Motiv des Verfalls in Beziehung zu setzen, so Dahlem.[2] Eine motiv- und begriffsgeschichtliche Untersuchung unterlaufe selbst noch Bang-Soon Ahn in seiner 1996 erschienenen Arbeit *Dekadenz in der Dichtung des Fin de siècle*, obwohl er seinen eigenen Worten zufolge eine stilanalytische Untersuchung intendiert und zumindest teilweise auch realisiert habe.[3] In Abgrenzung zu dieser Tradition der Behandlung der literarischen Décadence unternimmt es Dahlem also, »Décadence als Verfahren zu betrachten, das sich in der Herstellung einer bestimmten Struktur manifestiert, die insofern als modern bezeichnet werden kann, als an die Stelle der repräsentierenden Zeichen eine

---

[1]   Die in Klammern angegebenen Seitenzahlen beziehen sich durchweg auf diese Ausgabe.

[2]   Vgl. Wolfdietrich Rasch, *Die literarische Décadence um 1900*, München 1986.

[3]   Vgl. Bang-Soon Ahn, *Dekadenz in der Dichtung des Fin de siècle*, Göttingen 1996.

autonome Zeichenordnung tritt.« (S. 11) Zur weiteren Erläuterung dieser These zieht Dahlem zeitgenössische Zeugnisse und neuere Studien zur Décadence heran. Unter den zeitgenössischen Zeugnissen erhält Nietzsches Essay *Der Fall Wagner* ein besonderes Gewicht. Aus Nietzsches Analyse der Verfahrensweise Wagners lassen sich ihrer Meinung nach die Verfahrensweisen der Décadence allgemein gewinnen. Dabei verfährt Dahlem wie öfter in diesem Zusammenhang, indem sie abwertende Aussagen wertneutral versteht, d.h. die angeblichen Mängel positiv als spezifische Merkmale der Décadence interpretiert. So moniere Nietzsche an Wagners Musik erstens die Dominanz des Ausdrucks gegenüber dem Inhalt, zweitens die bewusste Destruktion des organischen Ganzen sowie drittens die Bevorzugung der Wirkung gegenüber der inneren Logik. Diese Wirkung beschreibe Nietzsche als Versuch, eine bedeutungsschwangere Idee in den Köpfen der Hörer hervorzurufen. Bedeutungsschwanger kann man sie deshalb nennen, weil diese Idee stets dunkel bleibe, keinen wirklichen Gehalt habe. Im Vorrang der Wirkung gegenüber dem Gehalt sei die Décadence ganz die Kunstform eines überfeinerten Zeitalters der Nervosität.

Vergleichbar der besonderen Bedeutung, der Nietzsches Aufsatz von Dahlem unter den zeitgenössischen Zeugnissen eingeräumt wird, ist die Bedeutung, die sie unter den modernen Studien zur Décadence dem Buch von Moritz Baßler, Christoph Brecht, Dirk Niefanger und Gotthart Wunberg zukommen lässt.[4] Auf die darin beschriebenen Mechanismen der Auflösung rekurriert Dahlem immer wieder im Verlaufe ihrer Arbeit. Bevor sie sich jedoch, auf diese Weise gerüstet, der Roman-Trilogie *Die Göttinnen* zuwendet, zieht sie noch einen Essay Heinrich Manns heran, der ihrer Ansicht nach sein Bewusstsein für die Schreibweise der literarischen Décadence nachweist. Dabei handelt es sich um den am 1. Juli 1905 in der Zeitschrift *Die Zukunft* publizierten Aufsatz *Flaubert*, dem am 15. Juli 1905 in der gleichen Zeitschrift noch die Fortsetzung *George Sand und Flaubert* folgte.[5] Sie ist sich dabei durchaus bewusst, dass der Aufsatz ein Dokument des Übergangs von einer artistisch-ästhe-

---

[4]   Vgl. Moritz Baßler/Christoph Brecht/Dirk Niefanger/Gotthart Wunberg, *Historismus und literarische Moderne*, Tübingen 1996.

[5]   Heinrich Mann, *Flaubert*, in: *Die Zukunft*, Berlin, Jg. 13, Band 52, Nr. 40 (1.7.1905), S. 10–24; Heinrich Mann, *George Sand und Flaubert*, in: *Die Zukunft*, Berlin, Jg. 13, Band 52, Nr. 42 (15.7.1905), S. 96–108.

tizistischen zu einer sozial engagierten Kunst bei Heinrich Mann ist, doch interpretiert sie auch hier die nunmehr abgewerteten Merkmale der Kunst Flauberts im wertneutralen Sinne als Beschreibung dekadenter Verfahren. Dabei gelangt sie zu der Einsicht, dass auch Heinrich Mann jene Verfahrensweisen kannte, die Nietzsche an Wagner feststellte und die Autoren Baßler/Brecht/Niefanger/Wunberg für die Décadence insgesamt analysierten, woraus sie folgert, dass Heinrich Mann, als er noch unter dem Einfluss Flauberts stand – und dies sei zur Zeit der Entstehung von *Die Göttinnen* noch der Fall gewesen –, diese benutzt habe.

Nahe am Text, stets darum bemüht für die eigenen Thesen eine Vielzahl an Belegstellen anzuführen, untersucht Dahlem im Folgenden die Auflösung des organischen Zusammenhangs auf den Ebenen des Romanaufbaus, des Aufbaus einzelner Kapitel, der Erzählsequenzen, der Syntax und der Wortwahl, ehe sie sich anschließend der Destruktion der Ganzheitlichkeit durch multiperspektivisches Erzählen, Fokalisierungswechsel nach Genette und der besonderen Art und Weise der Figurengestaltung annimmt. Auf allen genannten Ebenen entdeckt sie Auflösungserscheinungen der organischen Struktur, so dass sie sich am Ende genötigt fühlt, den Begriff der Struktur fallen zu lassen und den Begriff der Textur einzuführen. Die vielfältigen Formen der Auflösung führen nach Dahlem zu einer Amplifikation, wenn nicht gar bereits zu einer Digression des Sinns, weshalb ihr der Begriff der Struktur, der doch stets die Sinneinheit eines Textes suggeriere, unangemessen erscheint. Sie bevorzugt deshalb den Begriff der Textur.

Unabhängig davon, eine Sinneinheit darzustellen, bilde der Text dennoch ein Ganzes. Verantwortlich hierfür sei eine Struktur zweiter Ordnung – ein Begriff, den Dahlem bei den schon genannten Autoren Baßler/Brecht/Niefanger/Wunberg entlehnt. Durch diese Struktur zweiter Ordnung vollziehe sich der Vorgang des Herstellens. Und zwar erzeuge diese Struktur durch das Mittel der Wiederholung ein ornamentales Artefakt. Zum Beleg untersucht Dahlem vor allem die Bereiche Natur- und Figurendarstellung, aber auch die sprachliche Gestaltung bis hinab zu Assonanzen und Alliterationen als Formen der Wiederholung. Sie glaubt dabei beobachten zu können, dass sich in den Fällen der Natur- und Figurendarstellung zwei Isotopie-Ebenen kreuzen, nämlich die Isotopie-Ebene der Künstlichkeit und der Natürlichkeit: das Lebendige werde zum Dekor und das Dekor werde im Rahmen dieser Schreibstrategie lebendig. Damit werde eine mimetische Betrachtungsweise verhindert und die Künstlichkeit, das Artifizielle, greifbar gemacht:

> Die Gestaltung von Natur und Figur orientiert sich in der Décadence nicht mehr am Gebot der Mimesis, sondern an der Struktur des Artefakts. Diese Struktur wird durch Wiederholungen in Form von Semrekurrenzen hergestellt. Figur und Natur als Zeichen betrachtet verlieren durch Metaphorisierung ihre Referenz auf die außersprachliche Wirklichkeit und werden Teil eines Beziehungsgefüges, das Nietzsche in *Der Fall Wagner* aufgrund seiner hohen Wiederholungsquote polemisch als ›Stückwerk‹ […] bezeichnet hat. (S. 191f.)

Die Wiederholungen fügten dem ursprünglichen Motiv nichts Neues hinzu, es entstehe kein Mehr an Inhalt, weshalb Dahlem auch nicht von Leitmotiv im Sinne Walzels sprechen will,[6] sondern – im Gegenteil – es sei zu beobachten, dass in der Kette der Wiederholungen dem Ursprünglichen Elemente geraubt würden. Aus diesem Grund spricht Dahlem von einem Ornament, das sich herausbilde und eine rätselhafte Einheit generiere.

Insgesamt gelingt es Dahlem in ihrem Buch, eine in sich stringente und präzise Terminologie aufzubauen, die ihrem Argumentationsgang eine ausgesprochene Transparenz verleiht, wie auch der Gang ihrer Argumentation in sich von klarer Stringenz ist. Diese argumentative und begriffliche Klarheit erleichtert die Lektüre, was angesichts der Komplexität der Methodik lobend hervorgehoben werden muss. Dahlems Arbeit regt zu vielen neuen Fragestellungen an, die über die Grenzen ihrer Untersuchung hinausreichen. So stellte sich mir im Anschluss an die Lektüre die Frage, ob es möglich wäre, auf der Grundlage eines vergleichbaren Verfahrens zu einer Differenzierung zwischen den drei Romanteilen zu gelangen. Darüber hinaus ist das von Dahlem beschriebene Verfahren der Auflösung eines organischen Textganzen durchaus auch in anderen Werken dieses Autors zu beobachten, die dennoch nicht der Décadence angehören. Das Hervortreten von Randfiguren beispielsweise, die entgegen ihrer Bedeutung Namen und eigene Lebensläufe erhalten, aus deren Perspektive sogar erzählt wird, die Zerlegung von wichtigen Personen in wenige markante Züge, die sich – wie in einer Karikatur –

---

[6]   Vgl. Oskar Walzel, *Das Wortkunstwerk. Mittel seiner Erforschung*, unveränd. reprogr. Nachdruck der Ausgabe Leipzig 1926, Darmstadt 1968.

verselbstständigen, ließe sich auch am Beispiel von *Die kleine Stadt* nachweisen. Interessant ist hierbei, dass nach Dahlems Worten Nietzsche das Artefakt mit der Demokratie und ihrem Prinzip der Egalität in Verbindung bringe. Dies deutet auf eine mögliche Verbindung von Artefakt und dem Roman als Spiegelbild der Demokratie hin – eine Verbindung, die Heinrich Mann selbst in *Voltaire – Goethe* hergestellt hat:

> Denn der Roman, diese Enthüllung der weiten Welt, dies große Spiel aller menschlichen Zusammenhänge ist gleichmacherisch von Natur; er wird groß mit der Demokratie, unter der das Drama in seiner aristokratischen Enge abstirbt.[7]

In Bezug auf die Novelle *Kobes* führten hingegen vergleichbare Vorgehensweisen dazu, dass eine expressionistische Schreibweise herbeizitiert wurde. Vom Spätwerk – *Empfang bei der Welt* und *Der Atem* – und seinem »Greisen-Avantgardismus«, um den Ausdruck Thomas Manns aufzugreifen, soll an dieser Stelle gar nicht die Rede sein. Somit stellt sich also die Frage, ob Dahlem wirklich – und hier liegt möglicherweise eine Gefahr ihres textimmanenten Zugriffs – spezifische Züge dekadenter Literatur erfasst hat oder allgemeine Züge des Werks Heinrich Manns überhaupt. Ich äußere die Vermutung, dass die Methode der Strukturierung zweiter Ordnung, die nach Dahlem eine labyrinthische Verrätselung erzeuge – jene vage Idee, die dunkel bleibe und unendliche Bedeutung suggeriere –, das Differenzierungskriterium sein könnte, das die Décadence-Texte Heinrich Manns von seinen anderen unterscheidet, denn jene mythologische Grundierung, die der Figur der Herzogin von Assy anhaftet – und das Zeitmuster des Mythos ist die Wiederholung –, ist sicherlich nicht in späteren Romanen anzutreffen.

An einem weiteren Punkt – dem Kunstwerk als Artefakt gesehen – ließe sich ein weiteres Desiderat anknüpfen: Das Artefakt, so heißt es bei Dahlem, erzeuge durch seine Struktur eine labyrinthische Rätselhaftigkeit. Die Begriffe ›Labyrinth‹, ›Rätselhaftigkeit‹ und ›Artefakt‹ bilden geradezu das Paradigma des Manierismus. Vor diesem Hintergrund stellt sich die Frage, ob eine Untersuchung der Werke

---

[7]   Heinrich Mann, *Voltaire – Goethe*, in: Heinrich Mann, *Macht und Mensch. Essays.* Mit einem Nachwort von Renate Werner und einem Materialienanhang, zusammengestellt von Peter-Paul Schneider, Frankfurt am Main 1989 (= Heinrich Mann, *Studienausgabe in Einzelbänden*, hg. von Peter-Paul Schneider, *Fischer Taschenbuch*, Band 5933), S. 19–25, hier S. 21.

Heinrich Manns unter dem Gesichtspunkt des Manierismus nicht viele neue Erkenntnisse erbringen könnte.

Aus Ina-Gabriele Dahlems Dissertation *Auflösen und Herstellen* ergeben sich zahlreiche neue Desiderate. Ihrem Buch gebührt zweifelsohne das Verdienst, diese neuen Fragen aufgeworfen zu haben, indem es bisherige Sichtweisen und -gewohnheiten bewusst in den Hintergrund gerückt hat. Ein anregendes Buch liegt vor, das sicherlich noch mehr als die hier skizzierten Fragestellungen in sich birgt. Quelle solcher zahlreicher Anregungen für die weitere wissenschaftliche Arbeit zu sein, ist wahrhaftig nicht das schlechteste Urteil, das über ein Buch gefällt werden kann.

Stefan Ringel

Britta Krengel, *Heinrich Manns* MADAME LEGROS. *Revolution und Komik*, Frankfurt am Main u.a.: Peter Lang 2001, XI, 378 S. (= *Bochumer Schriften zur deutschen Literatur*, Band 60.) (Zugl. Phil. Diss. Universität Bochum 2001.)[1]

Britta Krengels Buch ist nach zwei maschinenschriftlichen Dissertationen aus den sechziger Jahren des 20. Jahrhunderts[2] die erste Monographie über Heinrich Manns Dramatik: einen interpretatorisch[3] wie editorisch[4] allzu stiefmütterlich behandelten Bereich seines schriftstellerischen Werkes.

---

[1]   Die in Klammern angegebenen Seitenzahlen beziehen sich durchweg auf diese Ausgabe.

[2]   Gisela Rankewitz, *Die Dramen Heinrich Manns – Untersuchungen zur Problematik der dramatischen Gestaltung gesellschaftlicher Widersprüche*, Diss. Potsdam 1966; William Zoltán Brust, *Art and the Activist: Social Themes in the Dramas of Heinrich Mann*, Diss. University of Minnesota 1968.

[3]   Aufsätze zu speziellen Themen sind natürlich erschienen und von der Verfasserin auch herangezogen worden. Zu ergänzen wären: Mariana Șora, *Rolul teatrului în opera lui Heinrich Mann, creatorul epicei dramatice*, in: *Revista de filologie romanică și germanică*, Jg. 6 (1962), S. 57–84 [mit russischer und deutscher Zusammenfassung]; Nathalie Gueirard, *Heinrich Mann und die Französische Revolution unter besonderer Berücksichtigung des Dramas* MADAME LEGROS, Magisterarbeit Nice 1990. – Nach Abschluß der vorliegenden Arbeit ist erschienen: Peter Stein, *Heinrich Mann*, Stuttgart/Weimar 2002 (= *Sammlung Metzler*, Band 340) – vgl. besonders S. 31–42 (*Kunstprinzip Satirische Theatralität*) und S. 76–79 (*Schauspiele*).

[4]   Die Schauspiele Heinrich Manns sollten als Band 19 der von Sigrid Anger herausgegebenen *Gesammelten Werke* im Aufbau-Verlag erscheinen; das Manuskript war 1987 abgeschlossen. Nach der Einstellung dieser Ausgabe wurden sie für die von Peter-Paul Schneider im Fischer Taschenbuch Verlag herausgegebene *Studienausgabe*

Gegenstand der Arbeit sind neben *Madame Legros* selbst Heinrich Manns Schauspiele insgesamt: Ihnen gelten nicht nur die Einleitung und ein größerer Teil des ersten Kapitels (*Grundlagen*), sondern auch das umfangreiche dritte Kapitel (*Heinrich Mann und das Theater*). Zu bedauern ist, daß die Verfasserin dies nicht im Titel ausgedrückt hat[5] und daß der Zusammenhang zwischen dem zweiten, dem zentralen Kapitel (*Interpretation des Dramas* MADAME LEGROS) und dem darauffolgenden Teil nur partiell, nämlich vom Aspekt der Komik her, deutlich wird, ansonsten aber fast der Eindruck zweier relativ selbständiger Studien entsteht. Diese allerdings haben jeweils zu wichtigen Ergebnissen geführt.

In der Einleitung geht Krengel auf die Diskrepanz zwischen Heinrich Manns Nähe zum Theater und der Marginalität seiner Schauspiele auf der Bühne und in der Forschung ein und hebt als Ziel ihrer Arbeit hervor, mittels einer detaillierten Textanalyse und -interpretation der für das Schaffen des Autors exemplarischen *Madame Legros* zu einer genaueren Kenntnis seines dramatischen Werkes beizutragen. Dabei betont sie insbesondere die komischen Elemente des Stückes aus dem Jahre 1913 sowie dessen Bezüge zu anderen Dramen und den Zusammenhang mit dem Bild der Französischen Revolution in den Essays dieser Zeit.

Im ersten Kapitel behandelt die Verfasserin zunächst Heinrich Manns frühe Theatererlebnisse in Lübeck, Dresden und Berlin[6] vor dem Hintergrund der deutschen Theatersituation gegen Ende des 19. Jahrhunderts. Sie sieht den jungen Schriftsteller auf einer gemäßigt naturalistischen Position und in Distanz zur Freien Bühne, die

---

in Einzelbänden vorbereitet; die Publikation war für 2001 angekündigt worden, der Erscheinungstermin ist aber immer noch unbestimmt. Britta Krengel konnte das Manuskript des Nachwortes und des Kommentars für die vorliegende Arbeit nutzen. Vgl. auch den inzwischen im *Heinrich Mann-Jahrbuch* erschienenen Vorabdruck des Nachwortes: Volker Riedel, *Heinrich Mann als Dramatiker*, in: *Heinrich Mann-Jahrbuch* 19/2001, S. 63–95.

[5]   Angemessener wären Formulierungen wie *Revolution und Komik in* MADAME LEGROS. *Heinrich Manns Ansätze zu einer Theaterkonzeption* oder *Heinrich Mann und das Theater. Revolution und Komik in* MADAME LEGROS.

[6]   Dabei hat Krengel die Distanz zum Lübecker Theater zu stark betont (vgl. S. 7f.); sowohl die *Fantasieen über meine Vaterstadt L.* von 1889 wie der Roman *Der Kopf* und die Novelle *Der Freund* aus den 1920er Jahren deuten auf eine stärkere Affinität hin. – Es ist zudem nicht recht einsichtig, warum auf das Interesse am Theater in Italien und in München erst *nach* der Interpretation von *Madame Legros* im dritten Kapitel des Buches eingegangen wird.

sich später zu einer Anerkennung der theaterhistorischen Leistung von Otto Brahms wandelte. Bestimmend für die neunziger Jahre des 19. und das erste Jahrzehnt des 20. Jahrhunderts seien die psychologische Durchdringung und die Überwindung des ästhetisch-skeptischen ›Dilettantismus‹ gewesen, die sich vorübergehend in einer Kritik ›von rechts‹ niederschlugen (in dem Aufsatz *Neue Romantik* und vor allem in der Zeitschrift *Das Zwanzigste Jahrhundert*) und deren zunehmend demokratische Akzentuierung dann (etwas kursorisch) am Romanschaffen von *Im Schlaraffenland* bis *Zwischen den Rassen* analysiert wird.

Des weiteren untersucht die Verfasserin im ersten Kapitel das Revolutionsbild des jungen Heinrich Mann, das in seiner Verehrung für Frankreich und in seiner Affinität zur Demokratie wurzelt, zu dem aber auch das Leben in Italien, seine Sympathie mit dem Risorgimento und seine Liebe zu Inés Schmied beitrugen und das erstmals in dem Essay *Eine Freundschaft* deutlich wurde. Krengel behandelt die Einflüsse Rousseaus und Michelets und zeigt auf, daß Heinrich Mann – weniger in seinen Essays, wohl aber in den Romanen und Novellen aus dieser Zeit – gegenüber dem optimistischen Menschenbild bzw. der Idealisierung der Revolution bei seinen Gewährsmännern eine nüchternere und skeptischere Haltung an den Tag legte.

Der Hauptteil der Arbeit geht zunächst auf die Entstehung und Überarbeitung[7] von *Madame Legros* als einem »utopische[n] Gegenentwurf zu der satirisch dekuvrierten Untertanen-Gesellschaft« (S. 69f.) und auf die historische Vorlage bei Michelet ein, sodann – in Anlehnung an die Arbeiten von Ulrich Weisstein, Peter Hasubek und Wolfgang Rothe[8] – auf die Differenzen zwischen Heinrich Mann

---

[7]   Inzwischen kann aus den im Archiv für Tschechische Literatur in Prag neu aufgefundenen Materialien ersehen werden, daß Heinrich Mann die Überarbeitung im Mai 1917 anhand der Korrekturexemplare des Wolff Verlages vorgenommen hat.

[8]   Vgl. Ulrich Weisstein, *Heinrich Mann's* MADAME LEGROS *– Not a Revolutionary Drama*, in: *The Germanic Review*, Jg. 35 (1960), S. 39–49, hier S. 42f. [deutsch in: Ulrich Weisstein, *Heinrich Mann. Eine historisch-kritische Einführung in sein dichterisches Werk*, Tübingen 1962, S. 240]; Peter Hasubek, *»Seit diesem Ausbruch des Besseren im Menschen ist alles möglich...« Heinrich Manns Dramen* MADAME LEGROS *und* DER WEG ZUR MACHT *und die Französische Revolution*, in: *Heinrich Mann-Jahrbuch* 7/ 1989, S. 209–234, hier S. 209ff. [vgl. auch: Peter Hasubek, *»Der Indianer auf dem Kriegspfad«. Studien zum Werk Heinrich Manns 1888–1918*, Frankfurt am Main u.a. 1997, S. 195f.]; Wolfgang Rothe, *Heinrich Mann: Madame Legros*, in: Wolfgang Rothe, *Deutsche Revolutionsdramatik seit Goethe*, Darmstadt 1989, S. 122–139, besonders S. 127–130.

und seiner Quelle: vor allem auf die Verlängerung der Gefangenschaft Latudes von 35 auf 43 Jahre (womit eine Analogie zur Dauer des Kaiserreichs vom Krieg 1870/71 bis zur Entstehungszeit des Dramas hergestellt wurde), des weiteren auf die entschiedene Verringerung seiner Schuld, auf die Verlegung seiner Haft aus der Anstalt Bicêtre in die Bastille, auf den unmittelbaren Ausbruch der Revolution nach der Befreiung Latudes sowie auf einige Modifikationen bei der Zeitdauer und bei den handelnden Personen. Die Titelfigur selbst sei für den Schriftsteller eine ebenso positiv gesehene, von Mitleid und Opferbereitschaft geprägte Frau der Revolution wie für Michelet – allerdings verändere er das Motiv der Schwangerschaft in das einer Fehlgeburt und verstärke die erotischen Momente. Damit habe er »– im Gegensatz zu Michelet – den Handlungsantrieb der Madame Legros bewußt mehrdeutig gestalten wollen« und dieser (ebenso wie schon den Personen der *Kleinen Stadt*) bis zu einem gewissen Grade eine »ironische Ambivalenz« verliehen (S. 87 und S. 91).

Ausführlich erörtert Krengel das Revolutionsbild des Dramas. Sie analysiert (und zwar erstmals in dieser Intensität) dessen – bei aller »radikale[n] Diesseitigkeit« (S. 119) – »säkular-religiöse Dimension«, ja die geradezu »christologischen Züge« der Titelheldin, die zu einer »Erlöserfigur« in der Art des Expressionismus werde (S. 92f.); sie zeigt »die religiöse Dimension in der Sprache Madame Legros'« auf (S. 95); sie untersucht »die Inhalte des Mannschen Revolutionsglaubens« (S. 100): Menschenliebe, Gleichheit, Freiheit. Dabei hebt sie sowohl die rousseauistischen Elemente dieser Konzeption und eine grundsätzliche Zuversicht in die menschliche Entwicklung (wie sie sich in der Bekehrung des Chevaliers offenbart) als auch Heinrich Manns skeptische Relativierungen des Rousseauschen Optimismus im einzelnen hervor. Als Gegenbild zu den »säkular-religiösen« Zügen der Titelheldin analysiert Krengel die »säkularisierte Religion« (S. 110) bei den offiziellen geistlichen und weltlichen Vertretern des alten Regimes, deren zynische Abkehr von den ursprünglichen Idealen des Christentums.

Bei der Darstellung des revolutionären Prozesses steht, wie die Verfasserin nachweist, die »Genese der Revolution« (S. 119f.) im Vordergrund, wobei Heinrich Mann die ideellen Faktoren für die entscheidenden hält. Was den »Verlauf der Revolution« (S. 125) betrifft, so zeigt sich, »daß das Volk in seiner Gesamtheit ambivalent gezeichnet ist« (S. 131), sowohl von Menschenliebe als auch (anders als bei Michelet) von Gewaltbereitschaft geprägt wird – wie sich am markantesten in der Ermordung ausgerechnet des Chevaliers enthüllt.

Das Hauptmerkmal des Krengelschen Buches ist die systematische Untersuchung der »Rolle der Komik im Drama« (S. 142). Sie führt einmal dazu, die inneren Spannungen in *Madame Legros* selbst, wie sie bereits im Revolutionsbild deutlich geworden sind, noch subtiler zu erfassen, und sie vermag zum anderen ein entscheidendes Mittel der Mannschen Dramatik überhaupt herauszustellen. Das Phänomen der Komik war schon früher beobachtet und kontrovers gedeutet worden (laut Henk Harbers dient es ausschließlich der Relativierung des Idealen, laut Ulrich Weisstein soll es uns die Titelheldin sympathisch machen)[9] – hier wird es zum erstenmal umfassend und differenziert erörtert.

Zunächst werden verschiedene Strukturtypen der Komik analysiert: Sprachkomik, die auf der Mehrdeutigkeit sprachlicher Elemente beruht (Wortspiele und syntaktische Anklänge); Redekomik, die durch die inadäquate Darstellung von Sachverhalten bedingt ist (Übertreibungen, Übertragungen, Ironie und Paradoxa); Verhaltenskomik, die auf den Aktionen und Reaktionen der Figuren beruht (geistige und körperliche Ungeschicklichkeit, Automatismen, Egozentrik, ungerechtfertigte Ansprüche, paradoxes oder primitives Verhalten sowie egoistische Täuschungsversuche); Situationskomik, die durch das Geschehen oder durch die Handlung konstituiert wird (Zufallskomik, kontrastierende Perspektiven und dramatische Ironie – wie sie z.B. zutage tritt, wenn der Akademiker seinen Glauben an die revolutionäre Vernunft verkündet und gleich danach auf dem Blut des ermordeten Chevaliers ausgleitet). Im Resümee aus den Einzelanalysen führt Krengel aus, daß Komik bei Heinrich Mann ein adäquater Modus sei, das Realwerden einer Idee darzustellen – sie sei also mehr als eine bloße Relativierung. Sie diene zwar einerseits der »Entmachtung ungeistiger Mächte«, sei aber andererseits auch eine »Waffe im Kampf der Vergeistigung« und vermöge es, »mit dem Menschlichen, mit dem Unvollkommenen, mit dem Irrtum zu versöhnen«. Das Ideal verliere, indem es komisch gebrochen werde,

---

[9]   Vgl. Henk Harbers, *Ironie – Ambivalenz – Liebe. Zur Bedeutung von Geist und Leben im Werk Heinrich Manns*, Frankfurt am Main u.a. 1984 (= *Europäische Hochschulschriften*, Reihe 1: *Deutsche Sprache und Literatur*, Band 768), S. 305–307; Weisstein, *Heinrich Mann* (s. Anm. 8), S. 242.

nicht seine Gültigkeit, sondern werde lediglich der »menschliche[n] Unzulänglichkeit« angepaßt; Komik trete neben die Liebe und befördere »eine humanere und vernünftigere« Ordnung (S. 180–182).

Diese relativ abstrakten Ausführungen werden anschließend anhand der Wirkungsstrategien des Komischen in *Madame Legros* konkretisiert. Es artikuliere sich sowohl im subversiv-entlarvenden »Verlachen« durch die »Herabsetzung eines heroischen Ideals« (die in erster Linie auf Geistlichkeit und Adel ziele, darüber hinaus aber auch der revolutionären Gewalt eine Absage erteile) als auch im sympathisierenden »Lachen mit«, nämlich durch die »Heraufsetzung des Materiell-Leiblichen der menschlichen Natur« (S. 183), und es erhöhe zudem den Unterhaltungswert des Stückes – namentlich durch erotische Anspielungen.

Zum Schluß des zentralen zweiten Kapitels führt Krengel noch einmal die »säkular-religiöse[...] Botschaft« und die »komischen Elemente[...]« des Stückes zusammen, untersucht insbesondere die Frage, warum Heinrich Mann seine Heldin bei der Befreiung Latudes schuldig werden läßt (S. 197). Sie weist nach, daß man zwar vom gesinnungsethischen Aspekt aus bedenkliche Züge ihres Handelns erkennen kann, daß aber die faktische Schuld, die Madame Legros auf sich nimmt, relativ gering ist, so daß zwar allzu naiv-optimistische Menschenbildkonzeptionen revidiert werden, die aufklärerische Gesellschaftsutopie selbst aber grundsätzlich bejaht wird. Der Titelheldin sei somit »eine eingeschränkte Vorbildfunktion« zuzuerkennen (S. 206). Zu einer undogmatisch verstandenen Gesellschaftsutopie gehöre auch die Festigung ihrer ehelichen Beziehung am Schluß des Stückes.[10] Gattungspoetologisch gesehen, sei *Madame Legros* zwar durch einen bedeutsamen Anteil des Komischen charakterisiert, könne aber insgesamt nicht als Komödie bezeichnet werden.

Das dritte Kapitel des Buches beginnt gleichsam mit einem neuen ›Einstieg‹ und einer Art Fortsetzung der *Grundlagen:* nämlich mit der Darlegung von Äußerungen Heinrich Manns zu Theater, Drama und Schauspielkunst sowie seines Interesses am Theater in Italien und in München. Danach entwickelt die Verfasserin aus verstreuten

---

[10]   Das anschließende Aufzeigen von »Zeitbezüge[n]« hat an dieser Stelle den Charakter eines mit den anderen Teilen der Analyse nur lose verbundenen Anhangs (vgl. S. 214–219).

Aussagen des Autors dessen Ansätze zu einer Theaterkonzeption, wobei sie insbesondere die Forderungen nach einer realistischen Motivierung von Dialog und Handlung, nach psychologischer Entwicklung und nach geistreicher Unterhaltung herausarbeitet. Erst im Anschluß daran nimmt sie wieder auf *Madame Legros* Bezug und untersucht, ausgehend von der Bedeutung des Komischen in diesem Stück, das Verhältnis von Komik und Moral in *Das Strumpfband, Das gastliche Haus* und *Bibi* sowie in dem Fragment *Der Viechskerl* und in den *Szenen aus dem Nazileben.* In diesem Rahmen behandelt sie u.a. die Beziehungen des Autors zu Frank Wedekind, Arthur Schnitzler und Erwin Piscator.

In einem weiteren Abschnitt interpretiert Krengel – unter Hinweis auf Berührungspunkte mit dem Expressionismus, mit Brecht sowie abermals mit Wedekind – »einige formale Aspekte von Heinrich Manns Theaterkonzeption« unter dem Leitgedanken »Zwischen Psychologismus, Realismus und episierendem Anti-Illusionismus« (S. 279). Dabei analysiert sie insbesondere die explizite Selbstdarstellung (d.h. die Eigenkommentare) der Figuren, ihre plötzlichen Gefühlsumschwünge und die Verdoppelung von Informationen durch sprachliche und außersprachliche Signale. Sie hebt die Mehrschichtigkeit der künstlerischen Mittel hervor: Sei der Autor auf der einen Seite bestrebt, dank seiner »gemäßigt-naturalistische[n] Vergangenheit« (S. 296) natürliche und glaubhafte Gesprächssituationen zu schaffen und sprachliche Differenzierungen gemäß dem sozialen Standort seiner Figuren vorzunehmen, so habe er andererseits seinen Dialogen einen hohen Stilisierungsgrad verliehen und bewußt mit »unnatürlich-distanzierenden Momente[n]« (S. 305) gearbeitet. Im Vordergrund steht jetzt wieder (bisweilen etwas enumerativ) *Madame Legros*[11] – einschließlich der Entwürfe –; darüber hinaus wird auch auf *Der Tyrann, Die Unschuldige, Schauspielerin, Die große Liebe* und *Brabach* eingegangen: also auf Dramen, die weniger als die im vorigen Abschnitt behandelten durch komische Elemente gekennzeichnet sind.

Abschließend betont die Verfasserin das Interesse Heinrich Manns am Bühnenraum, insbesondere an den Bühnenbildern. Sie analysiert die Regieanweisungen und vor allem die Bühnenskizzen zu

---

[11] Bei den Eigenkommentaren beschränkt sich die Verfasserin »[a]us Platzgründen« an dieser Stelle auf den ersten Akt (S. 283).

Madame Legros, *Brabach* und *Der Weg zur Macht*, geht aber auch auf andere theaterpraktische Probleme wie den Vorhang, die Beleuchtung und visuelle Effekte ein.

In einer *Zusammenfassung* werden die wichtigsten Ergebnisse der Arbeit überschaubar vorgestellt; den literarhistorischen Stellenwert der Mannschen Dramatik kennzeichnet Krengel als »intermediäre Position zwischen Naturalismus, Expressionismus und episierendem Anti-Illusionismus« (S. 343). Der *Anhang* enthält eine Übersicht über die expliziten Selbstaussagen im zweiten und dritten Akt von *Madame Legros*, eine Übersicht über implizite Regieanweisungen in diesem Stück und die Bühnenskizzen zum ersten und zweiten Akt von *Madame Legros* sowie zu den drei Akten von *Brabach* und *Der Weg zur Macht.*

Den Abschluß bildet ein 18seitiges, gegliedertes Literaturverzeichnis. Problematisch ist dabei der Umgang mit den Quellen: Krengel stützt sich im wesentlichen auf die *Studienausgabe in Einzelbänden* – bei den Dramen auf die von Alfred Kantorowicz edierten *Ausgewählten Werke in Einzelausgaben* –; warum sie aber für einige Romane, die ebenfalls in der *Studienausgabe* vorliegen, teils auf die Aufbau-Ausgabe, teils auf die Claassen-Ausgabe und teils auf eine Leseausgabe bei Rowohlt zurückgreift oder warum sie für die Novellen sowohl einen Band der Wolff-Ausgabe als auch einen Band der Claassen-Ausgabe und dann noch einmal eine Einzelausgabe der *Schauspielerin* aus der *Fischer Bibliothek* angibt, wird nirgends begründet.[12]

Das Buch ist vor allem aufschlußreich für die Funktion des Komischen sowie für die Differenzierungen und die religiösen Dimensionen des Revolutionsbildes in Heinrich Manns Dramatik – besonders natürlich in *Madame Legros* –, hätte aber konzeptionell stärker in sich geschlossen sein können. Auch einige Einzelfragen (einschließlich der philologischen Fundierung) hätten einer stärkeren Aufmerksamkeit bedurft.

Volker Riedel

---

[12] Auch sonst ist das Buch nicht frei von Nachlässigkeiten: Die Novelle *Schauspielerin* ist als Roman bezeichnet (S. 231); die *Dépêche* aus Toulouse wird zur *Dépêche de Toulouse* (S. 276); »Textcorpus« ist als Maskulinum (S. 145) und »Appendix« als Neutrum (S. 217) behandelt. Unverständlich ist der Satz: »Mann antizipiert in seinem Schauspiel [...] den von ihm erhofften Anbruch eines demokratischen Zeitalters in Deutschland als Millennium« (S. 110).

Peter Stein, *Heinrich Mann*, Stuttgart/Weimar: Verlag J.B. Metzler 2002, 208 S.
(= *Sammlung Metzler*, Band 340.)[1]

Peter Stein hat mit dem neuen Band der *Sammlung Metzler* zu Heinrich Mann, wie er selbst betont, »keine Umarbeitung« (S. X) des alten, von Jürgen Haupt verfaßten und 1980 erschienenen,[2] vorgelegt. Wenn überhaupt, dann hätte in der Tat nur Jürgen Haupt selbst, der 1994 tödlich verunglückte, eine solche, nach mehr als zwanzig Jahren gewiß fällige, Umarbeitung vornehmen können. Daß es nun einen ganz eigenständig konzipierten neuen Band gibt, nimmt dem alten gerade nicht seinen Rang: Für die Anerkennung Heinrich Manns als eines kanonisch wichtigen Autors der deutschen Literatur, ganz pragmatisch auch für die stärkere Beachtung dieses Autors im Unterricht der Schule wie der Universität hat der Metzlerband von 1980 eine kaum zu überschätzende Bedeutung gehabt; auch ist er mit der Fülle seiner Sachinformationen, dem Überblick über die ältere Forschungsliteratur, dem reichen Material an für das Verständnis Heinrich Manns erhellenden (deshalb nachfolgend oft aufgegriffenen) Zitaten aus z.T. bis heute schwer zugänglichen Quellentexten, schließlich mit seinen Kurzinterpretationen der wichtigsten Texte Heinrich Manns ein keineswegs durch die neue Darstellung nun einfach überholtes Werk: Man wird neben dem neuen auch den alten Band von Fall zu Fall mit Gewinn heranziehen.

Was der neue Band von Peter Stein leistet, ist zunächst der Anschluß an den gegenwärtigen Stand der Forschung. Bei den vorgegebenen Beschränkungen durch das Konzept der Metzlerbändchen konnte es zwar nicht darum gehen, einen ausführlichen Forschungsbericht zu geben, das Fehlen eines solchen Berichts »[s]eit Dittberner 1974«[3] wird vom Verfasser am Schluß seiner Arbeit (S. 167) zu Recht beklagt; aber darin hat Peter Stein gleichwohl eine Hauptaufgabe gesehen, den Leser an die Ergebnisse der Forschung aus der langen Zwischenzeit seit dem Erscheinen des Vorgängerbändchens bis hin

---

[1] Alle in Klammern erscheinenden Seitenangaben im Text beziehen sich auf diese Ausgabe.

[2] Jürgen Haupt, *Heinrich Mann*, Stuttgart 1980 (= *Sammlung Metzler*, Band 189).

[3] Hugo Dittberner, *Heinrich Mann. Eine kritische Einführung in die Forschung*, Frankfurt am Main 1974.

zur Gegenwart heranzuführen. Das geschieht bereits durch das überaus sorgfältig erstellte und übersichtlich gegliederte Literaturverzeichnis (S. 174–203). Basierend auf der im Jahr 2000 erschienenen umfassenden Bibliographie von Brigitte Nestler[4] bietet es eine reiche Auswahl der Primärliteratur, die auch in Werkausgaben oder Teilsammlungen fehlende Einzelpublikationen (v.a. Essays, publizistische Beiträge), ferner Briefe, autobiographische Zeugnisse, Dokumentationen berücksichtigt, damit selbst sehr speziellen Fragestellungen noch gerecht wird und die im ganzen deshalb wichtig ist, weil sie einen gewissen Ausgleich schafft für die immer noch unbefriedigende Edition des Gesamtwerks von Heinrich Mann (dazu ausführlich der Abschnitt VII.2. *Rezeptions- als Editionsprobleme*, S. 162–167). Die Auswahl der Sekundärliteratur konzentriert sich wegen der 1986 erschienenen Bibliographie von Rudolf Wolff und Peter-Paul Schneider[5] auf die Zeit ab diesem Jahr, nennt aber wichtigere Arbeiten auch aus der Zeit davor. Über die reine Auflistung der Forschungsliteratur (die gerade in ihrer Beschränkung[6] schon für sich genommen hilfreich ist) hinaus war der Verfasser bestrebt, auf eine große Zahl dieser Arbeiten auch im fortlaufenden Text seiner eigenen Darstellung einzugehen, indem er die Hauptthesen – zustimmend oder auch ablehnend – nennt, für die jeweilige Position bezeichnende Zitate bietet und Arbeiten, die demselben Ansatz verpflichtet sind, zu Gruppen zusammenstellt. Es gelingt ihm so, einen Eindruck von der Fülle oft kontroverser oder auch disparater Forschungsergebnisse zu vermitteln und unterschiedliche Tendenzen der Forschung kenntlich zu machen. Eine Kompetenz, wie man sie nur in Jahren immer neuer Auseinandersetzung mit der Forschungsliteratur zu Heinrich Mann erwirbt, wird hier deutlich, auch ein auf genauer und umfassender Kenntnis seines Werkes basierendes sehr sicheres Urteil. Die schwierige Balance zwischen eigener Argumen-

[4]   Brigitte Nestler, *Heinrich Mann-Bibliographie*. Band 1: *Das Werk*, Morsum/Sylt 2000. Siehe hierzu die Besprechung von Ariane Martin in: *Heinrich Mann-Jahrbuch* 18/2000, S. 283–290.

[5]   Rudolf Wolff/Peter-Paul Schneider, *Bibliographie der Primär- und Sekundärliteratur (Auswahl. Stand: Mitte 1986)*, in: *Heinrich Mann. Das essayistische Werk*, hg. von Rudolf Wolff, Bonn 1986 (= *Sammlung Profile*, Band 24), S. 138–171.

[6]   Einzelne Arbeiten wird man dabei immer vermissen, so etwa zum *Henri Quatre*-Roman: Harro Müller, »*Seul roi de qui le pauvre ait gardé la mémoire.« Heinrich Mann: Die Jugend und Vollendung des Königs Henri Quatre*, in: Harro Müller, *Geschichte zwischen Kairos und Katastrophe. Historische Romane im 20. Jahrhundert*, Frankfurt am Main 1988 (= *Athenäums Monografien Literaturwissenschaft*, Band 89), S. 21–53.

tation und dieser Sichtung der Forschungsergebnisse war allerdings nur durchzuhalten um den Preis einer äußersten Verknappung bei der Vorstellung der betreffenden Arbeiten (oft auf ganz wenige Stichworte). Daß solche Verknappung unvermeidbar auch zu problematischen Verkürzungen führt, ist gewiß niemandem so deutlich bewußt wie dem Verfasser selbst. Er ist dieses Risiko aber eingegangen, weil er, dem Zweck des Einführungsbändchens entsprechend, gerade denen, die sich neu auf die Diskussion um das Werk Heinrich Manns einlassen, mit ersten (dann ja durchaus auch revidierbaren!) Orientierungen Einstiegshilfen für die eigene Auseinandersetzung bieten wollte. Wer als Student in den kommenden Jahren sich mit Heinrich Mann befaßt, ist gut beraten, den gezielten Hinweisen, die dieses Metzlerbändchen für ganz unterschiedliche Fragestellungen bereithält (oft durch Nennung bestimmter Seiten in bestimmten Arbeiten), zu folgen. Die Benutzerfreundlichkeit des Bändchens zeigt sich auch in Details wie etwa der Konkordanz für den Nachweis von Belegstellen aus der Werkausgabe des Aufbau-Verlags in der heute so viel leichter zugänglichen Studienausgabe des Fischer Taschenbuch Verlags (S. 173).

Wird das Bändchen von Peter Stein so der Aufgabe, verläßliche Sachinformationen nach dem Stand des heutigen Wissens über Heinrich Mann zu vermitteln, in vorbildlicher Weise gerecht, so ist, darüber hinausweisend, das leitende Interesse bei der Darstellung doch, inzwischen erfolgte grundlegende Veränderungen der Sichtweise auf das Werk Heinrich Manns, damit auch die im Verhältnis zu Jürgen Haupt andere Sicht des Verfassers selbst, herauszuarbeiten. Es dürften vor allem diese Veränderungen sein, die die Neukonzeption des Bändchens zwingend gemacht haben. Der auffallendste und wohl auch wichtigste Unterschied der beiden Bändchen von Jürgen Haupt und Peter Stein ist bereits beim Vergleich der beiden Inhaltsverzeichnisse ablesbar. Haupt hatte den Hauptteil seiner Darstellung so gegliedert: *1. Frühe Phase 1871–1904 Konservatismus und Ästhetizismus; 2. Mittlere Phase 1904–1933 Republikanismus und Moralismus; 3. Späte Phase (Exil) 1933–1950 Sozialismus und Humanität.* Diese Phasen werden dann noch einmal in ebenfalls datierte Teilphasen untergliedert, so bei dem Gliederungspunkt *2.* in *a) 1904–1910 Übergang zum Republikanismus; b) 1910–1923/24 Radikal–Republikanismus; c) 1923/24–1933 Kapitalismus- und Republik-Kritik.* Auch Peter Stein geht – abgesehen von einem Einleitungskapitel, das einen Überblick über Biographie und Werk vermittelt und einem Schlußkapitel zu den Schwierigkeiten der Rezeption Heinrich Manns – chronologisch vor und gliedert entsprechend: *II. Heinrich Mann und die Literarische Moderne: Grundlegende Prägung und eigenwillige Variation; III. Demokratischer Dichter und universeller Intellektueller im Kaiserreich; IV. Literarischer Repräsentant der Weimarer Republik; V. Front gegen den Faschismus aus dem Exil; VI. Zeitalter und Zeitgenossenschaft* (Gegenstand sind hier die Alterswerke). Was auf den ersten Blick als konventionelle Periodisierung von Leben und Werk Heinrich Manns erscheint, mit der sich Peter Stein von der Sicht Jürgen Haupts gar nicht so weit entfernt, gibt bei genauem Hinsehen eine tiefgreifende Umorientierung zu erkennen. Mit der in bewußter Abgrenzung gegenüber Haupt vorgenommenen ungleich offeneren Formulierung seiner Kapitelüberschriften zeigt Peter Stein, daß er zweierlei ablehnt: die Festlegung der Entwicklung von Leben und Werk Heinrich Manns auf exakt datierbare Phasen und Teilphasen und die damit bei Haupt einhergehende Verengung des Blicks auf sich wandelnde Einstellungen des »politischen« Schriftstellers Heinrich Mann. Daß es sich bei beidem um Abgrenzungen von grundsätzlicher Bedeutung handelt, findet man dann durch die Darstellung insgesamt bestätigt.

Es ist ein wiederkehrender Gedanke bei Peter Stein, daß Heinrich Mann selbst bei tiefen Einschnitten wie dem Gang ins amerikanische Exil »kein anderer geworden« (S. 15) sei. Anders als Haupt liegt Peter Stein gerade daran, bei allen Wandlungen Heinrich Manns Kontinuitäten des Werks wie der persönlichen Entwicklung herauszustellen. Das führt insbesondere zu einer anderen Einschätzung der Anfänge Heinrich Manns. »Ästhetizismus« ist für Peter Stein nicht beschränkt auf eine frühe, mit der »Krise von 1904« beendete Phase (so Haupt). Diese Meinung habe sich inzwischen »leider« (trotz schon früh vorgebrachter Kritik) so »verfestigt«, daß sie als geläufige Vorstellung selbst in jüngste literaturgeschichtliche Darstellungen[7] Eingang gefunden habe (S. 18 und S. 43). Dagegen meldet Peter Stein »entschieden« Widerspruch an, indem er geltend macht, daß

---

[7] Peter Stein verweist auf Peter Sprengel, *Geschichte der deutschsprachigen Literatur 1870–1900. Von der Reichsgründung bis zur Jahrhundertwende*, München 1998 (= *Geschichte der deutschen Literatur von den Anfängen bis zur Gegenwart*, Band IX, 1), S. 118.

das Gesamtwerk Heinrich Manns durch den Ästhetizismus eine »Grundprägung« erhalten habe, die zwar »variiert«, nie aber »aufgegeben« werde (S. 18f.). Darum geht es ihm überhaupt, Heinrich Mann von der »Problematik der Literarischen Moderne« her, wie sie um 1900 in Erscheinung tritt, zu begreifen (S. X, vgl. S. 44).

Dem entsprechen die ganze Darstellung von Peter Stein durchziehende Leitgedanken wie der von der auf den Ästhetizismus zurückzuführenden »theatralischen Grundstruktur« (S. 35) von Heinrich Manns Werk. Gemeint sind damit nicht nur »Komödiantentum« als Motiv (ebd.) und »szenische[...] Regie«, wie sie schon Dittberner[8] 1972 als charakteristisch für das Erzählverfahren herausgearbeitet hat (S. 36), sondern auch das »Stilprinzip der Wirklichkeitsverdichtung« (S. 41), für das Heinrich Mann selbst die Bezeichnung »überrealistisch« verwendet und das er selbst mit der Wirkungsweise des Theaters in Verbindung gebracht hat. Zwei Varianten der »überrealistischen« Darstellungsweise stellt Peter Stein heraus: »satirische Theatralität«[9] und (bisher viel zu wenig beachtet) »märchenhafte[...] Übertreibung« (S. 41). Noch in den späten Romanen *Empfang bei der Welt* und *Der Atem* sieht Stein die »ästhetische[...] Strategie[...]« der »satirischen Theatralität« wirksam, hier allerdings noch einmal verschärft, womit die Schwerverständlichkeit dieser Romane als in den Schwierigkeiten einer radikalisierten Moderne begründet begriffen wird (S. 147, vgl. S. 15).

Ein anderer die Darstellung von Peter Stein durchziehender Leitgedanke ist angesprochen mit dem Titel des Abschnitts III.3. *Gesellschaftskritik als Erfindung »innerer Zeitgeschichte«* (S. 60–76). In enger Orientierung an dem Selbstverständnis Heinrich Manns wird die Vorstellung von einer »inneren Zeitgeschichte« als Ergebnis eines anderen Sehens (Heinrich Mann: »intensiver gesehen«, »genauer genommenes Leben«), das heißt als Ergebnis einer spezifisch »literarische[n] Wirklichkeitsdarstellung« (im Unterschied zu einer »historiographische[n]«) begriffen (S. 60f.). Es ist nach Stein dieser

---

[8] Hugo Dittberner, *Die frühen Romane Heinrich Manns. Untersuchungen zu ihrer szenischen Regie*, Diss. Göttingen 1972.

[9] Siehe den Abschnitt II.3. *Kunstprinzip Satirische Theatralität* (S. 31–42). Stein nimmt hier Anstöße auf, wie sie zuletzt die Arbeit von Ralf Siebert gegeben hat (*Heinrich Mann: Im Schlaraffenland, Professor Unrat, Der Untertan. Studien zur Theorie des Satirischen und zur satirischen Kommunikation im 20. Jahrhundert*, Siegen 1999 [= *Kasseler Studien – Literatur, Kultur, Medien, Band 3*]). Siehe hierzu die Besprechung von Stefan Ringel in: *Heinrich Mann-Jahrbuch* 18/2000, S. 290–295.

»andere[...] Erkenntnisanspruch« (S. 60) des Künstlers, mit dem sich Heinrich Mann erneut als »ein durch die Literarische Moderne geprägter Schriftsteller« (ebd.) erweist, eine Moderne nämlich, mit der die Abkehr von einem imitativ-mimetischen Kunstverständnis vollzogen ist. Auch dieses Konzept der Erfindung »innerer Zeitgeschichte« sieht Peter Stein als das Gesamtwerk Heinrich Manns von den frühen Gesellschaftsromanen bis hin zu den Altersromanen im amerikanischen Exil und der autobiographischen Schrift *Ein Zeitalter wird besichtigt* bestimmend an (s. z.B. S. 90, S. 144, S. 153).

Indem Peter Stein durch den Nachweis solcher und anderer Kontinuitäten Heinrich Mann so entschieden in den Zusammenhang der nachnaturalistischen Moderne einrückt, erscheinen dessen Person und Werk als ungleich komplexer und spannungsreicher, als daß sie sich mit den Formeln, die Haupt anbietet, noch angemessen bestimmen ließen. Der Darstellung des publizistischen Werks von Heinrich Mann in der Zeit der Weimarer Republik, dann des Exils widmet Peter Stein gewiß nicht weniger Raum als Jürgen Haupt, das Profil des Schriftstellers Heinrich Mann als eines linken Intellektuellen wird eher noch schärfer gezeichnet. Anders aber als bei Haupt wird das Verhältnis von künstlerischem und publizistischem Werk nicht einfach als ein Entsprechungsverhältnis gesehen, sondern als eine von Spannungen und Konflikten durchzogene Einheit. Stein richtet die Aufmerksamkeit auch auf die »problematischen Aspekte des publizistischen Aktivismus Heinrich Manns« (die Strategie der Übertreibungen und eines taktischen Argumentierens, ermüdende Wiederholungen, damit die Nähe zur Propaganda u.a.) (S. 120f.). Auch wird den literarischen Texten im Verhältnis zu den publizistischen dann doch »ein Mehr« (S. 136) zuerkannt. Der *Henri Quatre*-Roman etwa sei »nicht einfach die andere Seite des publizistischen Werkes«, sondern »die bessere« (S. 128); er demonstriere, »wie erst der Romancier und Künstler Heinrich Mann Erfahrungen verarbeiten konnte, die der Publizist in den Hoffnungen und Niederlagen seines außerordentlichen politischen Engagements nur auf widersprüchliche Weise auszudrücken in der Lage war« (ebd.). Indem so das Künstlertum Heinrich Manns betont wird, gelingt ganz unangestrengt auch etwas anderes: die Darstellung Heinrich Manns aus der Fixierung auf den Vergleich mit dem Bruder Thomas Mann zu lösen, wie es die erklärte Absicht Peter Steins ist (vgl. S. X). Gerade die schwierige, von Widersprüchen nicht freie Verbindung von Künstler und linkem Intellektuellen, wie Peter Stein sie vorführt, läßt Heinrich Mann als Schriftsteller eigener Prägung aus dem Schatten, den der Bruder wirft, heraustreten.

Nicht ganz unerwähnt bleiben kann, daß die in sich stimmige und überzeugende Darstellung Peter Steins gelegentlich mit einzelnen Bemerkungen bei der Kurzinterpretation von Werken Heinrich Manns doch auch irritiert. Gemma Cantoggi in der Erzählung *Pippo Spano* sei »in der Reihe der Frauen in Manns Frühwerk ein neuer Typ« (S. 52) – das läßt sich jedenfalls nicht ohne einen Hinweis darauf sagen, daß sie (im Text selbst als »Judith« bezeichnet) auch eine Vertreterin des Typs Femme fatale ist. Auch kann man das im Titel genannte Idol Pippo Spano wohl kaum als eine »Hauptperson« der Erzählung bezeichnen (ebd.). In dem Roman *Der Untertan* wird »ein positives Gegenbild« vermißt (S. 71) – der Vision des alten Buck beim nächtlichen Gespräch mit dem Sohn vor dem kaiserlichen Denkmal oder auch in der Sterbeszene ganz am Schluß wird man die Qualität eines (gewiß utopischen) positiven Gegenbilds aber kaum absprechen können. Bemerkungen dieser Art ließen sich eine ganze Reihe vorbringen; auch manche Urteile über einzelne Forschungsbeiträge provozieren denn doch Widerspruch.[10] Die Zustimmung des Lesers zu der Darstellung im ganzen vermag dergleichen jedoch keineswegs abzuschwächen. Als ein Handbuch entsprechend dem Programm der Reihe *Sammlung Metzler* konzipiert, gibt dieses Bändchen doch auch Anregungen für die Forschung; mit Formulierungen, die manchmal eher an einen klugen Essay als an ein Handbuch denken lassen, trägt es auch eine ganz persönliche Handschrift.

Jürgen Viering

---

[10] So z.B. die Bemerkung »Doch diese Interpretation geht fehl« (S. 152) zu einer doch eher bedenkenswerten These in dem Beitrag von Heinrich Detering, *Heinrich Mann oder Lübeck als Leerstelle. Erzählung und Geschichte in* EIN ZEITALTER WIRD BESICHTIGT, in: Heinrich Detering, *Herkunftsorte. Literarische Verwandlungen im Werk Storms, Hebbels, Groths, Thomas und Heinrich Manns*, Heide 2001, S. 194–219. Auch hätte dieser Beitrag bei Steins Überlegungen zur Erfindung »innerer Zeitgeschichte« mehr Beachtung finden können.

BRITTA DITTMANN / ASTRID ROFFMANN

Heinrich Mann-Bibliographie (19)

Vorbemerkung

Die Bibliographie verzeichnet die seit 2000 (siehe *Heinrich Mann-Bibliographie* [18] im *Heinrich Mann-Jahrbuch* 18/2000) erschienene Literatur zu Heinrich Mann (mit Nachträgen aus den Vorjahren). Neben Monographien, die nach Möglichkeit im Jahrbuch auch rezensiert werden sollen, werden Aufsätze und Rezensionen aufgeführt. Um den Möglichkeiten der neuen Medien Rechnung zu tragen, werden in einer Sonderrubrik gleichfalls CDs, Videos und DVDs verzeichnet. Für das Erreichen der angestrebten Vollständigkeit bitten wir um Hinweise auf kürzlich erschienene selbständige und unselbständige Veröffentlichungen über Heinrich Mann, besonders dann, wenn sie möglicherweise an versteckter Stelle erschienen sind. Die Verfasser von Aufsätzen und Artikeln werden gebeten, nach Möglichkeit Sonderdrucke oder Photokopien zur Verfügung zu stellen, zumindest aber die vollständigen bibliographischen Angaben mitzuteilen. Dies wäre eine große Hilfe für die Fortsetzung der Bibliographie. Diese Hinweise und Zusendungen sind bitte an folgende Adresse zu richten: Heinrich-und-Thomas-Mann-Zentrum, Buddenbrookhaus, Heinrich Mann-Bibliographie, Mengstraße 4, D-23552 Lübeck (Fax 0451/1224140, E-Mail hmg@buddenbrookhaus.de oder dittmann@buddenbrookhaus.de).

Ausgewertete Sammelwerke

Heinrich Mann-Jahrbuch 18/2000, hg. von Helmut Koopmann und Hans Wißkirchen, Lübeck: Schmidt-Römhild 2001, 318 S.
[19/1

Heinrich Mann-Jahrbuch 19/2001, hg. von Helmut Koopmann und Hans Wißkirchen, Lübeck: Schmidt-Römhild 2003, 312 S.
[19/2

Bibliographien

Nestler, Brigitte: Heinrich Mann-Bibliographie. Band I: Das Werk, Morsum/Sylt: Cicero Presse 2000, 818 S.
[s. Heinrich Mann-Bibliographie (18/3)]

Rez. von:

Riedel, Volker: o.T., in: Weimarer Beiträge, Jg. 47, Heft 4 (2001), S. 626–630.

Stein, Peter: Heinrich Mann: Werkbibliographie, in: Aus dem Antiquariat, Nr. 9 (2001), A 548–549.

Trapp, Frithjof: o.T., in: Zeitschrift für Germanistik, Neue Folge XII, Heft 1 (2002), S. 184–186.

[19/3

Monographien und Beiträge in Zeitschriften, Zeitungen und Sammelwerken

Bayerlein, Bernhard H./Matschuk, Maria: Vom Liberalismus zum Stalinismus? Georg Bernhard, Willi Münzenberg, Heinrich Mann und Walter Ulbricht in der chronique scandaleuse des Pariser Tageblatts und der Pariser Tageszeitung, in: Francia. Forschungen zur westeuropäischen Geschichte, Ausgabe 27/3 (19./20. Jahrhundert – Histoire contemporaine) (2001), S. 89–118.

[19/4

Breloer, Heinrich/Königstein, Horst: Die Manns. Ein Jahrhundertroman, Frankfurt am Main: S. Fischer 2001, 478 S.

[19/5

Breloer, Heinrich: Unterwegs zur Familie Mann: Begegnungen, Gespräche, Interviews, Frankfurt am Main: S. Fischer 2001, 558 S.

[19/6

Cepl-Kaufmann, Gertrude: Liebe und Güte als politische Kategorien im Werk von Heinrich Mann, in: Literarische Fundstücke: Wiederentdeckungen und Neuentdeckungen. Festschrift für Manfred Windfuhr, hg. von Ariane Neuhaus-Koch und Gertrude Cepl-Kaufmann, Heidelberg: Winter 2002, S. 275–300 (= Beiträge zur neueren Literaturgeschichte, Band 188).

[19/7

Dahlem, Ina-Gabriele: Auflösen und Herstellen. Zur dialektischen Verfahrensweise der literarischen Décadence in Heinrich Manns ›Göttinnen‹-Trilogie. Frankfurt am Main u.a: Peter Lang 2001, 260 S. (= Studien zur Deutschen und Europäischen Literatur des 19. und 20. Jahrhunderts, Band 44).

Rez. von:

Ringel, Stefan: o.T., in diesem Jahrbuch, S. 209–214.

[19/8

Decker, Kerstin: Doktor Faustus aus Kalifornien: Thomas und Heinrich Manns schwankendes Nietzschebild, in: Nietzsche im Exil. Übergänge in gegenwärtiges Denken, hg. im Auftrag der Stiftung Weimarer Klassik – Kolleg Friedrich Nietzsche – von Rüdiger Schmidt-Grépály und Steffen Dietzsch, Weimar: Böhlau 2001, S. 84–92.

[19/9

Detering, Heinrich: Candide, wie er seinen letzten Garten bestellt. Kein Zeitalter wird besichtigt: Heinrich Manns Jahrhundert-Buch ist ein Epos der Posthistorie und der geschichtslosen Kämpfe des Geistes, in: FAZ, Nr. 75 (29.3.2001), S. 58.

[19/10

Detering, Heinrich: Heinrich Mann oder Lübeck als Leerstelle: Erzählung und Geschichte in ›Ein Zeitalter wird besichtigt‹, in: Heinrich Detering: Herkunftsorte. Literarische Verwandlungen im Werk Storms, Hebbels, Groths, Thomas und Heinrich Manns, Heide: Boyens 2001, S. 194–219.

[19/11

Detering, Heinrich: Kein Zeitalter wird besichtigt. Zur Dissoziation von Geschichtswahrnehmung und Textgeschehen in Heinrich Manns Erinnerungen, in: Heinrich Mann-Jahrbuch 18/2000, S. 263–278.

[19/12

Dirscherl, Luise /Nickel, Gunther (Hg.): Der blaue Engel. Die Drehbuchentwürfe. Mit einer Chronik von Werner Sudendorf, St. Ingbert: Röhrig Universitätsverlag 2000, 517 S. (= Zuckmayer-Schriften, Band 4).
[s. Heinrich Mann-Bibliographie (18/10)]
Rez. von:
Grisko, Michael: o.T., in: Heinrich Mann-Jahrbuch 19/2001, S. 287–293.

[19/13

Erhart, Walter: Familienmänner. Über den literarischen Ursprung moderner Männlichkeit. München: Wilhelm Fink 2001, 463 S.

[19/14

Essen, Gesa von: Engagierte Literatur im Auftrag nationaler Erziehung: Heinrich Manns ›Es kommt der Tag‹, in: Engagierte Literatur zwischen den Weltkriegen, hg. von Stefan Neuhaus, Rolf

Selbmann und Thorsten Unger, Würzburg: Königshausen & Neumann 2002, S. 286–297 (= Schriften der Ernst-Toller-Gesellschaft, Band 4).

[19/15

Estermann, Monika: Buch und Masse: Rowohlt und der Buchmarkt in den vierziger Jahren, in: Buchhandelsgeschichte, hg. von der Historischen Kommission des Börsenvereins [Vierteljahresausgabe], Frankfurt am Main 2002, B. 120–128.

[19/16

Feilchenfeldt, Christina: Das Portrait: von Angesicht zu Angesicht, in: Auf einem anderen Blatt – Dichter als Maler, hg. von Nicolas Baerlocher [...], Zürich: Offizin 2002, S. 68–83 (= Strauhof Zürich, Band 9).

[19/17

Grießhaber-Weninger, Christl: Weibliche Fremderfahrung in Heinrich Manns ›Zwischen den Rassen‹, in: Christl Grießhaber-Weninger: Rasse und Geschlecht. Hybride Frauenfiguren in der Literatur um 1900, Köln/Weimar: Böhlau 2000, S. 160–200 (= Literatur – Kultur – Geschlecht, Große Reihe, Band 16).

[19/18

Grisko, Michael: ›Der blaue Engel‹ als »vamp fatale«. Reflexivität, Medialität und Diskursivität einer Ikone, in: Liebe, Lust und Leid. Zur Gefühlskultur um 1900, hg. von Helmut Scheuer und Michael Grisko, Kassel: Kassel University Press 1999, S. 407–434 (= Intervalle. Schriften zur Kulturforschung, Band 3).

[19/19

[s. auch Heinrich Mann-Bibliographie (19/13)]

Grollman, Stephen A.: Heinrich Mann: narratives of Wilhelmine Germany, 1895–1925, New York u.a.: Peter Lang 2002, VIII, 162 S. (= Studies on themes and motifs in literature, Vol. 64).

[19/20

Gunnemann, Karin Verena: Heinrich Mann's novels and essays. The artist as political educator, Rochester, NY, u.a.: Camden House 2002, XII, 237 S., Ill. (= Studies in German literature, linguistics and culture).

[19/21

Hage, Volker: »Mein süßer Mann«: die unglückliche Liebe zwischen Heinrich Mann und seiner ersten Frau, in: Der Spiegel, Heft 44 (2002), S. 206–210.

[19/22

Hammerschmidt, Jörg: Ernst Toller und Heinrich Mann zu den Vorzugsbehandlungen für Graf Arco-Valley im Strafvollzug, in: Jörg Hammerschmidt: Literarische Justizkritik in der Weimarer Republik. Der Beitrag der Schriftsteller in der Auseinandersetzung mit der Justizwirklichkeit unter besonderer Berücksichtigung des Werkes von Kurt Tucholsky, Göttingen: Cuvillier 2002, S. 28–29.

[19/23

Hammerschmidt, Jörg: Der Fall Jakubowski im literarischen Werk von Heinrich Mann und Kurt Tucholsky, in: Jörg Hammerschmidt: Literarische Justizkritik in der Weimarer Republik. Der Beitrag der Schriftsteller in der Auseinandersetzung mit der Justizwirklichkeit unter besonderer Berücksichtigung des Werkes von Kurt Tucholsky, Göttingen: Cuvillier 2002, S. 92–93.

[19/24

Hammerschmidt, Jörg: »Klassenjustiz« im Fall Alois Lindner, in: Jörg Hammerschmidt: Literarische Justizkritik in der Weimarer Republik. Der Beitrag der Schriftsteller in der Auseinandersetzung mit der Justizwirklichkeit unter besonderer Berücksichtigung des Werkes von Kurt Tucholsky, Göttingen: Cuvillier 2002, S. 29–30.

[19/25

Hammerschmidt, Jörg: Die literarische Mahnung an eine untendenziöse juristische Aufarbeitung der revolutionären Unruhen von 1918/19, in: Jörg Hammerschmidt: Literarische Justizkritik in der Weimarer Republik. Der Beitrag der Schriftsteller in der Auseinandersetzung mit der Justizwirklichkeit unter besonderer Berücksichtigung des Werkes von Kurt Tucholsky, Göttingen: Cuvillier 2002, S. 35–39.

[19/26

Heißerer, Dirk: Empfang bei der Halbwelt. Unbekannte Zeichnungen von Heinrich Mann, in: Aus dem Antiquariat, Nr. 9 (2001), A 526–A 531.

[19/27

Heißerer, Dirk: Verklungene Tage: Arnold Zweig trifft Heinrich Mann in Wildenroth an der Amper, in: Literatur in Bayern. Vierteljahresschrift für Literatur, Literaturkritik und Literaturwissenschaft, Nr. 69 (2002), S. 30–31.

[19/28

Hirdt, Willi: Italien in Heinrich Manns Memoirenbuch ›Ein Zeitalter wird besichtigt‹, in: Heinrich Mann-Jahrbuch 18/2000, S. 149–166.

[19/29

Hirsch, Sandra: Bildwelten eines Königs – Zur Verwendung und Funktion der Bildquellen in den Henri-Quatre-Romanen Heinrich Manns, in: Exil. Forschung – Erkenntnisse – Ergebnisse, hg. von Edita Koch und Frithjof Trapp, Jg. 22, Heft 1 (2002), S. 92–98.

[19/30

Imai, Atsushi: Heinrich Mann. ›Professor Unrat‹ (1905): mit 58 noch in der Pubertät, in: Atsushi Imai: Das Bild des ästhetisch-empfindsamen Jugendlichen. Deutsche Schul- und Adoleszenzromane zu Beginn des 20. Jahrhunderts, Wiesbaden: Deutscher Universitäts-Verlag 2001, S. 95–107 (= DUV Literaturwissenschaft).

[19/31

Ireton, Sean: Heinrich Manns Auseinandersetzung mit dem Haß: eine Analyse der ›Henri Quatre‹-Romane im Rahmen der exilbedingten Haßliteratur, in: Orbis litterarum, Vol. 57, Iss. 3 (2002), S. 204–221.

[19/32

Joch, Markus: Bruderkämpfe. Zum Streit um den intellektuellen Habitus in den Fällen Heinrich Heine, Heinrich Mann und Hans Magnus Enzensberger, Heidelberg: Winter 2000, 483 S. (= Probleme der Dichtung, Band 29).
[s. Heinrich Mann-Bibliographie (18/33)]
Rez. von:
Uecker, Matthias: o.T., in: Zeitschrift für Germanistik, Neue Folge XI, Heft 2 (2001), S. 484–485.
Werner, Renate: o.T., in: Germanistik. Internationales Referatenorgan, Band 42, Heft 1/2 (2001), S. 120–121.

[19/33

Joch, Markus: Nüchternes Pathos. Ein Vorzug Heinrich Manns als Romancier und Publizist, in: Zeitschrift für Germanistik, Neue Folge XII, Heft 1 (2002), S. 36–50.

[19/34

Joch, Markus: Ein passiver Habitus: Überlegungen mit Bourdieu zu einem Motiv bei Flaubert und Heinrich Mann, in: Germanisch-Romanische Monatsschrift, Band 51 (2001), S. 55–72.

[19/35

Klein, Wolfgang: »... damit Ihre Leser und Landsleute mich kennen lernen.« Heinrich Mann in Frankreich, in: Heinrich Mann-Jahrbuch 18/2000, S. 167–210.

[19/36

Klein, Wolfgang: Darf es noch Intellektuelle geben?, in: Lendemains, Heft 105/106 (2002), S. 179–197.

[19/37

Klein, Wolfgang: Hartgekochte Eier und subalterne Skribenten. Heinrich Mann, Félix Bertaux, André Gide, Ernst Robert Curtius und die deutsch-französische Verständigung in den zwanziger Jahren, in: Lendemains, Heft 101/102 (2001), S. 167–186.

[19/38

[s. auch Heinrich Mann-Bibliographie (19/47)]

Knobloch, Hans-Jörg: Eine Autobiographie als Kampfschrift – Heinrich Mann: ›Ein Zeitalter wird besichtigt‹, in: Autobiographien als Zeitzeugen, hg. von Manfred Misch, Tübingen: Stauffenburg 2001, S. 91–102 (= Stauffenburg-Colloquium, Band 60).

[19/39

Knobloch, Hans-Jörg: ›Ein Zeitalter wird [nicht] besichtigt‹ – Heinrich Manns Erinnerungen, in: Heinrich Mann-Jahrbuch 18/2000, S. 133–147.

[19/40

[s. auch Heinrich Mann-Bibliographie (19/64)]

Koopmann, Helmut: Die Geschichte als Katastrophe? Zum historischen Verständnis Heinrich Manns, in: Heinrich Mann-Jahrbuch 18/2000, S. 115–131.

[19/41

Krengel, Britta: Heinrich Manns ›Madame Legros‹. Revolution und Komik. Frankfurt am Main u.a.: Peter Lang 2001, 378 S. (= Bochumer Schriften zur deutschen Literatur, Band 60).
Rez. von:
Riedel, Volker: o.T., in diesem Jahrbuch, S. 214–221.

[19/42

Lehnert, Herbert: Männliche Sozialisation in Heinrich und Thomas Manns frühen Dichtungen, in: Abschied vom Mythos Mann. Kulturelle Konzepte der Moderne, hg. von Karin Tebben, Göttingen: Vandenhoeck & Ruprecht 2002, S. 65–78.

[19/43

Lindemann-Stark, Anke: Heinrich Manns Nena. Biographisches zu Inés Schmied, in: Heinrich Mann-Jahrbuch 19/2001, S. 7–28.

[19/44

[s. auch Heinrich Mann-Bibliographie (19/46)]

Lyon, James K.: Brecht's sources for ›Furcht und Elend des III. Reiches‹: Heinrich Mann, personal friends, newspaper accounts, in: New essays on Brecht, hg. von Maarten van Dijk, Madison, WI.: Univ. of Wisconsin Press 2001, S. 295–306 (= The Brecht yearbook, Vol. 26).

[19/45

[Mann, Heinrich:] Briefe einer Liebe. Heinrich Mann und Inés Schmied 1905 bis 1909. Teil II: 1907–1909, hg. von Günter Berg, Anke Lindemann-Stark und Ariane Martin, in: Heinrich Mann-Jahrbuch 19/2001, S. 213–275.

[19/46

Mann, Heinrich/Félix Bertaux: Briefwechsel 1922–1948. Mit einer Einleitung von Pierre Bertaux. Im Anhang noch aufgenommen: Neue aufgefundene Briefe von Félix und Pierre Bertaux. Auf der Grundlage der Vorarbeiten von Sigrid Anger, Pierre Bertaux und Rosemarie Heise bearbeitet von Wolfgang Klein, Frankfurt am Main: S. Fischer 2002, 799 S., Ill. (= Heinrich Mann: Gesammelte Werke in Einzelbänden, hg. von Peter-Paul Schneider).

[19/47

Heinrich Mann: L'écrivain dans son temps. Essais sur la littérature française (1780–1930). Essais traduits de l'allemand et présentés par Chantal Simonin, Villeneuve d'Ascq: Presses Universitaires du Septentrion 2002, 212 S.

[19/48

Mann, Heinrich: Die Göttinnen oder Die drei Romane der Herzogin von Assy: Diana – Minerva – Venus. Mit einem Nachwort von Birgit Vanderbeke, Frankfurt am Main: S. Fischer 2002, 818 S.

[19/49

Mann, Heinrich: Das Kind. Geschichten aus der Familie, hg. von Kerstin Schneider, Frankfurt am Main: Fischer Taschenbuch Verlag 2001, 349 S. [2. Aufl., Frankfurt am Main: Fischer Taschenbuch Verlag 2002].

[19/50

[Mann, Heinrich:] Liebschaften und Greuelmärchen. Die unbekannten Zeichnungen von Heinrich Mann. Hg. von Volker Skierka. Mit Beiträgen von Hans Wißkirchen und Marje Schuetze-Coburn, Göttingen: Steidl 2001, 378 S., überw. Ill.

[19/51

Mann, Heinrich: Das öffentliche Leben. Essays. Mit einem Nachwort von Michael Stark und einem Materialienanhang, zusammengestellt von Peter-Paul Schneider, Frankfurt am Main: Fischer Taschenbuch Verlag 2001, 453 S. (= Heinrich Mann: Studienausgabe in Einzelbänden, hg. von Peter-Paul Schneider, Fischer Taschenbuch, Band 13669).

[19/52

Mattick, Meike: Heinrich Manns Roman ›Lidice‹ – Komik als Mittel, das Nicht-Faßbare darstellbar zu machen, in: Exil. Forschung – Erkenntnisse – Ergebnisse, hg. von Edita Koch und Frithjof Trapp, Jg. 21, Heft 1 (2001), S. 43–59.

[19/53

Mattick, Meike: Narrentum und Maskenspiel – karnevaleske Motivfelder in Heinrich Manns ›Empfang bei der Welt‹, in: Heinrich Mann-Jahrbuch 19/2001, S. 51–61.

[19/54

Mennemeier, Franz Norbert: Heinrich und Thomas Mann: Reflex zweier Traditionslinien des europäischen Realismus, in: Franz Norbert Mennemeier, Literatur der Jahrhundertwende. Europäisch-deutsche Literaturtendenzen 1870–1910. Mit einem

Beitrag von Horst Fritz über europäischen Jugendstil, 2., verb. und erw. Aufl., Berlin: Weidler 2001, S. 147–152 (= Germanistische Lehrbuchsammlung, Band 39).

[19/55

Mennemeier, Franz Norbert: Nihilismus, Ästhetizismus und die Brüder Mann, in: Franz Norbert Mennemeier, Literatur der Jahrhundertwende. Europäisch-deutsche Literaturtendenzen 1870–1910. Mit einem Beitrag von Horst Fritz über europäischen Jugendstil, 2., verb. und erw. Aufl., Berlin: Weidler 2001, S.403–417 (= Germanistische Lehrbuchsammlung, Band 39).

[19/56

Metzler, Jan Christian: »Mir ward es seltsam kalt«. Weiblichkeit und Tod in Heinrich Manns Frühwerk, Hamburg/Berlin: Argument Verlag 2000, 217 S.
[s. Heinrich Mann-Bibliographie (18/61)]
Rez. von:
Löffler, Jörg: o. T., in: Zeitschrift für deutsche Philologie, Band 120, Heft 2 (2001), S. 298–300.
Albert, Claudia: o. T., in: Zeitschrift für Germanistik, Neue Folge XI, Heft 2 (2001), S. 471–474.

[19/57

Miura, Atsushi: Das Ende der Intellektuellen und der Utopismus. Zu Heinrich Manns ›Ein Zeitalter wird besichtigt‹ [japanisch mit deutscher Zusammenfassung], in: Doitsu Bungaku [Mitteilungen der japanischen Gesellschaft für Germanistik], Heft 106 (2001), S. 52–63.

[19/58

Mondot, Jean: Le principe haine: à propos et au-delà d'une analyse du national-socialisme par Heinrich Mann, in: L' Allemagne et la crise de la raison, sous la direction de Nicole Pelletier, Jean Mondot et Jean-Marie Valentin, Pessac: Presses universitaires de Bordeaux 2001, S. 375–389 (= Crises du XXe siècle).

[19/59

Prem, Boris: Heinrich Mann, Der Untertan. 3. Aufl., München: Mentor-Verlag 2001, 64 S. (= Mentor Lektüre-Durchblick, Band 317).

[19/60

Riedel, Volker: Heinrich Mann als Dramatiker, in: Heinrich Mann-Jahrbuch 19/2001, S. 63–95.

[19/61

[s. auch Heinrich Mann-Bibliographie (19/3) und (19/42)]

Rietzschel, Thomas: Ein verirrter Bürger. Heinrich Mann, biographisch und bibliographisch erschlossen, in: FAZ, Nr. 61 (13.3.2001), S. 50.

[19/62

Ringel, Stefan: Heinrich Mann (1871–1950), in: Das Kaiserreich. Portrait einer Epoche in Biographien, hg. von Michael Fröhlich, Darmstadt: Primus 2001, S. 421–430.

[19/63

Ringel, Stefan: Heinrich Mann. Ein Leben wird besichtigt, Darmstadt: Wissenschaftliche Buchgesellschaft 2000, 413 S. [Neuauflage: Ringel, Stefan: Heinrich Mann. Ein Leben wird besichtigt. Eine Biographie, Berlin: Aufbau 2002, 589 S.]
[s. Heinrich Mann-Bibliographie (18/73)]
Rez. von:
Albert, Claudia: o.T., in: Zeitschrift für Germanistik, Neue Folge XI, Heft 2 (2001), S. 471–474.
Knobloch, Hans-Jörg: Keine neue Sicht. Stefan Ringels Heinrich-Mann-Biographie, in: Heinrich Mann-Jahrbuch 19/2001, S. 294–301.

[19/64

Ringel, Stefan: Heinrich Mann und Puccini, in: Heinrich Mann-Jahrbuch 19/2001, S. 97–140.

[19/65

[s. auch Heinrich Mann-Bibliographie (19/8)]

Rohlf, Sabine: Antifaschismus und die Differenz der Geschlechter in ›Der große Mann‹ von Heinrich Mann, in: Gender – Exil – Schreiben, hg. von Julia Schöll, Würzburg: Königshausen & Neumann 2002, S. 147–162.

[19/66

Sahni, Madhu: Zum Geschichtsverständnis Heinrich Manns in seiner essayistischen Arbeit 1905–1950, Frankfurt am Main: Peter Lang 2000, 287 S. (= Europäische Hochschulschriften, Reihe 1: Deutsche Sprache und Literatur, Band 1758).
[s. Heinrich Mann-Bibliographie (18/78)]

Rez. von:
Albert, Claudia: o.T., in: Zeitschrift für Germanistik, Neue Folge XI, Heft 2 (2001), S. 471–474.

[19/67

Schlewitt, Jörg: Erläuterungen zu Heinrich Mann, Der Untertan, Hollfeld: Bange 2002, 99 S. (= Königs Erläuterungen und Materialien, Band 348).

[19/68

Schlösser, Hermann: Heinrich Mann: Im Schlaraffenland, in: Literatur um 1900. Texte der Jahrhundertwende neu gelesen, hg. von Cornelia Niedermeier und Karl Wagner, Köln/Weimar: Böhlau 2001, S. 171–177 (= Literatur und Leben, Neue Folge, Band 59).

[19/69

Schmitter, Elke: Urweiber der Halbwelt: der Schriftsteller Heinrich Mann hatte zeitlebens eine bizarre Neigung zu dicken Frauen, in: Der Spiegel, Heft 34 (2001), S. 172–174.

[19/70

Schneider, Peter-Paul: »The life of everyone is a diary.« – Die Vorstufen von Heinrich Manns Memoirenwerk ›Ein Zeitalter wird besichtigt‹, in: Heinrich Mann-Jahrbuch 18/2000, S. 15–66.

[19/71

[s. auch Heinrich Mann-Bibliographie (19/52)]

Schuetze-Coburn, Marje: Heinrich Manns letztes Jahrzehnt »in einem Lande, das ihn nicht verstand«, in: Liebschaften und Greuelmärchen. Die unbekannten Zeichnungen von Heinrich Mann, hg. von Volker Skierka, Göttingen: Steidl 2001, S. 19–28.
[s. Heinrich Mann-Bibliographie (19/51)]

[19/72

Schuhmann, Klaus: Kobes & Co. bei Heinrich Mann. Eine Wiederentdeckung, in: Aus dem Antiquariat, Nr. 9 (2001), A 531–A 535.

[19/73

Simonin, Chantal: Entre résistance et detachment. Heinrich Mann et l'imminence de la Seconde Guerre mondiale, in: Mélanges offerts à Paul Colonge, éd. par Pierre Vaydat, Villeneuve d'Asq (Nord): Université Charles de Gaulle, Lille 3, 2001, S. 133–146.

[19/74

Simonin, Chantal: Heinrich Mann et la formation des élites allemandes sous la République de Weimar, in: Le milieu intellectuel conservateur en Allemagne, sa presse et ses réseaux (1890–1960) / Das konservative Intellektuellenmilieu in Deutschland, seine Presse und seine Netzwerke (1890–1960), hg. von Michel Grunewald und Uwe Puschner. In Zusammenarbeit mit Hans Manfred Bock, Bern u.a.: Peter Lang 2002, S. 251–267.

[19/75

[s. auch Heinrich Mann-Bibliographie (19/48)]

Skierka, Volker: Der »erotische Demokrat«. Heinrich Manns unbekannte Zeichnungen von Liebschaften und Greuelmärchen, in: Liebschaften und Greuelmärchen. Die unbekannten Zeichnungen von Heinrich Mann, hg. von Volker Skierka, Göttingen: Steidl 2001, S. 7–18.

[s. Heinrich Mann-Bibliographie (19/51)]

[19/76

Spreckelsen, Tilman: Die vergessenen Papiere des Heinrich Mann, in: FAZ, Nr. 245 (22.10.2002), S. 37.

[19/77

Sprengel, Peter: Vorschau im Rückblick – Epochenbewußtsein um 1918, dargestellt an der verzögerten Rezeption von Heinrich Manns ›Der Untertan‹, Sternheims ›1913‹, Hesses ›Demian‹ und anderen Nachzüglern aus dem Kaiserreich in der Frühphase der Weimarer Republik, in: Literatur der Weimarer Republik. Kontinuität – Brüche, hg. von Michael Klein, Sieglinde Klettenhammer und Elfriede Pöder, Innsbruck: Institut für deutsche Sprache, Literatur und Literaturkritik 2002, S. 29–44 (= Innsbrucker Beiträge zur Kulturwissenschaft, Germanistische Reihe, Band 64).

[19/78

Stammen, Theo: ›Abschied von Europa‹. Zeitkritik und politische Ordnungsreflexion bei Heinrich Mann, in: Heinrich Mann-Jahrbuch 18/2000, S. 211–240.

[19/79

Stark, Michael: »Von der Crèmokratie zur Demokratie«. Heinrich Mann und das Zeitalter der Intellektuellen, in: Heinrich Mann-Jahrbuch 18/2000, S. 67–91.

[19/80

[s. auch Heinrich Mann-Bibliographie (19/52)]

Stein, Peter: Auf der Suche nach Heinrich Mann. Ein Besuch im neu-
en Buddenbrookhaus (Heinrich-und-Thomas-Mann-Zentrum,
Lübeck), in: Der Deutschunterricht 53, Heft 3 (2001), S. 83–85.

[19/81

Stein, Peter: Heinrich Mann, Stuttgart/Weimar: Verlag J.B. Metzler
2002, 208 S. (= Sammlung Metzler, Band 340).
Rez. von:
Viering, Jürgen: o.T., in diesem Jahrbuch, S. 222–228.

[19/82

[s. auch Heinrich Mann-Bibliographie (19/3)]

Tebben, Karin: Dem Schwachen eine Form. Die Femme fragile als
Denkfigur des Homme fragile bei Heinrich Mann und Richard
Beer-Hofmann, in: Abschied vom Mythos Mann. Kulturelle
Konzepte der Moderne, hg. von Karin Tebben, Göttingen:
Vandenhoeck & Ruprecht 2002, S. 189–203.

[19/83

Tebben, Karin: Verführungskunst. Heinrich Manns ›Professor Unrat‹,
in: Frauen – Körper – Kunst. Literarische Inszenierungen
weiblicher Sexualität, hg. von Karin Tebben, Göttingen: Vandenhoeck & Ruprecht 2000, S. 227–245.

[19/84

Trapp, Frithjof: »›Totus mundus exercet histrionem.« Theatralität als
analytische Kategorie bei Heinrich Mann, in: Heinrich Mann-
Jahrbuch 18/2000, S. 93–114.

[19/85

Trapp, Frithjof: Traditionen des Antisemitismus in Deutschland –
Die Zeitschrift ›Das Zwanzigste Jahrhundert‹, in: Exil. For-
schung – Erkenntnisse – Ergebnisse, hg. von Edita Koch und
Frithjof Trapp, Jg. 22, Heft 2 (2002), S. 95–104.

[19/86

[s. auch Heinrich Mann-Bibliographie (19/3)]

Viering, Jürgen: Nicht »Held«, sondern »Heldendarsteller«. Zum
Schauspieler-Motiv in Heinrich Manns ›Henri Quatre‹-Roman,
in: Heinrich Mann-Jahrbuch 19/2001, S. 29–50.

[19/87

[s. auch Heinrich Mann-Bibliographie (19/82)]

Welscher, Ute: Sprechen – Spielen – Erinnern. Formen poetologischer Selbstreflexion im Spätwerk Heinrich Manns, Bonn: Bouvier 2002, 315 S. (= Studien zur Literatur der Moderne, Band 28).

[19/88

Werner, Renate: Nietzsche revisited. Zu Heinrich Manns ›Nietzsche‹-Essay von 1939, in: Heinrich Mann-Jahrbuch 19/2001, S. 141–158.

[19/89

[s. auch Heinrich Mann-Bibliographie (19/33)]

Wißkirchen, Hans: Der Autor als Zeichner. Heinrich Manns unbekannte Zeichnungen und sein literarisches Werk, in: Liebschaften und Greuelmärchen. Die unbekannten Zeichnungen von Heinrich Mann, hg. von Volker Skierka, Göttingen: Steidl 2001, S. 29–47.
[s. Heinrich Mann-Bibliographie (19/51)]

[19/90

Wißkirchen, Hans: »Wo die Heimat zur Fremde wird...«. Das Jahr 1933 bei der Familie Mann, in: Heinrich Mann-Jahrbuch 18/2000, S. 241–261.

[19/91

Neue Medien

Heinrich Mann: Textauszüge, CD, München: Verlagsgruppe Random House Bertelsmann 2001.

[19/92

Heinrich Mann: Der Untertan, Regie: Ludwig Cremer, Produktion: Westdeutscher Rundfunk Köln 1971, Booklet: Heinrich Mann und sein Roman ›Der Untertan‹ von Ariane Martin, MC und CD, München: Der Hörverlag 2001.

[19/93

Die Manns – ein Jahrhundertroman, Regie: Heinrich Breloer, Drehbuch: Heinrich Breloer/Horst Königstein, VHS und DVD, Ismaning: Eurovideo 2002 [inkl. der dreiteiligen Begleitdokumentation ›Unterwegs zur Familie Mann‹].

[19/94

DR. PETER-PAUL SCHNEIDER
Präsident der Heinrich Mann-Gesellschaft

Eröffnung der Jahrestagung 2002
Heinrich Mann und das Judentum
4. Mai 2002

Liebe Mitglieder der Heinrich Mann-Gesellschaft,

verehrte Gäste,

meine sehr verehrten Damen und Herren,

ich wünsche einen guten Morgen und freue mich, Sie zu unserer Jahrestagung diesmal in Berlin begrüßen zu können, die wir unter das Thema *Heinrich Mann und das Judentum* gestellt haben. Als wir im Frühjahr letzten Jahres uns dieses Thema für die diesjährige Jahrestagung wählten, waren wir uns bewußt – und ich sagte es auch auf der letztjährigen Mitgliederversammlung ausdrücklich –, daß wir damit ein genauso schwieriges wie wichtiges Thema uns vornehmen würden, es aber wohl keinen geeigneteren Ort dafür gebe als Berlin, wo Heinrich Mann gerade zu diesem Thema so vielen, teilweise widersprüchlichen Erfahrungen ausgesetzt war. Diese Erfahrungen trafen ihn aber nicht sozusagen als unbeschriebenes Blatt. Er brachte – nach kurzem Dresdner Intermezzo – seine lübische Sozialisation nach Berlin mit. Diese Überlegungen zwingen meines Erachtens dazu, gerade dieses Thema mit Akribie und Sorgfalt anzugehen. Die Heinrich Mann-Forschung hat sich – wenn sie überhaupt dieses Thema streifte – nicht gerade durch große historische Genauigkeit noch exakte Begrifflichkeit ausgezeichnet. Es wurden mehr oder weniger Klischees reproduziert, die man gerade mit dem Antisemitismus am Ende des 19. Jahrhunderts verband. Da werden Dinge zusammengeworfen, die weder zeit- noch mentalitätsgeschichtlich irgend etwas miteinander zu tun haben. Daß diese Verwirrung – teilweise zwar auf hohem Niveau – nicht ewig fortgestrickt wird, dafür kann unsere Tagung so etwas wie eine Initialzündung geben – jedenfalls wünsche ich mir das. Ganz bewußt wurden also an den Anfang zwei zeit- und mentalitätsgeschichtliche Referate gestellt, die zum einen die Lübecker, zum anderen die Berliner Verhältnisse beleuchten sollen, in denen Heinrich Mann aufgewachsen und zum Schriftsteller geworden ist. Ich denke, wollen wir unser Thema mit der nötigen Sorgfalt traktieren, dann müssen wir wissen, was Heinrich Mann in seiner Lübecker Jugend an Jüdischem und Antijüdischem mitbekommen hat, wie genau es im Berlin der neunziger Jahre des vorvergangenen Jahrhunderts mit dem »jüdischen Komplex« bestellt war, als Heinrich Mann nicht nur bei einem jüdischen Verleger, dem großen Samuel Fischer, in die Lehre ging, sondern gleichzeitig als aufgeschlossener Theatergänger und Gasthörer an der Universität sozusagen dem Zeitgeist den Puls fühlen durfte. Diese Fragen müssen in die Analyse von Heinrich Manns epischen und essayistischen Werken bis etwa in die Zeit des *Untertan* und der steckengebliebenen deutschen Revolution 1918/19 hineinverlängert werden, es muß gefragt werden, welchen zeitgenössischen Stereotypen oder Ideologiefloskeln er dabei aufsitzt und wie es gerade das – ja lassen Sie mich es jetzt einmal so nennen – dichterische, poetische Bemühen ist, das ihn aus diesen lebens- und mentalitätsgeschichtlichen Sackgassen herausführt. Nicht von ungefähr haben wir in der Themenformulierung nicht »Heinrich Mann und die Juden«, sondern »Heinrich Mann und das Judentum« gesagt, denn über weite Strecken steht in der Frühzeit Heinrich Manns vor dem Roman *Im Schlaraffenland* dem Begriff ›Judentum‹ ein nicht weniger verblasener Begriff von einem ›Deutschtum‹ gegenüber. Ähnlich präzise Schnitte sind durch die Essays und Romane der zwanziger Jahre und der Zeit nach 1933 zu legen. Ich denke, wenn wir hier ausschließlich nur unter dem Blickwinkel ›Nationalsozialismus‹, ›Antifaschismus‹ oder ›Exilliteratur‹ herangehen, verfehlen wir wesentliche Aspekte des Themas wie z.B.: Was wußte Heinrich Mann eigentlich vom jüdischen Glauben, jüdischer Religion oder jüdischem Leben wirklich, wenn er sich über *Judentaufen*[1] äußert, oder bedient er – einmal provokatorisch gefragt – nicht auch wieder Stereotypen – wenn auch jetzt ex negativo –, wenn er über den *ordinären Antisemitismus*[2] der Nazis

---

[1] Vgl. Heinrich Mann, *Judentaufen*, in: Werner Sombart u.a., *Judentaufen*, München 1912, S. 69.

[2] Vgl. Heinrich Mann, *Ihr ordinärer Antisemitismus*, in: Heinrich Mann, *Der Haß. Deutsche Zeitgeschichte*. Mit einem Nachwort von Jürgen Haupt und einem Materialienanhang, zusammengestellt von Peter-Paul Schneider, Frankfurt am Main 1987 (= Heinrich Mann, *Studienausgabe in Einzelbänden*, hg. von Peter-Paul Schneider, *Fischer Taschenbuch*, Band 5924), S. 97–103.

oder über *Die Deutschen und ihre Juden*[3] räsoniert. Diese Fragestellungen, diese Problem-Sensibilität sind nicht nur eine Bringschuld unsererseits an diesem Ort, wenn ich aus dem Fenster hier die Baugrube zum entstehenden Holocaust-Denkmal sehe, sondern wir sind sie auch unserem Autor schuldig, der, genauso wie er ein Paradebeispiel für den Salon-Antisemitismus am Ende des 19. Jahrhunderts abgibt, ebenso ein, wenn nicht eindringlicheres Paradigma ist für die Überwindung jener Haltung aus dem Geiste der Kunst, der aufklärerischen Vernunft, der Sinnlichkeit und der Liebe – und nicht zuletzt aus dem Geiste der Demokratie.

Doch ich will den Referenten des heutigen Tages nicht weiter vorgreifen, sondern mich schon jetzt bei ihnen bedanken, daß sie uns zum gewählten Thema vortragen werden. Wir präsentieren Ihnen, meine Damen und Herren, heute – wenn Sie wollen – neue Gesichter, worüber ich mich besonders freue. Keiner der Referenten hat bislang im Rahmen unserer Gesellschaft vorgetragen, sie werden Ihnen daher dann noch von den Moderatoren des Vormittags- und Nachmittagsblocks im einzelnen vorgestellt.

Nun bleibt mir als letzte schöne Pflicht noch, den weiteren Dank zu sagen: dies vor allem unseren diesjährigen Gastgebern, dem Land Schleswig-Holstein und seiner Berliner Vertretung beim Bund, vertreten durch Frau Dr. Gau und ihre Kolleginnen und Kollegen, für die Gastfreundschaft und deren vielfältigen praktische Umsetzungen für und während unserer Jahresversammlung und – last but not least – Ihnen, liebe Mitglieder und Gäste, daß Sie so zahlreich nach Berlin, daß Sie hierher gekommen sind und dadurch nicht nur uns Veranstalter und Referenten durch Ihre Teilnahme ehren, sondern – was viel, viel wichtiger ist – einem großen deutschen Dichter Ihre Reverenz erweisen. Dafür herzlichen Dank!

---

[3] Vgl. Heinrich Mann, *Die Deutschen und ihre Juden*, in: Heinrich Mann, *Es kommt der Tag. Essays*. Mit einem Nachwort von Uwe Naumann und einem Materialienanhang, zusammengestellt von Peter-Paul Schneider, Frankfurt am Main 1992 (= Heinrich Mann, *Studienausgabe in Einzelbänden*, hg. von Peter-Paul Schneider, *Fischer Taschenbuch*, Band 10922), S. 39–46; zuerst in: *Die neue Weltbühne*, Prag/Zürich/Paris, Jg. 31, Nr. 49 (5.12.1935), S. 1532–1536.

Bericht des Präsidenten
auf der Mitgliederversammlung der
Heinrich Mann-Gesellschaft am 4. Mai 2002
in der Landesvertretung Schleswig-Holstein in Berlin

Der Präsident teilte mit, daß die Heinrich Mann-Gesellschaft zur Zeit 226 Mitglieder zählt.

Der Präsident berichtete weiter über die Breloer-Verfilmung *Die Manns – ein Jahrhundertroman*, die teilweise kritisch rezipiert worden ist, da Heinrich Mann problematisch dargestellt worden sei. Nichtsdestoweniger habe diese Verfilmung große Resonanz gefunden und den Namen Heinrich Mann wieder in vielen Kreisen »ins Spiel« gebracht.

Der Präsident wies daraufhin, daß Ende 2001 ein Faksimile des Gedichts *Wegrast* von Heinrich Mann mit einem Vorwort von Kaja Papke vom Förderverein Buddenbrookhaus veröffentlicht worden ist und von dort auch bezogen werden kann.

Der Präsident gratulierte der Schriftführerin, Frau Dr. Ariane Martin, zur erfolgreichen Habilitation und dem Titel »Privatdozentin«.

Der Präsident berichtete über die Berufung des Beirats für das *Heinrich Mann-Jahrbuch*, der sich wie folgt zusammensetzt: Prof. Dr. Wolfgang Klein, Prof. Dr. Hans-Jörg Knobloch, Dr. Brigitte Nestler, Prof. Dr. Helmut Scheuer, Prof. Dr. Peter Stein, Dr. Renate Werner. Er berichtete über die Konstituierung des Beirates und ein erstes Treffen mit den Herausgebern des *Heinrich Mann-Jahrbuchs* am Vortage, wobei unter anderem Folgendes verabredet worden sei: Die Rubrik *Forum* ist in der Druckfassung zu streichen und statt dessen aus Gründen der Aktualität im Internet zu installieren. Die einzelnen Jahrbücher sollten jeweils einem Themenschwerpunkt verpflichtet sein, der jeweils auch das Thema der Jahrestagung bildet. Als mögliche Themen für die Jahrestagung 2003 und somit auch für das Jahrbuch 2003 sind folgende drei Vorschläge in der Diskussion: »Text und Bild«, »Heinrich Mann als Leser« sowie »Körperinszenierung/Inszenierung der Leiber«. Im *Heinrich Mann-Jahrbuch* 19/ 2001, das im August 2002 in den Druck gehen und rechtzeitig vor der nächsten Jahrestagung erscheinen soll, wird mitgeteilt, für welches Thema sich entschieden wurde.

Peter-Paul Schneider

Ankündigung der Jahrestagung 2005:
Hundert Jahre *Professor Unrat*

In seiner italienischen Periode hat Heinrich Mann die Sinnlichkeit wieder in die protestantische Literatur eingeführt. Trotzdem überwand er, was vom Ästhetizismus à la D'Annunzio in ihm stecken mochte. Seine Sache war die des moralbewußten Immoralisten, der, was in den Herzen vorgeht, nur erkennen kann, wenn er selbst kalt bleibt. [...] Sein Professor Unrat ist nur einer von jenen orgiastischen Philistertypen, die Heinrich Mann dem Kamillentee trinkenden Bürger mit seiner trügerischen Farblosigkeit gegenübergestellt hat. [...] So abenteuerlich sie sind, ihr Los ist kein poetisches, weltfernes mehr, [...] sie werden von diesem Schicksal nicht zu Boden gezwungen, sondern durchleben es ungebeugt, entweder indem sie der Gesellschaft ein Höchstmaß an Genüssen abtrotzen oder indem sie sich gegen sie auflehnen und um andere Genüsse kämpfen als die ihnen von ihr zugestandenen.

So las Félix Bertaux in seinem *Panorama de la littérature allemande* vor gut fünfundsiebzig Jahren seines Freundes *Professor Unrat oder Das Ende eines Tyrannen.*

Im Jahr 1905 ist dieser Roman erstmals erschienen. Viele Leser, uneinige Interpreten und ein Film haben seitdem seine Vielschichtigkeit zu umgreifen gesucht. Der Künstler, der Intellektuelle und ihre gegenseitigen Beziehungen, der Genuß, die Moral und ob sie sich ausschließen, die Satire, der Realismus und wie sie zusammenkommen, die Gewalt, die Menschlichkeit und was sie trennt, sind offene Fragen Heinrich Manns und ungelöste Probleme unserer Kultur geblieben oder: immer wieder neu geworden. Die Heinrich Mann-Gesellschaft nimmt die hundertjährige Verfügbarkeit dieses großen Textes zum Anlaß, für ihre Jahrestagung am 12./13. März 2005 zu neuen Lektüren seiner Vielschichtigkeit, zu neuen Verknüpfungen mit anderen Heinrich Mann-Texten und zu neuen Einblicken in die Geschichte seiner Wirkungen einzuladen.

Themenvorschläge für Referate und/oder schriftliche Beiträge werden bis zum *15. März 2004* erbeten an:

Heinrich Mann-Gesellschaft
Heinrich-und-Thomas-Mann-Zentrum / Buddenbrookhaus
Mengstraße 4
23552 Lübeck
hmg@buddenbrookhaus.de

Das *Heinrich Mann-Jahrbuch*

Das *Heinrich Mann-Jahrbuch* erscheint jährlich und wird seit der Ausgabe 16/1998 von Helmut Koopmann und Hans Wißkirchen herausgegeben. Die Einsendung von Beiträgen an einen der Herausgeber, zu denen seit der vorliegenden Ausgabe 20/2002 auch Ariane Martin gehört, ist freundlich erbeten, wobei um vorherige Absprache und die Anforderung des Merkblatts zur Textgestaltung und Dateieinrichtung gebeten wird. Mitglieder der Heinrich Mann-Gesellschaft erhalten das *Heinrich Mann-Jahrbuch* als Mitgliedsgabe. Geschäftsstelle ist das Heinrich-und-Thomas-Mann-Zentrum, Mengstraße 4, D-23552 Lübeck, Tel. 04 51-122 41 92, Fax 04 51-122 41 40, E-Mail hmg@buddenbrookhaus.de. Formulare für den Eintritt in die Heinrich Mann-Gesellschaft sind dort erhältlich (der jährliche Mitgliedsbeitrag beträgt derzeit 40,– €, für Auszubildende, Studierende, Arbeitslose oder geringfügig Beschäftigte 25,– €).

Verzeichnis der Beiträger

PD Dr. Andrea Bartl, Universität Augsburg, Lehrstuhl für Neuere Deutsche Literaturwissenschaft, Universitätsstraße 10, 86159 Augsburg
(E-Mail: andrea.bartl@phil.uni-augsburg.de)

PD Dr. habil. Jürgen Eder, Universität Augsburg, Lehrstuhl für Neuere Deutsche Literaturwissenschaft, Universitätsstraße 10, 86159 Augsburg
(E-Mail: Juergen.Eder@phil.uni-augsburg.de)

Dr. Ingaburgh Klatt, Hansestadt Lübeck, Bereich Kunst und Kultur, Schildstraße 12, 23552 Lübeck
(E-Mail: kunst-und-kultur@luebeck.de)

Prof. Dr. Wolfgang Klein, Arbeitsstelle Heinrich Mann-Edition, Universität Osnabrück, Fachbereich Sprach- und Literaturwissenschaft, 49069 Osnabrück
(E-Mail: wklein@uos.de)

Prof. Dr. Helmut Koopmann, Watzmannstraße 51, 86163 Augsburg
(E-Mail: helmut.koopmann@phil.uni-augsburg.de)

Karsten Krieger, Sprengelstraße 13, 13353 Berlin
(E-Mail: k.s.krieger@arcor.de)

Dr. Anke Lindemann-Stark, Am Bornrain 6, 35091 Cölbe
(E-Mail: lindeman@mailer.uni-marburg.de)

Prof. Dr. Ariane Martin, Johannes Gutenberg-Universität Mainz, Fachbereich 13 – Philologie I, Deutsches Institut, 55099 Mainz
(E-Mail: a.martin@uni-mainz.de)

Christina Möller, Stiftung Archiv der Akademie der Künste, Abteilung Literaturarchive, Robert-Koch-Platz 10, 10115 Berlin
(E-Mail: moeller@adk.de)

Prof. Dr. Volker Riedel, Friedrich-Schiller-Universität, Institut für Altertumswissenschaften, Fürstengraben 1, 07743 Jena
(E-Mail: haedrich@cleon.altertum.uni-jena.de)

Dr. Stefan Ringel, Universität Koblenz-Landau, Abt. Landau, Institut für Germanistik, Bürgerstraße 23, 76829 Landau
(E-Mail: Stefan.Ringel@t-online.de)

Dr. Johannes Roskothen, Privatdozent für Neuere Deutsche Literaturwissenschaft an der Heinrich-Heine-Universität Düsseldorf, Grunerstraße 34, 40239 Düsseldorf
(E-Mail: johannesroskothen@web.de)

Dr. Peter-Paul Schneider, Pestalozzistraße 5, 2. Gartenhaus, 10625 Berlin
(E-Mail: pps@dra.de)

Dr. Elke Segelcke, Associate Professor of German, Dept. of Foreign Languages & Literatures, Illinois State University, Campus Box 4300, Normal, IL 61790-4300
(E-Mail: esegelc@ilstu.edu)

Dr. Jürgen Viering, Görlitzer Straße 23, 37120 Bovenden
(E-Mail: juergen.viering@gmx.de)